本书由
中央高校建设世界一流大学（学科）
和特色发展引导专项资金
资助

中南财经政法大学“双一流”建设文库

区 | 域 | 发 | 展 | 系 | 列 |

我国农业支持政策体系评价与优化研究

郑家喜 王 诚 著

中国财经出版传媒集团
中国财政经济出版社

图书在版编目（CIP）数据

我国农业支持政策体系评价与优化研究/郑家喜，王诚著．--北京：中国财政经济出版社，2019.12
（中南财经政法大学“双一流”建设文库．区域发展系列）
ISBN 978-7-5095-9350-9

Ⅰ.①我… Ⅱ.①郑… ②王… Ⅲ.①农业政策-研究-中国 Ⅳ.①F320

中国版本图书馆CIP数据核字（2019）第239078号

责任编辑：周桂元　　　　责任校对：胡永立
封面设计：陈宇琰

我国农业支持政策体系评价与优化研究
WOGUO NONGYE ZHICHI ZHENGCE TIXI PINGJIA YU YOUHUA YANJIU
中国财政经济出版社 出版

URL：http：//www.cfeph.cn
E-mail：cfeph@cfemg.cn

社址：北京市海淀区阜成路甲28号　邮政编码：100142
营销中心电话：010-88191537
北京财经印刷厂印装　各地新华书店经销
787×1092毫米　16开　14印张　226 000字
2019年12月第1版　2019年12月北京第1次印刷
定价：63.00元
ISBN 978-7-5095-9350-9
（图书出现印装问题，本社负责调换）
本社质量投诉电话：010-88190744
打击盗版举报热线：010-88191661　QQ：2242791300

总 序

“中南财经政法大学‘双一流’建设文库”是中南财经政法大学组织出版的系列学术丛书，是学校“双一流”建设的特色项目和重要学术成果的展现。

中南财经政法大学源起于1948年以邓小平为第一书记的中共中央中原局在挺进中原、解放全中国的革命烽烟中创建的中原大学。1953年，以中原大学财经学院、政法学院为基础，荟萃中南地区多所高等院校的财经、政法系科与学术精英，成立中南财经学院和中南政法学院。之后学校历经湖北大学、湖北财经专科学校、湖北财经学院、复建中南政法学院、中南财经大学的发展时期。2000年5月26日，同根同源的中南财经大学与中南政法学院合并组建“中南财经政法大学”，成为一所财经、政法“强强联合”的人文社科类高校。2005年，学校入选国家“211工程”重点建设高校；2011年，学校入选国家“985工程优势学科创新平台”项目重点建设高校；2017年，学校入选世界一流大学和一流学科（简称“双一流”）建设高校。70年来，中南财经政法大学与新中国同呼吸、共命运，奋勇投身于中华民族从自强独立走向民主富强的复兴征程，参与缔造了新中国高等财经、政法教育从创立到繁荣的学科历史。

“板凳要坐十年冷，文章不写一句空”，作为一所传承红色基因的人文社科大学，中南财经政法大学将范文澜和潘梓年等前贤们坚守的马克思主义革命学风和严谨务实的学术品格内化为学术文化基因。学校继承优良学术传统，深入推进师德师风建设，改革完善人才引育机制，营造风清气正的学术氛围，为人才辈出提供良好的学术环境。入选“双一流”建设高校，是党和国家对学校70年办学历史、办学成就和办学特色的充分认可。“中南大”人不忘初心，牢记使命，以立德树人为根本，以“中国特色、世界一流”为核心，坚持内涵发展，“双一流”建设取得显著进步：学科体系不断健全，人才体系初步成型，师资队伍不断壮大，研究水平和创新能力不断提高，现代大学治理体系不断完善，国际交流合作优化升级，综合实力和核心竞争力显著提升，为在2048年建校百年时，实现主干学科跻身世界一流学科行列的发展愿景打下了坚实根基。

“当代中国正经历着我国历史上最为广泛而深刻的社会变革，也正在进行着人类历史上最为宏大而独特的实践创新”，“这是一个需要理论而且一定能够产生理论的时代，这是一个需要思想而且一定能够产生思想的时代”①。坚持和发展中国特色社会主义，统筹推进“五位一体”总体布局和协调推进“四个全面”战略布局，实现“两个一百年”奋斗目标、实现中华民族伟大复兴的中国梦，需要构建中国特色哲学社会科学体系。市场经济就是法治经济，法学和经济学是哲学社会科学的重要支撑学科，是新时代构建中国特色哲学社会科学体系的着力点、着重点。法学与经济学交叉融合成为哲学社会科学创新发展的重要动力，也为塑造中国学术自主性提供了重大机遇。学校坚持财经政法融通的办学定位和学科学术发展战略，“双一流”建设以来，以“法与经济学科群”为引领，以构建中国特色法学和经济学学科、学术、话语体系为己任，立足新时代中国特色社会主义伟大实践，发掘中国传统经济思想、法律文化智慧，提炼中国经济发展与法治实践经验，推动马克思主义法学和经济学中国化、现代化、国际化，产出了一批高质量的研究成果，“中南财经政法大学‘双一流’建设文库”即为其中部分学术成果的展现。

文库首批遴选、出版二百余册专著，以区域发展、长江经济带、“一带一路”、创新治理、中国经济发展、贸易冲突、全球治理、数字经济、文化传承、生态文明等十个主题系列呈现，通过问题导向、概念共享，探寻中华文明生生不息的内在复杂性与合理性，阐释新时代中国经济、法治成就与自信，展望人类命运共同体构建过程中所呈现的新生态体系，为解决全球经济、法治问题提供创新性思路和方案，进一步促进财经政法融合发展、范式更新。本文库的著者有德高望重的学科开拓者、奠基人，有风华正茂的学术带头人和领军人物，亦有崭露头角的青年一代，老中青学者秉持家国情怀，述学立论、建言献策，彰显“中南大”经世济民的学术底蕴和薪火相传的人才体系。放眼未来、走向世界，我们以习近平新时代中国特色社会主义思想为指导，砥砺前行，凝心聚

① 习近平：《在哲学社会科学工作座谈会上的讲话》，2016年5月17日。

力推进“双一流”加快建设、特色建设、高质量建设，开创“中南学派”，以中国理论、中国实践引领法学和经济学研究的国际前沿，为世界经济发展、法治建设做出卓越贡献。为此，我们将积极回应社会发展出现的新问题、新趋势，不断推出新的主题系列，以增强文库的开放性和丰富性。

“中南财经政法大学‘双一流’建设文库”的出版工作是一个系统工程，它的推进得到相关学院和出版单位的鼎力支持，学者们精益求精、数易其稿，付出极大辛劳。在此，我们向所有作者以及参与编纂工作的同志们致以诚挚的谢意！

因时间所囿，不妥之处还恳请广大读者和同行包涵、指正！

中南财经政法大学校长

前　言

我国农业的发展一靠政策、二靠科技、三靠投入。党的十八大以来，党中央坚持把解决好“三农”问题作为全党工作的重中之重，制定了一系列强农、惠农、富农的政策措施，基本形成了比较完善的现代农业支持政策体系。但是，这么多年过去了，把“三农”放在全国大格局中看，农业现代化在“四化”中还是短板。究其原因，除了“三农”问题自身的复杂性和艰巨性外，关键还是政策制定和执行层面存在一些问题：一方面是有许多很好的政策没有得到的落实；另一方面则是有一些政策本身就不科学。

为此，系统梳理中国农业支持政策的演进脉络，深刻剖析现代农业支持的目标取向，构建农业支持政策体系评估指标系统，对现行的农业支持政策体系进行评估，对于合理调整农业支持政策，优化农业支持政策体系，提高农业支持效率，具有非常重要的现实意义。

一、主要内容、重要观点及对策建议

（一）主要内容

本研究基于国家不断强化农业支持力度的基本判断，探寻了我国政府农业支持政策体系的演进脉络，梳理了新中国成立以来党和政府农业支持政策的演变特征和规律，初步构建了我国现代化农业支持政策的目标体系。在简要介绍了对政策评价常用的模型和方法后，从激励相容度、效率、效果、公平性、回应度等五个方面构建了农业支持政策体系的评价指标体系，综合运用定性方法与定量方法、宏观数据与微观数据，从政策制定者、政策执行者和政策受益者等三个视角对我国当前的农业支持政策体系进行了全面而独特的政策评价，检视了农业支持政策体系的评价结果。借鉴发达国家农业支持政策措施实践，为完善我国的农业支持政策体系，进行了调整和优化思路的探索，从政策主体激励、政策协调、政策执行监督三个维度建立农业支持政策保障机制。

（二）主要观点

1. 农业支持政策体系趋于完善。总体来看，我国农业支持政策体系正趋于完善。我国农业支持政策体系以加入WTO为界明显分为两个阶段。加入WTO前，农业支持的水平低，且农业政策的主要作用是为了获得更多的剩余以支持工业的发展，主要政策目标是稳定生产、保障农产品供给、保证粮食安全。加入WTO后，我国对于农业的支持水平大幅增加，初步建立了较完善的农业支持政策体系，对保障粮食供给、提高农民收入、促进农业可持续发展发挥了重要作用。

2. 农业支持政策取得了显著效果。纵向比较加入WTO前后农业支持政策的两个阶段，尽管前一阶段农业支持政策的发展与政策目标出现过偏离，但后一阶段经过调整并取得良好效果。从最初的“增产”到如今的“增产、增收、增效”，农业支持政策的目标一直随着国家战略发展、时代特征在不断调整。总体来看，农业支持政策的实施，取得了良好的效果，粮食产量、农民收入和农业生产总值显著增长。从宏观层面上看，农业补贴政策对粮食产量及农业生产总值的影响比较显著，对农民的收入也有促进作用；从微观角度来看，支持政策的实施增强了农民的信心，有效激励了农户种粮积极性。

3. 农业支持的规模、结构和水平需要优化。从农业支持规模来看，近年财政支农支出虽不断提高，但相对于农业的需求来说尚有一定差距，应进一步采用多种方式来扩展农业支持资金来源，扩大农业支持规模；从农业支持结构对农业经济增长的实证分析可知，财政农业支出对农民纯收入影响从大到小的顺序为：农业生产支出、农业科技三项费、农业救济费、农业基本建设支出。其中农业救济费和农业基本建设支出对农民收入产生了阻碍作用；从农业支持水平方面看，不管是运用WTO的测评方法还是OECD的政策评价方法，我国的农业支持水平与经济发过的国家相比，还有很大的差距，其支持力度对农民的增收效果也不明显。

4. 不同农业支持政策对政策目标的实现作用程度不一。基于目标瞄准的农业支持政策体系表明，保障国家粮食安全、促进农民增收、保证农业可持续发展是农业支持政策体系现阶段乃至未来很长一段时间的核心目标，尽管大多数政策对于目标的实现都具备促进作用，但从结构评价来看，不同的农业支持项目对目标的实现影响具有显著差别，有得甚至具有负面效应。一是农业补贴政策的普惠政策效应逐渐弱化，农业补贴的边际效益逐年下降，从长远效应看，农业补贴政策仅具符号意义和政策导向作用，其普惠作用弱化。二是农业农村基础设施投资滞后效应明显，缺乏后期维护机制。三是农业保险普及率低，需要关注需求结构、组织形式和成本问题。

（三）对策建议

1. 优化现代农业政府支持体系。从财政支持、金融支持、法律支持及科技和人才支持四个方面，调整优化现代农业政府支持体系。

（1）构建财政农业投入支持体系。一是持续加大财政农业投入力度，充分发挥财政农业资金的引导作用；二是优化财政农业投入的结构，根据我国农业发展的制约因素，按发展阶段制定合理的财政农业投入配置次序和投入配置结构。

（2）优化农村金融支持体系。一是完善农村金融组织体系。构建包括政策性金融、商业性金融、合作性金融以及其他类型的金融组织在内的，功能完善、分工合理、主体多元、服务高效的农村金融组织体系；二是创新农村金融机构的服务和产品。既要有利于为农户和各类新型农业经营主任提供便利化、低成本、灵活性的金融服务和产品，又要有利于金融机构自制风险的控制。

（3）健全农业法律支持体系。加强农业法律支持是全面依法治国的重要组成部分。对于农业支持政策和目标来说，立法有利于保证支持政策的连续性和权威性。可以参考美国的农业立法方式，将立法形式分为两种，“临时立法”和“永久立法”。临时立法的效力相当于行政命令，其仅在执行期间生效。永久立法长期有效，有利于保证农业支持政策的刚性和权威性。

（4）完善农业科技和人才支持体系。科技和人才是实现农业现代化的核心要素。农业支持政策体系的首要任务应该健全机制、增加投入，逐步完善农业科技进步和人才培养支持体系。

2. 完善现代农业政府支持体系运行保障机制。

（1）建立农业支持政策主体激励机制。建立责任明确的奖惩措施，明确政策制定者的职责，提高政策的科学性；同时，激发政策执行者的潜力和激情，增强执行工作的创造性和效率，消除政策执行中的不良行为和消极因素，提高支持政策的实施效果。

（2）完善农业支持政策协调机制。由于目前的“条块体制”和各级政府“职责同构”，各项农业支持政策政出多门，而政策执行过程中不同层级政府“逐级发包”又形成多级的委托—代理关系。为避免政策制定或执行者的利益冲突、逆向选择与道德风险行为发生，保证农业支持政策的科学性和实施效果，应该完善农业支持体系的政策协调机制。

（3）构建农业支持政策执行监督机制。完善农业支持政策制定和执行的主体责任制，对于各级政府颁布实施的农业支持政策，建议由同级人大常委会或其专门委员会负责组织监督；对于政府各个部门颁布实施的农业支持政策、建议由同级人民政府监察部门负责组织监督。

二、成果的学术价值、应用价值以及社会影响和效益

（一）成果的学术价值和应用价值

1. 学术价值。当前，关于农业支持相关方面的研究较多，其中也不乏有关农业支持水平测度、农业支持政策影响效果、农业支持政策体系构建方面的研究，但缺乏系统性、实践性强的研究，特别是尚未有对党的十六大以来我国重要“三农”政策效果进行系统性评估，也没有基于目标瞄准的农业支持政策体系调整与优化研究。本研究构建了我国农业支持政策执行与落实情况的指标体系，以目标为导向，将指标应用于实践，考察各项政策措施的实际效应，并对现有政策进行了模拟，分析了现有政策实施的限制性因素。这样做有利于避免或减少因支持体系运行偏离预定目标而造成的经济损失，提高农业支持政策体系的运行效率。这既丰富了相关研究方法，也丰富了相关的理论内容，不仅为不断强化和完善我国农业支持政策提供了依据，也对世界其他发展中国家农业支持政策的调整和完善具有重要的参考意义。

2. 应用价值。党的十八大以来，国家农业支持政策的目标和内容在不断丰富和完善，不仅强调提高农业生产能力，保障国家粮食安全、提高农民收入，更要促进整个国家的农业农村现代化转型，提升农业的国际竞争力，推进乡村振兴战略。本研究使用国际通用的工具和方法对农业支持政策的执行效果进行系统性评估和研究，有利于检视政府农业支持政策效果、效益和效率，为相关政府部门优化农业支持政策体系提供依据。

（二）社会影响和效益

在实地调研的基础上，2015 年课题组向湖北省政协十一届三次会议提交了第 20150130 号提案《完善“三农”政策执行机制 提高政策执行效果》，中共湖北省委财经办（省委农办）进行了回复，该成果获九三学社湖北省委 2015 年度参政议政成果三等奖。2016 年向湖北省政协十一届四次会议提交了第 031 号提案《关于加快产业融合 发展“第六产业”的对策建议》，湖北省农业厅进行了答复，该成果获九

三学社湖北省委2016年度参政议政工作先进个人一等奖。

项目调研报告《完善我国“三农”政策评估机制的对策建议》被湖北省政协主席签批，湖北省委财经办（省委农办）主任钱远坤、副主任章新国同志亲自批阅，并在加强湖北省“三农”发展综合考评的第三方评估中采用。

目　录

引　言

我国农业的发展一靠政策、二靠科技、三靠投入。党的十八大以来，党中央坚持把解决“三农”问题作为全党工作的重中之重，全面制定了一系列强农、惠农、富农的政策措施，基本形成了较完整的现代农业支持政策体系。但是，这么多年过去了，把“三农”放在全国大格局中看，农业现代化在四化之中还是短板，究其原因，除了“三农”问题自身的复杂性和艰巨性，关键还是政策制定和执行层面存在问题。一方面是我们有许多很好的政策没有得到充分地执行和落实，另一方面则是有一些政策本身就欠科学。

本书基于国家不断强化农业支持力度的基本判断，探寻了我国政府农业支持政策体系的演进脉络，梳理了新中国成立以来我国政府农业支持政策的演变特征和规律，初步构建了我国现代化农业支持政策的目标体系。在简要介绍了对政策评价常用的模型和方法后，综合运用定性方法与定量方法、宏观数据与微观数据，从政策制定者、政策执行者和政策受益者这三个视角对我国当前的农业支持政策体系进行了全面而独特的政策评价，检视了农业支持政策体系的评价结果。借鉴发达国家农业支持政策与实践经验，为完善我国的农业支持政策体系，进行了调整和优化思路的探索，从政策主体激励、政策协调、政策执行监督三个维度建立农业支持政策保障机制。

一是论述了政府农业支持政策体系演进与现状。本书按农业支持工业发展、工业和农业平等发展、工业反哺农业三个阶段厘清了新中国成立以来我国政府农业支持政策体系的演进脉络，从财政支农政策、农业补贴政策、农村金融政策、农业法律支持、农业科技和人才政策等五个方面梳理了农业支持政策体系的演变特征和规律。同时，根据现代农业发展的制约因素，构建了农业支持政策体系的目标瞄准系统。最后，以实地调查数据透视了当前我国农业支持政策体系落地情况。

二是论述并提出了政府农业支持政策体系评价模型与指标系统。本书重点介绍常用的政策评价模型与方法，搭建了农业支持政策体系评价的整体框架，并从激励相容、效率、效果、公平性和回应性五个方面构建了完整的农业支持政策体系评价指标系统。

三是对现行农业支持政策体系进行了评价。本书从政策制定者和执行者、政策受益者视角，分别对农业支持政策的效率、效果、回应性、公平性，使用ARMA模型、灰色GM（1，1）模型、双重差分模型、空间计量模型以及Probit模型进行了评价。同时，根据评价结果对我国现行农业支持政策体系存在的问题进行了检视。

四是梳理并总结了农业支持政策的国际经验。本书在归纳了发达国家财政农业投入支持、农产品价格支持、农业补贴支持、金融支持、农业生态补偿支持等政策的基础上，总结了其农业支持政策的经验，并得出有益的启示。

五是提出并论述了农业支持政策体系的调整与优化。本书构建了农业支持政策体系调整优化的初步理论框架，为调整和优化找到理论依据，并探索如何处理政策调整优化现实中的几对关系及路径选择。从激励相容理论、博弈理论和制度经济学理论出发，分别构建我国农业支持政策体系的主体激励机制、政策协调机制以及执行监督机制。

本书在以下几方面有所创新：

第一，基于新视角研究评价农业支持政策体系。自农业新政实施以来，对农业支持政策研究成果很多，大多数研究者从单个政策某一角度入手，分析该政策与目标的关系与作用，或者分析政策的影响因素从而评价该政策的效果。本文则从目标瞄准出发，基于政策制定者、政策执行者、政策受益者等政策利益相关者视角对农业支持政策体系的政策效应进行评价，以进一步对农业支持政策体系进行调整和优化。

第二，构建了农业支持政策体系评价指标分析的整体框架。农业支持政策体系本身是一个全面的系统，对农业支持政策体系的评价也应该是一项全面、规范、系统的研究，本书从政策的激励相容度、效率、效果、公平性、回应性等五个方面建立农业支持政策体系的评价指标分析框架。

第三，提出了对政策进行优化需要处理的七对关系。在实地走访座谈中，无论是基层干部还是普通农户，对农业支持政策实施过程中的问题有诸多反馈，本研究基于该反馈信息和宏观数据的评价结果探讨了政府和市场、权利和责任、效益和风险、生态和生产、整合和分割、力度和结构、国家和区域等七对关系。

第四，围绕四个维度研究农业支持政策体系的过去、现在和未来。为了使农业支持政策体系更全面地符合现代农业发展的客观要求，本研究根据现代农业支持政策的目标定位，从财政支持、金融支持、科技和人才支持、法律支持等四个维度分析和构建现代农业支持政策体系。

第五，多种方法和实证模型的运用使评价过程更规范，也充实了经验研究的内容。本书运用变异系数、Mcloone 指数、Vesterge 指数、最小二乘法、空间误差模型、ARMA 模型、Probit 模型、双重差分模型、灰色关联模型检验分析农业支持政策体系的各种效应，使得政策特征的差异更加显著。运用前后、有无对比分析法对农业支持政策效果进行评价，使政策的衡量更加直接有效。

第一章　我国农业支持政策体系演进及现状

“三农”问题是我国国民经济发展的核心问题。在国民经济发展的不同阶段，农业支持政策随着国民经济的发展战略（工农关系）的变化而调整。工业与农业之间的关系据此可以分为农业支持工业、二者同步发展、工业反哺农业三个阶段。本章基于这三个阶段从目标瞄准角度来分析我国农业支持政策体系的演化路径及特征，力求在 WTO 框架下找到农业支持的有效方式。

第一节　农业支持政策体系变迁

一、农业支持工业发展阶段农业支持政策体系的演变（1949—1978 年）

新中国成立以后到改革开放前，为迅速恢复国民经济，加快经济社会发展，借鉴苏联模式，优先发展工业及重工业。但是，中国农业国家的历史由来已久，不具备大多数资本主义国家走工业化道路所需的历史条件，党和国家拟通过促进农业生产来提供工业所需的资本积累。尽管农业部门在国民经济中的产值比重大，国民收入主要来源于农业，然而，一方面农业生产规模小、资金和技术投入匮乏，不仅提供工业积累后劲乏力，其自身发展也处境艰难；另一方面，新中国人口增长快，粮食需求大于供给，使农业问题更加突出。基于以上背景，党和政府实施了一系列农业支持政策来刺激农业发展，以保障国家粮食安全及社会稳定。如表 1－1。

表 1－1　　1949—1978 年农业支持政策体系演化情况

年份	政策类型	具体政策名称	主要宗旨
1950	土地政策	土地改革法	保障农民所有权
1953	农产品政策	关于实行粮食的计划收购与计划供应的决议	稳定粮价，保证供应
1955	农业科技政策	关于农业生产合作化问题的决议	初步构建农业技术推广体系
1958	农业政策	农业发展纲要	促进农村经济发展

（一）实行土地改革

纵观世界历史，人民对与土地有关的政策及现实状况的不满一直是引起革命和社会动荡的最主要的因素。旧中国的封建土地制度严重阻碍了农村经济和社会改革。新中国成立后，广大农民迫切要求进行土地改革，获得土地。1950 年 6 月，中国共产党召开了七届三中全会，颁布了《中华人民共和国土地改革法》，解放和发展了农村生产。截至 1952 年已完成土改的农业人口超过九成，为工业发展打下了良好基础。这一次的土地改革，从发展经济学的角度来看，既是土地所有权的转移，又是国家“耕者有其田”土地制度的实现，随后更被证明是一项非常有效的农业生产支持政策。

（二）实行农产品统购统销制度

随着工业化的逐步推进，城市人口快速发展，国家粮食储备一直购少销多，入不敷出。而在 1953 年至 1992 年实行的统购统销制度取消了原有的农产品自由市场，近 40 年内，农村因统购统销的“剪刀差”而被拿走用于支持工业发展的资金估算最高为 7000 亿元（牛若峰，1992），最低也有 4481 亿元（徐从才、沈太基，1993）。由于统购统销制度要求农民按计划生产、农产品由国家统一收购，国家再按固定价格销售给城市居民，如此一来，一方面保障了国家的需求，另一方面实现了农业剩余转移，不仅有稳定粮价和保障供应的作用，更支持工业完成了原始积累。

（三）制定《农业发展纲要》和巩固农业合作化

为了进一步促进农村经济的发展，1955 年 11 月毛泽东起草了《农业十七条》，此后，由中共中央政治局提出并经 1956 年 1 月 25 日最高国务会议讨论后下发各地征求意见，1957 年 10 月 25 日，中共中央根据近两年来的实践，对这个纲要（草案）作了一些必要的修改和补充，于 1958 年初通过了《一九五六年到一九六七年全国农业发展纲要》（第二次修正草案），简称为《农业发展纲要》。纲要对巩固农业合作化制度、大力提高粮食的产量和其他农作物的产量、发展畜牧业林业水产养殖业、兴修水利，发展灌溉，防治水旱灾害、改善农业等方面作了明确规定，成为我国农村经济发展的纲领性文件。

1955年，国家为缓和统购统销制度对农民强行索取而产生的矛盾，减少了统购统销的任务量，但工业发展却又因此受到制约，当年的工业增长速度在“一五”时期排名末位。为解决这一问题，党中央进一步推进农业合作化制度，化个体为集体，把农业生产纳入国家的控制之中，促进农业集约化经营、推进大规模农田水利建设、推动农业机械化进程。农业合作化为用“剪刀差”方式获取农业剩余提供了制度保证。

（四）加强农业生产、科技推广支持

1955年10月11日，中国共产党七届六中全会通过《关于农业生产合作化问题的决议》，全面发展农业合作化运动，国家不仅从政策、财力、物力等方面加强农业支持，而且开始着手建立农技推广站。到了1956年，全国共建立16466个农业技术推广站，配有技术干部94218人，除边远山区外，基本做到一区一站，平均每站5～7个工作人员，每百万亩粮田配备农业技术人员46.07人。同时，各地还培训了大批农民技术骨干，建立了一批农民科技组织，科技推广政策大有成效。1949—1978年，国家财政支出中农业补贴支出总计1577.12亿元，占财政支出总规模的10.7%，其中基本建设支出639.76亿元（约占农业补贴总额的40.6%），农林水利气象部门事业费332.06亿元（约占农业补贴总额的21.1%），农技推广和植保、小型农田水利和水土保持、农村造林补助费170.05亿元（约占农业补贴总额的10.8%），农业科技三项费7.64亿元（约占农业补贴总额的0.5%）。上述费用约占农业补贴总额的73.0%。这一系列的农业支持政策使农业生产总值甚至农民的收入都有大幅提高。

二、农业和工业平等发展阶段农业支持政策体系的演变（1979—2002年）

改革开放以前，长期的过度重工业化发展导致消费品严重不足，国民经济结构严重失调。改革开放后，国家为解决这些问题调整了实施多年的苏联工业化模式，采取了消费导向型工业发展战略，优先发展轻工业，并引入市场经济体制，逐步改变了此前计划经济的资源配置方式，并且大力发展非公有制经济，改善产权结构。这些政策导向和体制变革导致工农关系发生重大改变，政府的农业投入政策也随之发生一系列重要变化。党中央从1983年开始逐步取消作为索取农业剩余重要手段的“统购统销”制度，直到1992年完全废除。从1985年至1996年出台了一系列减轻农民负担的政策措施，总的方针是“增加投入、减少索取”。此后，工农关系已然发生改变。改革开放前，重工业和农业之间的利益关系是一种非市场的强制性利益单向流动。改革开放后，国家大力发展轻工业，逐步改变了过度重工业化的经济结构，以纺织和食品工业为代表的轻工业和农业之间存在天然的关联性，使工农形成互补而非此前的单向掠夺关系（朱四海，2005）①。如表1－2。

表1－2　　1979—2002年农业支持政策体系演化情况

年份	政策类型	具体政策文件	政策主旨
1978	土地	全国农村工作会议纪要	联产承包制
1979	金融	关于恢复中国农业银行的通知	支持农村建设
1982	土地	一号文件	明确包产到户、包干到户
1984	金融	中国农业银行关于改革信用合作社管理体制的报告的通知	加强农村信用社的作用
1985	粮食支持	关于进一步活跃农村经济的十项政策	统购统销走向双轨制
1986	土地	中华人民共和国土地管理法	明确家庭联产责任制
1990	金融	农村信用合作社管理条例	明确农村信用社作用
1991	粮食	关于进一步搞活农产品流通的通知	放开经营政策
1992	粮食	关于发展高产优质高效农业的决定	二轮粮改、
1993	粮食	关于加快粮食流通体制改革的通知	放开粮食价格
1994	粮食	关于深化粮食购销体制改革的通知	坚持政府定购
1996	金融	关于农村金融体制改革的决定	农村信用社真正为农业服务
1998	粮食	关于进一步深化粮食流通体制改革的决定	四完善一分开
2002	土地	土地承包法	维护农民利益

（一）实行家庭联产承包责任制

十一届三中全会所作出的改革开放的决策对我国影响深远。从1978年开始，家庭联产承包责任制逐步取代人民公社制度，土地的所有权归集体共同所有，农民承包经营权部分，进行自主经营。为了保障农民的土地经营权，1986年6月通过的《中华人民共和国土地管理法》，进一步对家庭联产承包责任制进行了

① 朱四海：《我国农业政策演变的两条基本线索》，《农业经济问题》2005年第11期。

明确，为改革开放以来我国农业经济的发展和农民收入的增加提供了一个可靠的制度保障，至1983年初，全国已有93%的农村生产队实行了这种责任制。统计数据显示，粮食总产量从1978年的3.05亿吨，增至2013年的6.02亿吨；仅1978—1984年，粮食产量就增加了1亿吨，由1978年的3.05亿吨增长到1984年的4.07亿吨，农民的收入也增长了2.69倍（国家统计局，2006）①。家庭联产承包责任制以农民承包代替了人民公社，也不存在土地私有制的资产阶级属性，充分发挥了集体和个人的经营潜力，是我国农村经济体制的一项伟大创新。

（二）持续农业投入

从改革开放至2002年，农业投入变化较大，大体经历了四个阶段，但总体上是加强农业投入。

1979—1985年属于农业投入减少阶段。这一阶段的主要特点为：一是大幅度提高农产品收购价格，减少资金外流；二是鼓励农民投资一部分基础设施及土地，并给予补偿；三是改革农村信用社经营体制，放活农村金融政策，如增加农业贷款，农业贷款要优先用于农业，贷款的利率也可以浮动，创新农村保险等业务；四是强调政府的农业投入，但这一点却因为财政问题的影响无法有效实现，国家的农业支出甚至呈现下降态势。

1986—1991年属于农业投入恢复阶段。这一阶段国家及时调整了农业投入措施，针对农业基础设施老化失修问题，连续出台一系列文件。一是提高农业投资比重，明确各级财政、信贷投入农业的份额；二是进一步改革农村信用社，加大对农业信贷支持力度；三是主张多元投资体系，特别是明确农民的农业投入主体地位，提出农业基本农田水利等基础建设主要靠集体和农民，提倡以工代赈、以工补农、以工建农；四是提高资金的管理效率与使用效率，不得挪用；五是扩大农业外资引进和利用。

1992—1994年属于农业投入下降阶段。这一阶段，虽然农业政策进一步加强，但产能过剩、经济过热等问题出现，农业资金投入反而进一步下降。针对这些情况，国家出台了有关政策解决这些问题。一是对国家进行农业投入的情况做出法律保护，并设立了最低增幅；二是对农业资金投入结构进行调整，重点关注农村公共品建设，如大型水利工程等；三是对农村金融制度进行改革，通过实施专项贷款促进粮棉主产区发展。这一时候的政策效应虽然加强了，但

① 国家统计局：《中国统计年鉴》，中国统计出版社，2006。

由于执行不力，农业投入仍然下滑。

1995—2001 年为农业投入增加阶段。国家的政策主要有：一是压缩基建项目，增加农业资金投入；二是坚决要求落实农业资金投入，严禁挤、挪、占，促进农业资金高效利用；三是加强第二产业、第三产业对农业的支持；四是强化农村信用社的支农作用；五是扩大农业投入渠道，引进多种形式外资。这一时期，农业投入大幅提高。

（三）改革流通支持政策

粮食流通体制改革主要表现在两个方面：一是提高粮食价格；二是实行粮食的统购统销。1979—1996 年，中央 5 次提高粮食收购价格；粮食统购制度也几经改革，1985—1997 年，实行的是价格双轨制、合同定购、国家委托代购制度。到 1998 年，粮食流通领域新一轮改革开始，要求政府和企业、中央政府和地方政府、储备和经营、新账目和老账目全面分离，进一步完善粮食流通领域内的价格形成机制，并以保护价收购、顺价销售、购粮资金封闭运行为主要措施，但仍与 1992 年提出的市场化目标有一定的差距。

（四）农村税费改革

随着国家全面建立和发展社会主义市场经济体制，城乡之间的差距越来越大。为了减轻农民负担，规范农村收费行为，从 2000 年开始，国家在部分地区对农村进行税费改革试点，2003 年在全国农村进行推广。其内容主要包括：取消乡统筹、取消屠宰税和除烟草以外的农业特产税、取消农村教育集资，并给予生产资料方面的补贴和局部地区的退耕还林补助等。这一改革是对农村分配制度的重大调整，既减轻了农民负担，又按照市场经济的要求和依法治国的要求，规范了国家、集体和个人之间的关系，保证了国民经济持续快速健康发展。

三、工业反哺农业阶段农业支持政策体系演变（2003 年至今）

进入 21 世纪后，我国步入工业化中期，财政实力增加，“工业反哺农业，城市支援农村”的条件基本成熟。同时，工农业非均衡发展所带来的“三农”问题也日益尖锐。这一阶段主要以实行以保护农业、增加农民收入、保障粮食安全为主要特征的农业支持政策。

（一）改革土地制度

为了巩固家庭联产承包经营为基础、统分结合的双层经营体制，2002 年国家通过《土地承包法》对农民的土地使用权予以保障，农民利益得到了保护，生产积极性得到了提高。2004年国家又作出《关于深化改革严格土地管理的决定》，强化了对土地的管理，切实解决农民失地、失业问题。特别强调按照法定标准给予失地、失业农民合理补偿，严禁拖欠、截留和挪用。这些土地政策维护了农民的根本利益，为农村经济的发展及维护农村社会的稳定起到了重要作用。

（二）减免农业税

2003年，政府开始减征、免征农业特产税的改革试点。2004年开始，政府实行以“取消农业税、工业反哺农业”为主的农业新政，政策聚焦农业和农村的各项事务，包括农村发展、可持续农业、生态环境、食品安全和农民增收问题。同年，政府出台“两减免三补贴”[①]政策，强调从当年开始5年内取消农业税，在全国推广以种植面积为依据的粮食直补，包括一些重要的粮食作物及大豆良种补贴，推行大型农机具购置补贴，坚决保护耕地并加大农业投入。2006年，全面取消农业税，包括农业税、农业特产税、屠宰税及牧业税。农业税的减免标志着国家政策向农村倾斜，提高了农民参与利益分配的公平性。

（三）实行价格支持政策

在我国的粮食价格形成中，目标价格是三元机制中的重要组成，其代表国家保障农民收入的目标价位，既高于市场价也高于最低收购价。前面已叙述过，粮食具有重要的公共品属性，是政府干预的重要领域，作为政府干预粮食市场的重要调控手段，目标价格支持政策不仅具有保护农民利益的作用，而且也具有保障国家粮食安全的作用。自2004年起，国家不断完善价格政策来指导农民的生产行为。从2005年至今，价格支持已在农民生产中步入常态化，2014年底开始在新疆等地进行目标价格支持政策试点。

（四）改革户籍管理制度

改革开放以来，农村剩余劳动力外出务工数量不断增加，但是城乡分开的户籍制度却成为农民外出就业的障碍。2001年，国家开始推行小城镇常住人员户口改革。此后，公安机关逐步放宽大中城市户口迁移限制，2012年，国家提出要引导非农人口向中小城市转移[②]。2014年7月30日国务院正式发布《关于

① 2006年，在农业三补贴的基础上，增加了包括燃油在内的农业生产资料综合补贴，简称农资综合补贴，与粮食直补、良种补贴和农机具购置补贴合称“农业四补贴”，一直实施至今。

② 2012年2月，《国务院办公厅关于积极稳妥推进户籍管理制度改革的通知》指出，要引导非农产业和农村人口有序向中小城市和建制镇转移，逐步满足符合条件的农村人口落户需求，逐步实现城乡基本公共服务均等化。

进一步推进户籍制度改革的意见》，标志着我国实行了半个多世纪的“农业”和“非农业”二元户籍管理模式将退出历史舞台，有利于加快形成城乡一体化新格局。2016 年 9 月 30 日国务院发布《关于推动 1 亿非户籍人口在城市落户方案》，提出了推进 1 亿非户籍人口在城市落户的主要目标，促进有能力在城镇稳定就业和生活的农业转移人口举家进城落户。

（五）建立农业支持长效机制

党的十六大以来，党中央连续下发了 16 个“一号文件”，把解决好“三农”问题作为全党工作的重中之重，这些“一号文件”组成了新时期农业政策的核心（如表 1－3）。

表 1－3　党的十六大以来农业政策演变（16 个“一号文件”）

年份	文件名称	政策主旨
2004	关于促进农民增加收入若干政策的意见	促进农民增收
2005	关于进一步加强农村工作提高农业综合生产能力若干政策的意见	提高农业综合生产能力
2006	关于推进社会主义新农村建设的若干意见	建设社会主义新农村
2007	关于积极发展现代农业扎实推进社会主义新农村建设的若干意见	发展现代农业是建设新农村的首要任务
2008	关于切实加强农业基础建设进一步促进农业发展农民增收的若干意见	进一步夯实农业基础
2009	关于 2009 年促进农业稳定发展农民持续增收的若干意见	保持农业农村经济平稳较快发展
2010	关于加大统筹城乡发展力度进一步夯实农业农村发展基础的若干意见	进一步夯实农业农村发展基础
2011	关于加快水利改革发展的决定	加快水利改革发展
2012	关于加快推进农业科技创新持续增强农产品供给保障能力的若干意见	推进农业科技创新
2013	关于加快发展现代农业，进一步增强农村发展活力的若干意见	着力构建新型农业经营体系
2014	关于全面深化农村改革加快推进农业现代化的若干意见	健全城乡发展一体化体制机制

续表

年份	文件名称	政策主旨
2015	关于加大改革创新力度加快农业现代化建设的若干意见	建设现代农业，加快转变农业发展方式
2016	关于落实发展新理念加快农业现代化实现全面小康目标的若干意见	加快建设现代农业
2017	关于深入推进农业供给侧结构性改革加快培育农业农村发展新动能的若干意见	推进农业供给侧改革
2018	关于实施乡村振兴战略的意见	乡村振兴战略
2019	关于坚持农业农村优先发展做好“三农”工作的若干意见	农业农村优先发展

资料来源：作者根据历年“一号文件”整理。

总之，“三农”问题的成因和解决，都反映在政策层面。我国的农业支持政策体系目标与措施的变化，既反映了国家当时的经济社会状况及政府发展观的演进，也反映了国际农业发展的趋势。总之，尽管农业支持政策体系随着社会经济发展而不断调整，但三大主题始终是农业增效、农民增收及粮食安全。

第二节　农业支持政策体系演变特征、规律

农业支持政策是国家政策体系的重要组成部分。尽管我国农业支持政策力度不断增加，但与发达国家相比，不仅水平较低，也缺乏保护机制。与现阶段经济发展的目标相比，农业支持规模也远远不够。检视各个阶段我国农业支持政策实施的情况，弄清存在的问题及原因，尽快根据当前国情调整和优化农业支持政策体系显得尤为必要。

一、财政支农政策演变特征和规律

（一）财政支农政策演变特征

1. 1949—1978 年：财政支农的有效投入比重低。新中国成立之初，国家优

先发展工业，特别是重工业，财政主要支持工业发展，连农业产出也大部抽出投向工业领域，农业收益成为工业资本原始积累的主要来源，造成农业投入严重不足。这期间农业财政支出很少，而很少的支农资金重点用于恢复农业生产、农林气象事业费支出和农村基本建设，其他如农村卫生、教育和文化的支出几乎为空白。社会主义改造完成后，国家实施了高度集中的统收统支的财政管理体制，并安排了一部分资金支持改善农业生产条件，发展农业生产，统购统销等方式也取得了部分农业剩余。总而言之，这个阶段从农业上取得财政收入要远大于财政对农业的支出。

2. 1979—1987 年：财政支农政策和制度全面调整。1978 年的改革开放首先从农村开始，财政支农政策也相应地进行了调整。但在这一阶段中央和地方的财政支持力度都不足，致使农业发展缺乏后劲。为此，中央通过政策明确财政支持的力度、资金的分配、管理使用办法。

3. 1988—1997 年：多种形式提高农业投入。这一时期是财政支农政策形成时期，随着政府职能的转变和市场作用的增强，实施以分税制为核心的财政管理体制后，对财政支农的范围进行了适当调整，教育、社保及“三农”支出成为财政支出的重点领域。不仅重点支持建设基础设施，还增加了“三农”支出费用，促使粮食生产能力上了一个新台阶。

这个阶段，财政支农支出总量稳定增长，由 1987 年的 195.7 亿元上升到 766.4 亿元，占国家财政总支出的 8%，其中，1987—1997 年，支持农村生产支出和农林水气等部门事业费支出由 134.2 亿元上升到 560.8 亿元；农业基本建设支出从 46.8 亿元上升到 159.8 亿元；农业科技三项费由 2.3 亿元上升到 5.5 亿元；农村扶贫救济费由 12.5 亿元上升到 40.4 亿元。粮食产量也由 4.03 亿吨上升到接近 5 亿吨大关，增产近 1 亿吨①。

4. 1998—2002 年：深化改革财政支农机制和方式。这一阶段，实施积极的财政政策，在探索公共财政体制框架背景下，财政支农资金总量有较大幅度提高，结构更加合理。在原有支持内容的基础上，开始对生态建设进行支持，无论是支农机制还是支农方式都产生了积极的变化。

5. 2003 年至今：财政支农的战略转变。2003 年国家提出统筹城乡的战略方针，把整合财政支农资金、发展现代农业作为财政支农新的战略着力点。从指

---

① 农业部：《新中国农业 60 年统计资料》，中国农业出版社，2009。

导思想上，财政支农工作中的农民与政府的“取、予”关系发生根本性改变，中央对农业投入的力度不断增加。农村的全面发展成为这一时期财政支持解决“三农”问题的重点和目标。

一是实行“四减免”政策（减免农业税、牧业税、农业特产税和屠宰税），并于2006年1月起全面取消长期实行的农业税，仅农业税赋项，每年减轻农民负担达1200亿元，有利于农民增收减负、休养生息。

二是直接补贴制度不断出台。自2002年开始中央实施了以种粮直补、良种补贴、农资综合补贴及农机具综合补贴为主的“四补贴”制度，还包括陆续出台的退耕还林补贴等支农惠农政策。其中“四补贴”金额从2006年的308.2亿元快速增长到2015年的1652.55亿元，见表1-4。

三是农业补贴合并。从2016年起，全面推行农业“三项补贴”改革，即将农作物良种补贴、种粮农民直接补贴和农资综合补贴合并为农业支持保护补贴。政策目标调整为支持耕地地力保护和粮食适度规模经营。

表1-4　2006—2015年中央财政用于“三农”的支出及“四项目补贴”资金

单位：亿元

年份	2006	2007	2008	2009	2010	2011	2012	2013	2014	2015
财政“三农”支出总计	3517.2	4318.3	5955.5	7253.1	8579.7	10497.7	12286.6	13799	14749	17242
所占比重（%）	14.97	14.60	16.39	16.55	18.38	18.6	19.16	19.57	20.02	20.47
粮食直补	142	151	151	151	151	151	151	151	151	140.5
农资综合补贴	120	276	716	795	835	860	1078	1071	1071	1071
农机具购置补贴	6	20	40	130	154.9	175	215	217.5	237.5	237.55
良种补贴	40.2	66.6	120.7	198.5	204	220	249.4	261.05	214.45	203.5
“四补贴”总计	308.2	513.6	1027.7	1274.5	1344.9	1406	1693.4	1700.55	1673.95	1652.55

数据来源：作者整理。

三是财政支农力度显著加大。从2004年连续16个“一号文件”不断指明支农方向，财政支持解决“三农”问题的资金总量快速增加。据统计，中央财政支农资金从2003年的2144亿元增长到2016年的18442亿元，增长了近9倍，主要用于对农民的“四项补贴”、农业生产发展和社会事业发展。各级地方财政也大幅度增加了支农投入。并按中央要求，在整合现有资金渠道基础上，着力“建机制增投入，强科技促生产”，促进农业生产稳定发展。

（二）财政支农政策的一般规律

1. 财政支农资金规模分析。第一，改革开放后财政支农绝对规模不断增大。改革开放前，财政支农资金规模总体上也是呈上升趋势，但不是逐年上升，而是交错上升，存在不稳定性。改革开放后，国家财政收入不断增长，国家财政支出与财政支农资金规模也逐年稳定上升。国家财政支出由1978年的1122.09亿元到2016年的187841亿元，增长了167倍，年均增长14%左右；而支农资金规模由1978年的150.7亿元到2016年的18442亿元，增长了122倍，年均增长13.5%。

从图1－1中可以看出，我国财政支农资金的规模在不断增大，特别是自2006年开始，规模陡增，与国家财政支出增长趋势相同。财政支农资金从1978年的150.7亿元增加到1988年的214.1亿元用了10年时间，到1994年才到440.5亿元，用了6年；到1998年财政支农资金合计1154.8亿元，从1978年算起，突破千亿元大关用了20年时间；而突破万亿元大关仅用了13年，2011年达10497.7亿元。但仍只相当于发达国家的12.5%和新兴发展中国家的50%（黄小舟等，2005）[①]。2016年财政收入达175768亿元，预计到2018年突破20万亿元大关。

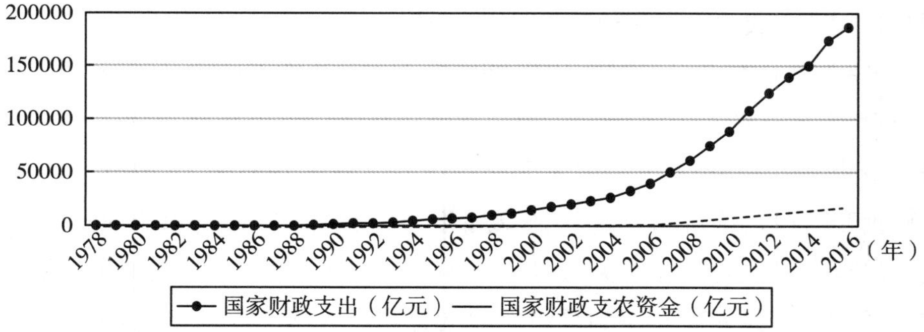

图1－1　1978—2016年财政支出规模及财政支农资金规模

第二，改革开放后财政支农资金相对规模不断变化。在财政支出绝对规模不断扩大的同时，财政支农资金的规模变化趋势却不稳定。在总体趋势上，财政支农资金占财政支出比重与财政支农支出占农业总产值比重却不相同。见图1－2。

① 黄小舟、王红玲：《从农民增收的角度看我国财政支农资金绩效》，《中央财经大学学报》2005年第1期。

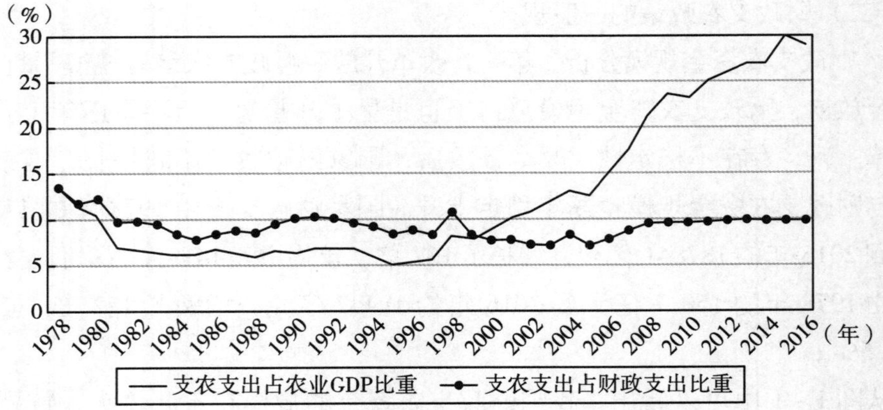

图1-2　1978—2016年财政支农支出占财政总支出及农业GDP的比重

由图1-2中可以看出，支农支出占财政支出比重的趋势呈现三种特征：从1978年到1985年，该比重直线下降，从13.49%下降到6.13%；从1986年到1991年，该比重缓慢上升，从8.35%上升到10.26%；从1992年至2016年一直处于逐渐下降的状态，从10.05%下降到9.87%，尽管1998年和2004年有小幅上扬，但与当期的政策有关系。而且从图中明显看出，无论哪一种趋势，在初期都有明显上升，然后开始持续下滑，这一特点同政策调整密切相关，同时也表明我国财政支农缺乏制度保障，难以稳定和连续。

图1-2中支农支出占农业GDP的比重变化趋势主要分为二个阶段：第一阶段从1978年至1997年，该比重总体处于下降状态，前四年是直线下降，后面几年缓慢下降，由13.49%下降到5.53%；第二阶段从1998年至2016年，总体处于大幅上升阶段，从8.11%上升到26.8%。由于我国的经济重心在第二、第三产业，只有当农村问题特别突出时才加强农业投入。改革开放初期，政府和农业的“予取”关系并没有得到真正的改变，财政收入和农业产出仍然主要用于支持工业化建设，支农支出占农业GDP的比重处于下行趋势。改革开放后期，我国进入工业化中期阶段，农业支持政策发生重大改变，支农力度不断加大，农业投资总量稳定增长，财政支农支出占农业GDP的比重越来越大。

2. 财政支农资金结构规律分析。国家财政支农资金主要使用方向是农村生产支出和农林水利气象等部门的事业费、农业基本建设支出、农业科技三项费用及农村救济费等。从图1-3可以看出，国家财政用于农村生产支出和农林水气等部门事业费所占比重最大，改革开放以来，虽略有波动，但大多数年份比重均在60%以上；用于农业基本建设支出所占比重其次，但几乎所有年份所占比重均在 20% 以上，远高于农村救济费支出和农业科技三项费用支出；农村救济费支出保持在 5% 左右；而农业科技三项费用占比最低，仅在 1% 左右，同发达国家和一些发展中国家都有差距，如韩国该比重达到 9%，阿根廷 1998 年的财政支农中就有 26% 的资金用于农业科研（沈坤荣等，2007）①。

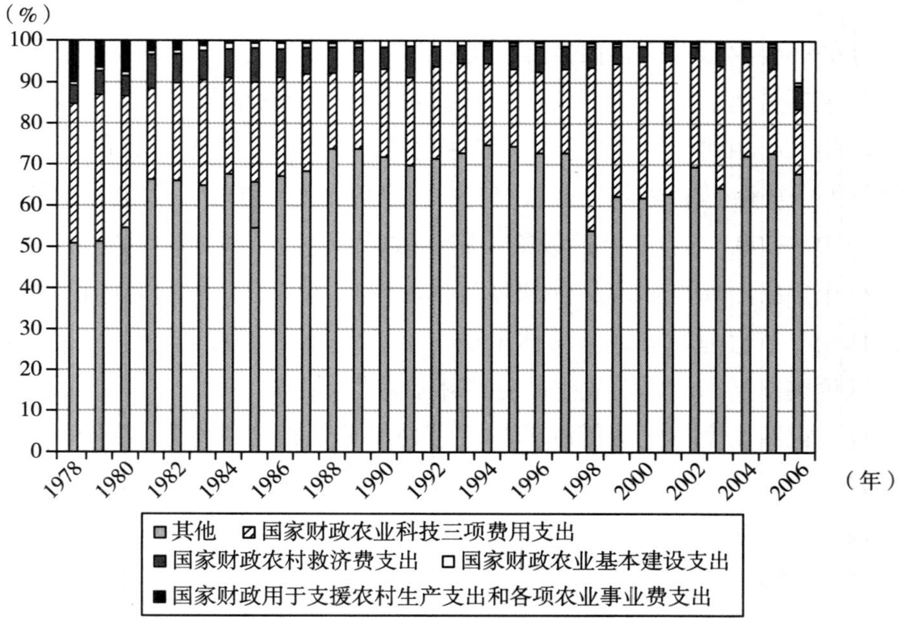

图 1－3　1978—2006 年财政支农结构相对规模变化

二、农业补贴政策实施特征及规律

我国的农业补贴政策是财政支农政策的极为重要的组成部分，本书将其从财政支农的体系中分离出来，单独考查它的特征与发展规律。我国的农业补贴政策经过数十年的强化和完善，对推动现代农业发展起着极为重要的作用，增加了我国的农产品国际竞争力和比较优势，提高了我国现代农业可持续发展能力，并在近几年以提高农民的福利水平为中心，将补贴重心由农产品流通领域向农业生产领域转移，由保障粮食供给向农民增收转移（王文娟，2011）②。

① 沈坤荣，张璟：《中国农村公共支出及其绩效分析——基于农民收入增长和城乡收入差距的经验研究》，《管理世界》2007 年第 1 期。

② 王文娟：《新形势下我国农业补贴政策的思考》，《中国行政管理》2011 年第 7 期。

（一）农业补贴政策实施的特征

1. 改革开放前的农业补贴政策：价格扭曲。我国最早的农业补贴是“机耕定额亏损补贴”。20 世纪 80 年代后，补贴政策又进行了多次调整，补贴内容扩展到生产资料、用电贷款等。在改革开放前，我国所采用的农业补贴制度主要起着维持农业发展的作用，在对农业产出进行剥夺式抽取时，农业补贴政策维持着农业的必要供给能力，但其作用方式既不利于农业生产，也不利于增加农民收入，主要是通过农业生产者最低保护价和消费者最高限价这种价格扭曲来改善人民生活，由此产生的亏损，由国家财政给予补贴，但实质上仍是倾向于对城市居民给予补贴。在改革开放后，农业补贴政策逐步多样化，呈现出新的特征。

2. 1978—2003 年农业补贴政策：制度改革为主，农业补贴为辅。改革开放以后，整个国家面临着如何从计划经济体制向市场经济体制转轨的问题，农村的经济体制改革也迫在眉睫。总体来说，这一阶段，粮食安全是补贴的重要目标，并以价格补贴和购置农业生产资料补贴为主要形式。

在通过家庭联产承包责任制释放生产力保障了粮食供给后，国家开始对流通领域进行改革。1979—1984 年，农产品收购数量和收购价格是改革的中心，这一阶段调整了收购数量，并大幅提高粮食统购价格，以刺激农民的种粮积极性；1985—1993 年，改革粮食统购统销体制；1994—1997 年，实行“米袋子”省长负责制，提高粮食定购价格，实行政策性和市场性双轨制，实行以保护价收购农民余粮的措施；1998—2003 年，1998 年后，建立了政府指导下由市场形成农产品价格的机制，粮食流通体制实行“四分开一完善”“三项政策一项改革”①。同时改革了生产资料补贴制度，如 1987 年，国家开始实行“三挂钩”政策；1993 年和 1994 年，国家调整挂钩方式并开始实行价外补贴。

3. 2004 年以来的农业补贴政策：与世界接轨，力度加大、方式多样化。这一阶段最大的改变是，2001 年我国加入世界贸易组织，增加了一些不可预料的外部因素，我们只有在 WTO 允许的范围内进行补贴，以保护国家和农民利益。此外，我国进入工业化中期，2004 年以来农业补贴政策的主要思路就是“多予、少取、放活”，这一阶段农业补贴政策的主要特征表现为力度不断增强、方式多种多样、目标聚焦粮食安全与农民增收。

---

① “四分开一完善”指政企分开、中央与地方责任分开、储备与经营分开、新老账务账目分开；完善粮食价格机制。“三项政策一项改革”指按保护价敞开收购农民余粮，粮食顺价销售制度，加强粮食收购资金和粮食市场管理；推进粮食购销企业自身的改革。参见 1998 年《国务院关于进一步深化粮食流通体制改革的决定》。

2004 年以后的农业补贴政策以“四补贴”为核心，补贴方式基本上为直接补贴。经过两年的试点，2004 年起中央连续出台了种粮直补、良种补贴、农机具购置补贴和农用生产资料综合直补等一系列补贴政策措施，以刺激农民的种粮积极性。前面的表 1－2 反映了补贴力度连连加大，补贴标准连连提高的态势。为进一步提高粮食产量，国家于 2004 年再次实行粮食最低收购价政策。2016 年，我国粮食生产虽止步“十二连增”，总产量仍达 6.16 亿吨，农民人均纯收入年年增加，为保持经济的持续健康发展奠定了坚实基础①。除了种植补贴，在畜禽养殖、渔业生产上也投入了相当规模的资金进行支持，各种补贴不断出台。从长期趋势看，农业补贴将随着国家财力的不断提升而不断加大规模（程国强，2011）。

（二）农业补贴政策演变的规律

一国农业补贴政策的演变和实施路径不是随意的，而是同这个国家的经济发展战略、社会资源约束条件和“三农”状况这三方面因素密切相关的，三者相互作用构成了农业补贴政策的宏观基础。

1. 基于国家经济发展战略的农业补贴方式选择。

首先，我们需要明白，国家经济发展战略是一国达成经济目标的蓝图。国家经济发展战略不仅决定了某个阶段国家的政治经济及社会环境，而且反映了国家领导层的经济理念。该战略一旦实施，所有政策、制度必须服从和服务于它。农业补贴政策作为具体的部门经济政策，其政策方向和目标一样要服从于国家经济发展战略，并随着国家发展战略的变化而不断调整。

由前文梳理的农业补贴政策发展脉络也可以看出该政策的演变规律。在改革开放前的相当长时期内，在优先发展重工业战略指导下，我国利用农产品“剪刀差”将农业剩余源源不断地输送给工业部门。维持农业发展是农业支持工业发展这一战略目标的前提条件，政府采用农用生产资料差价补贴的方式，压低农资价格，降低生产成本，促进农业发展，以保证工业的稳定发展。改革开放后，在无法完成粮食定购任务时，又实施了粮食定购“三挂钩”补贴政策，鼓励农民交出剩余粮食。自 2003 年起，随着工业反哺农业的条件基本成熟，开始逐步实施以“四补贴”为中心的多种补贴方式，再加上 2004—2017 年的连续 14 年中央“一号文件”都以支持解决“三农”问题为主题内容，直接反映了国

① 国家统计局：2016 年全国粮食产量同比下降 0.8% 止步十二连增 http://hebei.ifeng.com/a/20161209/5216855_0.shtml

家的经济发展战略及政策的巨大变化，工业反哺农业，城市支持农村，农业补贴进入了直补模式。

2. 面对社会资源约束的农业补贴政策的选择。一般来说，政策的需求来自社会经济政治环境诉求，但这些环境也相应地制约着政策的效用与调整。目前我国主要面临三个社会资源约束条件：

第一，经济实力约束。一个国家的政策供给能力取决于该国的经济实力。与工业化国家不同，非工业化国家的工业化进程中，农业政策在该国经济实力的约束下一般有三个层次：在初期，国家资本匮乏，工农发展无法兼顾，由于工业发展的约束条件少，一般都要优先发展工业，这一阶段的政策核心是以农促工；在工业发展中期，国家工业体系基本形成，财政收入也大幅增加，此时，国家对农业的抽血会慢慢减少，这一阶段的政策核心是工农业全面发展；工业化后期，工业的自我积累能力逐步加强，国家财政实力进一步增强，城乡差距越来越大，国家有必要也有财力支持长期被抽取剩余的农业的发展，各国通常采用工业反哺农业的政策措施。可以说，我国的农业补贴政策是随着工业化发展阶段进行的调整。

第二，农业自然资源方面的约束。农业就是对自然进行加工和再加工的过程，农业经济增长所需要的物质资料全部由自然资源供给，所以说，自然资源的拥有状况和供给能力成为农业经济持续增长的关键要素。我国是世界上农业资源严重匮乏的国家之一，农业自然资源匮乏对我国农业生产率、农业经营规模和产业结构调整等都有着无法估量的制约作用。在农业自然资源的约束下，我国农业发展除了更新观念，采用农业新技术以打破自然资源的约束外，还实施农业补贴政策提高农民的生产积极性。

第三，政治资源方面的约束。前面提到政治集团博弈这个理论，一项政策的采用与否既取决于经济发展的状况，也取决于政治集团中支持和反对力量博弈力量的对比①。在工业化初期，农民虽然占绝大多数，但组织化程度低，团队意识薄弱，农民利益集团比较弱小，没有参与政治博弈的实力，而国家决策者倾向于优先发展工业，所以抽取农业剩余的政策成为必然。工业化后期，为保障社会稳定，财政上也有一定实力，这时国家大规模支持农业发展，采用多种补贴方式，促进农民增收。

① （日）速水佑次郎：《农业经济论》，沈金虎译，中国农业出版社，2003。

3. 以解决“三农”问题为目的的农业补贴政策转变。“三农”问题始终贯穿于农业经济发展的始终，不同的经济发展阶段有不同的具体表现，也必须有相应的农业政策出台。在新中国成立之初，国家百废待兴，先要解决人民吃饱穿暖的问题，因而粮食成为这一阶段的根本问题，农业补贴政策基本上围绕粮食展开。在改革开放阶段，城乡差距扩大导致了严重的社会问题，同时工业化完成，不需要农业再“输血”，因此这一阶段政府的主要农业补贴政策是提高农民收入。到了2004年前后，国家工业化阶段目标完成，财政收入大幅增加，只是城乡矛盾也进一步扩大，这一阶段农业的主要问题是“农业产业结构调整”，因此农业补贴政策的首要目标是“保障粮食安全、促进农民增收、建设社会主义新农村”。

三、农村金融政策演变的特征和规律

（一）农村金融政策演变回顾

1. 改革开放前的农村金融政策：试点保险及银行的建立。农业的发展离不开金融政策的支持。新中国成立后，国家金融政策对农业的支持主要体现在成立正规的金融组织，引导和支持农业发展，如成立了中国农业银行、农村信用合作社。可以说，这些金融机构一方面对农业有一定的支持作用，另一方面在当时背景下，也不可避免地成为支持工业发展的“抽水机”，将农村储蓄抽到工业和城市用于建设和发展。

2. 改革开放至90年代初：恢复银行、完善农村信用合作社职能与开放非正规金融。改革开放后，农业经济的增长不再单纯依靠农业，而是多方面协调发展，固有的金融体制满足不了这一需求。为改变资金供给不足的问题，1978—1984年我国对农村资金、信贷管理体制进行了调整，放权盘活，试行经营责任制。1979年重设了中国农业银行，由其管理原来人民银行所开展的农村金融活动。1981年国家在对中国农业银行报告的批复中认可了民间借贷在农村经济发展中的作用，并要求银行和农村信用合作社做好引导和管理工作。1984年国家对农村信用合作社的组织、管理、经营进一步放宽，使其成为真正的群众性合作金融组织。

3. 90年代农村金融政策：农村金融市场体制改革标志。20世纪90年代，“三农”问题突出，引发了我国农村金融市场问题。1991年中国农业银行和农村信用合作社农业贷款余额达到1496.78亿元，比上年增长27.08%。从1993年起，国家多次安排专项贷款来扶持重点领域和产业，但出现资金到位不太理想、政策没有很好落实等问题。在此背景下，国家于1996年颁布了一系列法规条例，要求农村信用合作社与农业银行脱钩，实行政策性银行与商业性银行分离，试图通过改革逐步形成“政策性银行、商业银行与合作银行并存”的新格局。1996年底，农村信用合作社完成与农业银行的脱钩，脱钩时全国共有农村信用合作社49532家，联社2409家。因为体制内的改革和机构改革的措施都没有达到预期目标，农业产业结构调整和农村企业发展所需要的巨额信贷无法得到满足，农村金融市场资本高度稀缺。在许多农村地区，非正规金融的供给成为农村经济发展的主渠道。

4. 2003年至今：农村金融改革逐步深化。2004年以来，农村金融体制从完善农村信用合作社改革、农业银行股份制改革、农业发展银行改革、农村民间金融改革试点和农业保险改革试点等方面加快改革步伐。在此背景下，2004年至2017年，党中央针对“三农”问题十四次发布“一号文件”，把改革、创新、支农三点作为对农村金融的要求，农业、农村、农民在这些力量的推动下稳定发展。

为解决农村信用合作社的融资困境，我国于2003年起开始探索改革的模式。首先是进一步深化农业银行和农村信用合作社改革，其次是鼓励中小金融机构的发展，最后努力促使农村金融朝着更加多样化的方向发展。

（二）农村金融支持政策的演变规律

1. 农村金融支持政策严重滞后于农村的变化。在城乡一体化发展的背景下，中国农村发生了深刻变化，如农村空心化、农业人口急剧下降、非农产业增多，等等。这种经济和社会结构的变化，使得农村金融需求和农村金融经营模式与过去截然不同。农村金融发展滞后的现状显然无法满足日益增加的农村金融需求和服务。

2. 农村金融发展存在“去农化”倾向。自我国农村金融开始发展，其使命便是“增加信贷投入、支持农业发展”。但中国农业银行等正规农村金融机构“偏农离农脱农”倾向严重，成为农村资金的“抽水机”，将农村资金抽离农村投入其他领域。有学者形容农村信用合作社是资金从农村流出的一个大漏斗，且流出量越来越大①。农业对资金需求的不断增长，而金融机构却试图“去农”，

① 牛若峰：《中国农业的变革与发展》，中国统计出版社，1997，第345页。

这就产生了农村金融领域供求的矛盾。

四、农业法律支持体系发展特征及规律

重要的农业政策是法律、法规的灵魂和依据，而农业法律是重要农业政策的具体化、条文化和规范化。尽管两者价值取向一致、本质相同，但由于两者制定的主体不同、程序不同，两者的影响力也有所不同。所以我们要加以区分，以便管理好错综复杂的农业经济活动。

首先，法律具有强制力，而政策执行的好坏则没有依据和标准。其次，农业支持政策的出台都有阶段性和时间性，是一种办法或措施，而法律则比较稳定。最后，政策范围广、弹性大、界限不明显，而法律的边界较明确、内容具体，可操作性强。

（一）农业支持法律法规演变特征

1. 改革开放前重要的农业支持的法律法规。新中国成立后，国家制定了一系列支持农业发展的法律法规，如 1950 年颁布了《中华人民共和国土地改革法》，1953 年制定、1958 年修正了《国家建设征用土地办法》，1954 年颁布了《国务院关于棉花实行计划收购的命令》，1955 年颁布了《农村粮食统购统销暂行办法》，1956 年颁布了《农业生产合作社示范章程》《高级农业生产合作社示范章程》，1958 年颁布了《中华人民共和国农业税条例》，1960 年颁布了《一九五六年到一九六七年全国农业发展纲要》等。改革开放前的这些法律法规较好地完成了时代赋予的任务。但在新中国成立的前 30 年里，受计划经济模式影响，仅有以上几个关于农业方面的法律文件出台。

2. 改革开放后农业支持法制建设发展的新阶段。

1978 年后，国家制定了一系列与“三农”有关的法律法规，如《中华人民共和国森林法》（1984 年）、《中华人民共和国土地管理法》（1986 年）、《中华人民共和国水法》（1988 年）、《中华人民共和国水土保持法》（1991 年）、《中华人民共和国农业法》（1993 年）等，还涉及种子、动植物检疫、农业技术推广、渔业等相关法律法规。

2004 年，全国人大常委会相继作出关于修改野生动物保护法、渔业法、种子法、土地管理法的决定，2005 年制定了畜牧法并废止农业税、2006 年颁布合作社法。此后至现在，农产品质量安全法、劳动合同法、城乡规划法、水污染

防治法、农村土地承包经营纠纷调解仲裁法等综合性和部门法规也不断出台，加强农业基础地位，保障农业生产主体的合法权益。

（二）农业支持法律法规演变的规律

1. 具有非常浓重的计划管理的色彩和痕迹。由上文可知，一些重要的农业法律法规都是在计划经济时期制定的，因而维护行政权威的法规居多，较少体现市场经济的特点。许多农业法规都在后期进行过废、改、立。同时，农业立法往往滞后于农业发展，几十年来，农村改革不断深入发展，现代农业以不可思议的速度转化，国家也不断通过政策和法规对农业进行管理和调控，在农业立法上有着新的突破和较快发展，但立法的进度始终与农业迅速发展的客观要求不相适应，农业立法领域的不足已经影响到农业的发展。

2. 农业法律基础薄弱，原则性和可操作性不强。在我国农业立法实践中，出台了那么多的法律法规，其实施条例和配套法规却很少及时出台。而在已出台的法规中，也常常不能将政策和法律科学转化，结果农业法律只是“政策一次搬家”，法律的原则性被破坏，而法律缺乏可操作性，难免出现“执法难”的问题。

总的来看，尽管我国农业立法发展的势头迅猛，但农业支持法律体系的种类、层次和协调性都有较大不足，与当前依法治国、依法治农、依法兴农的要求不相适应。

五、农业科技人才支持政策演变特征和规律

（一）农业科技人才支持政策演变特征

1. 1949—1958 年：农业科技人才政策初步形成。该时期农业科技人才政策的目标是提高粮食的产量以缓解新中国成立初期对粮食的巨大需求并保持国家安全稳定。

2. 1958—1978 年：农业科技政策目标清晰而措施多变。这一时期农业科技政策处于转折期，受科研机构精简的影响，留存的农业科研力量仅有约三分之一，这也重创了刚刚建立的公共农业科技系统，即使中央出台了《关于自然科学研究机构当前工作的十四条意见（草案）》（简称《科研十四条》）也未能完全恢复整个系统的正常运转。后来，更在极“左”思潮的影响下，全国的农业科研和推广活动几乎停止。

由于农业发展的迫切需求，农业科技同样也有相当的市场需求，保障粮食

安全仍是农业科技政策的唯一目标。为此，在极端困难的环境下，1972 年有关部门召开了全国农林科技座谈会，作出对杂交水稻等 22 项重大农业科技项目进行研究的决定，实质是对这一目标的延续。

3. 1978—1998 年：农业科技政策的恢复和调整。随着改革开放，集体经济解体，原先的农业科技系统失去了运行的经济基础，在行政体制和市场需求的双重压力下，迫切需要引入市场机制和竞争机制来调整现有的农业科技政策。

4. 1998 年至今：农业科技政策调整深化。经历了入世谈判，我国的农业发展直面国际农产品市场竞争，保障农业产品供给安全、缓解贫困和保护环境等问题被重点关注。党的十七届三中全会明确提出农业发展的根本出路在于科技进步。2004 – 2019 年的 16 个有关“三农”问题的“一号文件”也屡次提及科技政策的调整，凸显了党中央对这一问题的高度重视。

（二）农业科技政策演变规律

1. 农业科技政策的制定具有连贯性和继承性。我国农业科技政策的每一个发展阶段都与同时期的政治经济社会大环境相吻合，且呈现出连续而稳定的特征，各个时期之间具有较为紧密的联系，每一个政策都是之前政策的调整与改善，我国也因此形成了相对完善的农业科技政策体系。

2. 政府作用弱化，多元参与主体涌现。我国的农业科技体系在启动时期的主要发展策略是政策扶持、项目拉动。在这个阶段，政府起主导作用，是政策制定和实施的核心，其他主体被动参与其中。到了体系较为完善的时候，则通过政策引导和政策激励，将农业科技工作交由市场运作。这个阶段的参与主体化被动为主动，积极通过市场进入农业科技领域，同时，所有政策都注重各个参与主体的互动，政府作用逐步弱化，形成了包括政府、企业、大学和科研机构以及农民合作组织等多主体并存的局面。

第三节　农业支持政策体系的目标瞄准系统

农业支持政策目标是一国政府为解决农业、农村和农民发展问题而采取的措施所欲达到的指标和效果，是评价和优化农业支持政策体系的首要标准。不同的支持目标会有不同的评价和优化方法，不同的目标体系代表着对不同阶段农业发展形势的判断，反映不同的利益倾向①。其实质是一种制度安排，即基于本国国情、适合本国农业资源禀赋、满足本国农业技术发展需求的制度安排。

一国的农业支持政策体系应该是立足本国农业资源禀赋，检视自身农业发展制约因素，根据本国不同阶段的经济社会发展战略目标，确立农业支持政策体系的目标，从而采用相应的农业支持手段，构造出来的稳定、协调、发展的智能化农业支持系统。长期以来，我国农业支持政策的目标受到国内政治、经济和自然资源的制约，随着外部环境的变化而变化，而且采用的有效农业支持手段屈指可数。本书从我国的农业资源出发，分析各个阶段我国农业支持政策体系形成的总体思路及目标体系，并剖析现有农业支持手段的局限性。

一、现代农业发展的制约因素

（一）农业资源禀赋

从动态角度来看，我国现代农业发展的资源约束巨大。在耕地资源方面，我国典型的特征是人多地少。2009 年统计数据显示我国人均耕地面积仅 1.52 亩，远低于世界平均水平，且区域间不平衡现象明显。随着国民经济发展与产业结构调整，大规模经济建设对耕地的挤占，我国耕地资源更是大幅减少，耕地非农化现象突出，距 18 亿亩耕地红线一步之遥。有预测显示，到 2030 年，我国人口将超过 15 亿人，耕地总面积却会低于 13 亿亩，耕地资源紧张可见一斑。

水资源同样事关农业生产，无论农业生产本身还是粮食安全都受其制约。同世界平均水平相比，我国人均水资源占有量仅占其四分之一，预计到 2020 年会产生 400 亿～500 亿立方米的农业用水缺口，水资源必将成为制约我国农业发展的一个瓶颈。

生态环境方面，全国已退化、沙化、碱化的草场面积达 1.35 亿公顷，约占草场总面积的三分之一，并且仍以每年 200 万公顷的速度不断增加。

劳动力资源数量也有所下降。随着城镇化的进展、乡镇企业的发展及非农地区提供的就业机会的增加，农村剩余劳动力大规模转移，在农村经济水平不高、小农意识较为浓厚的背景下，农村剩余劳动力的转移造成农业劳动力资源缺乏，已有研究表明，我国农村劳动力转移人数在 2 亿人左右。

---

① 齐城：《中国现代农业支持政策的目标体系建构》，《中州学刊》2009 年第 5 期。

粮食供给问题。我国的国情决定了粮食必须寻求自保，但这又同现实的资源约束产生矛盾。尽管近期粮食产量“十连增”，可粮食供给依然存在较大不稳定性，潜在的供求不匹配问题严重。

（二）农业科学技术水平

众所周知，我国的人均农业资源较少，农业的外延式发展道路是有限的。而国外农业发展迅速的原因之一就是农业科技的大量运用。农业科技水平是农业竞争力的一个体现，这就要求科技三项费用在农业财政支出中占有较高的份额。已有研究发现，改革开放以来，我国农业经济发展确实受到了科技投入的影响。因此在未来，必须进一步解决农业科技费用不足和农业生产需要的矛盾，加大投入力度。

高科技农业是现代农业一个显著的特点。如“精确农业”可以使农业资源得到合理利用，从而提高劳动效率和经济效益。而我国的科技经费投入数量大大低于发达国家甚至一些发展中国家，世界平均农业科研经费占农业总产值的1%，一些发达国家超过5%，而我国仅为0.2%～0.25%。目前，我国农业生产科技贡献率只有48%，而发达国家在70%以上，我国农业科研经费只占农业GDP的0.44%，而发达国家已达到3.29%，其农业技术推广经费可以达到农业GDP的0.6%～1.0%，而我国却不足0.3%。因此，针对农业科研的支持需要进一步加大，为实现农业增长方式的转变打好基础。

（三）传统农耕文化的困境

本书分析的传统农耕文化指的是建立在自给自足经济基础上的文化意识形态。

1. 重农业生产而轻农民利益。在一个以农业为主的国家，重视农业生产不仅关系人民的生活质量，而且也关乎着国家的安全。在旧中国，农民既是农业生产的主体，也是被剥削的主体，由于封建王朝的政权更迭，统治者对农民的剥削无处不在，农民承担的赋税、徭役越来越沉重，农民破产、流亡，最后揭杆而起，导致政权的交替。近代史上，机器工业时代的来临，也使农民的优势进一步丧失。农民的利益自始至终都处在社会的最底端，其集体行动的组织力弱小。

2. 以家庭为单位的小农户生产方式下农民利益诉求的封闭性。中国传统的农耕文化形成浓厚的家庭观念，对农业经营有着很强的影响力。一个封建社会的村落成员存在着固定和不固定的劳动协作，表现出较强的内聚力，生产和经济交往都是先家族内再家族外，但家族与家族之间通常处于竞争状态而不是合作状态，村落与村落，甚至大于整个农户集体，遇有大的利益诉求时，没有以信任为基础的纽带，难以形成有效的利益组织集团，因而长期沦落为社会弱势群体。

3. 农户风险抵御能力差。在中国传统社会，以小农户为基本单位，生存空间相对狭小封闭，缺乏社会联系，财富难以向外部流通，一方面因为生产要素的匮乏，农业生产规模有限，抵御自然灾害风险的能力不足；另一方面，小农户难以在市场经济的竞争中胜出，造成生产无序化，对农产品的供给带来不确定性。

4. 农民的投资带有守旧和风险厌恶特征。历史悠久的传统农耕文化使农民形成了墨守成规、小富即安的本性。农民的“农”性是他们最根本的身份属性，他们与农业、土地的依附关系非常紧密，农业、土地是他们生活的最基本保障，即使在工业化、城市化发达的阶段，农村社会结构发生巨大变动，部分农民依然与土地保持着较为密切的联系。有些从事非农生产和投入一般也采取兼业形式，离土不离乡，大部分农民始终徘徊于城市边缘。同时，一个个农户家庭相对孤立，信息流通和交通都不便利，对投资的信心不足，农村金融发展容易受阻。

二、农业支持政策体系的目标系统

（一）农业支持政策体系的阶段性目标

检视了我国现代农业发展的制约因素，围绕阶段性国家经济战略、约束条件和当前的农业发展问题，可以有针对性地构建当期农业支持政策体系的预期目标。结合我国三个时期的历史背景，农业支持的核心目标可归纳为：增加粮食产量，保障农产品市场价格稳定；在兼顾粮食安全及国家安定的基础上，促进农民增收、农村发展、农业可持续。尽管各个时期的农业支持政策体系具体目标不一样，但整体农业支持政策体系的目标变动具有一致性。

1. 计划经济时期：增加粮食产量。从新中国成立到改革开放前，属于计划经济时期。首先，国家初定，人口大量增长，形成庞大的粮食需求，农业生产的基本任务是增加产量；其次，这一时期国家实行优先发展重工业来带动整个经济建设的发展战略，这也在客观上要求农业增产为工业化提供原料和剩余。基于此，此阶段农业政策围绕农业增产目标制定并实施，并以农业生产合作化、农村人民公社化、农产品统购统销、农产品价格改革及就业和户籍制度等方式作为保障。保障消费者尤其是城镇居民的基本粮食需求，为国家城市化提供农产品，并为工业化资本积累提供廉价资源，降低工业成本，加快工业化发展进程。

2. 改革开放时期：恢复农业生产、增产增收。1978 年党的十一届三中全会后，农村确立起以家庭承包经营为基础、统分结合的双层经营体制，大大解放了农村生产力，恢复了农业自身生产，农产品供应日益丰富，GDP 高速增长。这一时期主要农产品由全面短缺转为总量基本平衡，而农民增收的呼声日益高涨，农业基本任务亦由增产扩展为增产增收。此阶段农业政策围绕农业增产、农民增收目标制定并实施，并以家庭承包经营、农业产业化经营、农村工业化、农村城镇化等方式为实现路径。

3. 完善时期：目标多元化，增产增收。从 20 世纪之初至今，处于农业支持政策体系完善时期，随着城乡统筹发展，国家步入工业化中期，“工业反哺农业、城市支持农村”成为这时期农业支持政策体系的基本方针。在这一阶段，“三农”问题的焦点是农民增收问题，农业支持的任务也由增产向促进农民增收并兼顾保障粮食安全延伸，并基于这些任务对农业支持目标进行调整，该时期农业支持目标具有多元化特征。具体体现在以下方面：增加粮食产量，保障粮食安全；缩小农村差距，促进农民增加收入；稳定农产品市场，提高农产品竞争力；提高农业科技水平，突破资源约束；保护生态环境，维护生态安全。

（二）农业支持政策体系目标瞄准系统构建

农业支持政策体系的目标系统由核心目标和分层目标组成。核心目标是整个目标体系中最基础需求的体现，决定农业支持措施的总体要求和基本方向，并且规定和总领分层目标；分层目标是核心目标的具体化，担负核心目标规定的任务。本书立足国情，根据现代农业发展的资源、科技及文化的制约，结合各个时期的农业支持目标，初步构建我国农业支持政策体系的目标系统，具体框架如下：

1. 现代农业发展。促进现代农业发展是目前和今后一个时期我国整个农业经济工作的突出任务。国际经验显示，农业极易在工业化和城镇化高速发展的时期被忽视，必须始终注重三者协调发展。我国农业现代化目前就面临极大挑战：一是耕地数量下降引起粮食安全问题；二是大量农业劳动力非农化引发“农业接班人”危机；三是科研推广能力不足，农业发展方式转变困难重重。我国的现代农业发展面临很多的不确定性。在这种情况下，我国现代农业发展的主要内容应该包括：

第一，保障国家粮食安全。根据前面分析，我国农业发展的首要目标是保障国家粮食安全，纵然我国粮食生产能力有了很大提高，但庞大的人口基数仍对粮食安全提出很高的要求。

第二，完善现代农业产业体系。现代农业的建设，是对传统农业改造的过程，也是对农业增长方式进行调整的过程，需要以全面的现代农业产业体系来指导。

第三，稳定农产品供给。稳定的农产品供给机制既可以有效确保农民的生产收益，又有利于农产品市场供需平衡，是现代农业发展的必要条件。但由于供求弹性差异、自然因素干扰、生产要素流通障碍等因素的作用，农产品市场价格体制难以正常高效运转，需要相关政策予以引导。

2. 农民增收。农民是农业生产主体，农业支持的核心目标包括提高农民收入。这样，一是可激发农民生产积极性，稳定农业生产；二是与增值型农业发展相耦合；三是能减弱小农经济下农民生产生活的脆弱性。此外，还有助于统筹城乡发展，帮扶弱势群体，体现党和国家“以人为本”的执政理念。其主要内容包括：

第一，缩小城乡差距。我国过去长期通过制度安排将人口划分为城镇居民和农村居民两部分，人为地割裂了城乡发展。而今，农民收入增长的主要来源即为工资性收入，固有的户籍制度使农村劳动力转移受到严重制约，进城务工的农村人口也同样享受不到应有的服务。城乡差距缩小是“工业反哺农业，城市支持农村”的必然要求，也是农民增收的重要路径。

第二，增加农村基础设施供给。当前支持农民收入增长的三个基本方式（商品性农业、乡镇企业、进城务工）都存在一定局限性。因此，必须通过政府对农村基础设施进行投资，改善农业的生产条件，改善农村教育条件和农村医疗条件，建立健全农村社会保障体系，进而提高农村居民的购买力，产生农民增收的乘数效应。

第三，农业内部增收。当前农业收入仍是农民收入的主渠道，农业增收的根本路径在调整农业结构。

3. 农业可持续发展。从各个阶段的农业支持目标演化来看，协调生产与环境之间的关系，实现农业可持续发展，一直是农业支持的最终目标。

第一，重视人力资本培育。舒尔茨指出：“农民的技能和知识水平与其耕作的生产率之间存在着有力的正相关关系。”① 农民的人力资本决定了农村发展的质量，因而人力资本对农业可持续发展具有深远影响，而农村义务教育状况、农业职业教育状况、农民科技培训状况都是农村人力资本的重要体现。

---

① （美）西奥多·W. 舒尔茨：《改造传统农业》，商务印书馆，2003。

第二，推进农业合作化。我国农业发展在受到国家整体经济实力约束的同时，还受到资源的刚性约束。由此可以预见，分散的小规模经营仍将在我国存在较长的时间，这在诸多方面同现代农业难以匹配对接。而农业合作组织为这两者提供了一个契合点，使分散的农户能通过合作组织进入市场竞争，规避了原有的矛盾。

第三，农村金融创新。农村金融是我国现代农业发展不可缺少的力量，在促进其发展的过程中，既要通过创新支持新型农村金融主体，也要通过法律规范其行为和责任。进一步将农村政策性金融、农村商业金融和农村合作金融有机结合，构建新型的农村金融支持体系。

第四，提升农业科技水平。农业科技水平影响农业发展的速度和农业综合生产力。提升农业科技水平有两条路可走：一是持续增加农业科研投入，刺激更多的农业产出，不断提高科研投资强度，保障对公共资源的有效配置，保证农业的增长；二是加快农业科技创新，提升农业科技成果的转化率。

第五，农业生态保护。农业生态环境是农业经济发展的生命线，关系着农业发展和人类的生存。农业生态保护就是要保护自然环境、农业资源，改善农业生态环境。在今后的农业发展进程中，国家需要加大生态环保的宣传教育和培训，建立健全环境监测体制，加大环保科技产品的研发力度，不断提高农业生态环境质量，以期达到农业可持续发展的目的。

（三）农业支持政策体系目标系统

依据以上核心目标和分层目标的不同性质和层次，将其归纳到相应的位置，从而得到完整的农业支持政策体系的目标系统（见图1－4）。

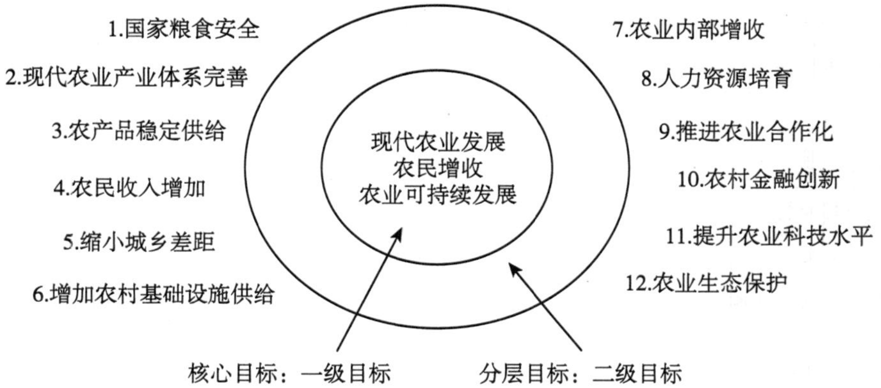

图1－4　农业支持政策体系目标系统示意图

图1-4是一个由核心目标和分层目标组成的二级目标体系。其中现代农业发展、农民增收、农业可持续发展为一级目标层次，是整个目标系统的基础、核心和灵魂。其他12个分层目标细化了一级目标的内容，是农业支持政策体系的直接作用对象。这个目标瞄准系统还必须达到：两个目标层中的项目是一个有机整体，第二级目标项目不过是对核心目标的路径细化；第二级中的项目与第一级中的项目不是单一的对应关系，往往一个具体的分层目标可以同时支持多个目标项目。如农村基础设施供给的增加不仅有助于农民增收，也有利于现代农业发展和农业的可持续化。

三、农业支持的主要手段

为了保证农业支持政策体系目标的内在一致性，需要选择相应的农业支持手段，传统的财政投入支持手段当然是必不可少的，但鉴于我国已经加入WTO，在选择支持手段时，应在符合WTO规定的框架下，借鉴发达国家成功的经验。

（一）目前采用的农业支持手段

参照国外及WTO口径，我国目前主要使用了“绿箱”支持政策的一部分和“黄箱”支持政策的很小部分（见表1-5），其中“农业四补贴”即属于这个范畴。中国目前还没有根据目标系统，建立起符合国际农业规则和有效支持农业发展的政策体系。因此，围绕核心目标，增加支持投入总量，从“绿箱”和“黄箱”支持结构上调整和完善农业支持政策体系，应是今后农业支持的主要手段。

表1-5　目前所使用农业支持措施与WTO的对应关系

农业支持政策措施	农业支持政策措施主要内容	WTO类别
价格支持	粮食保护价、最低收购价、目标价格	绿箱
粮食储备制度	以粮食安全为目的粮油收购、储备	绿箱
对农民直接补贴	种粮直补、良种补贴、农资补贴、农机具购置补贴	黄箱、绿箱
生产投入补贴	部分化肥生产企业补贴、农村电网改造等	绿箱
政府农业公共品或服务支持	农业研发、农业教育、食品安全检测、病虫害防治等	绿箱
农业灾害救济	制订救灾方案、及时拨付救灾资金等	绿箱
农业资源利用	耕地保护、测土配方施肥	绿箱
农业生态保护	生态补偿、退耕还林、退牧还草	绿箱

（二）今后农业支持的主要措施

1. 完善“黄箱”支持机制。根据 WTO 规定，我国“黄箱”政策的限制是农业 GDP 的 17%，目前仅为 1% ~2%。离 WTO 承诺上限尚有较大空间，基本不会造成市场扭曲，可以进一步提高支持的总量。

2. 增加“绿箱”支持总量。由于“绿箱”政策最为环保，对市场的影响几乎没有，所以该政策的支持水平影响国家的农业发展。对 WTO 规则允许的“绿箱”政策，应大力支持，提高支持总量。目前中国的“绿箱”支持水平被高估，其真实支持水平离现实需求还有很大距离，在提高“黄箱”政策的支持水平的同时，加大“绿箱”政策的支持总量，有利于改善农业生产结构，提高农业的竞争力。

第四节　现行农业支持政策体系调查与分析：以恩施地区为例

一、数据来源

2014 年 7 月，课题组及 12 名硕士研究生在湖北省恩施州开展了实地调查。调查采用随机抽样办法，具体采取了两种方式，一是部门访谈，二是入户调查。部门访谈组织了恩施州财政局、农业局、水利局、扶贫办等有关部门和农业产业化龙头企业的调查访谈，包括了解农业支持政策实施的方式、取得的成效、遇到的困难等内容。入户调查为问卷式的田野调查，调查问卷的内容主要包括农户基本信息、农户生产情况、农业政策实施情况、农业政策满意度等。调查共收回问卷 438 户，剔除无效样本及关键变量缺失样本后，获得有效样本 426 户，占样本总数的 97.26%。

二、基于恩施调研的农业支持政策调查

（一）农业补贴政策实施情况

粮食直补资金用于对种粮农民的补贴，而农资综合补贴的资金用于补贴农

民购买生产资料（种子、农药、化肥），两种资金都来自国家财政。农作物良种补贴也覆盖了主要农作物品种。农机具购置补贴用于农户在购买和更新大型农机具时得到的部分补贴，这个不具备普惠性质，特别在山区，无法使用大型农用机械，该补贴的普及率比较低，在本次调研中也印证了这一点。补贴资金由中央拨付到省再进县财政账户，最后由乡镇财政所兑付到农户的“一卡通”账户，集体不能代领。为了减轻基层工作者的工作量和难度，目前大多数地方确定农业补贴的额度直接以承包土地面积减去当年种植经济作物（茶、烟等）的土地面积为依据，本书调查区域的农业补贴发放也采用这种方式。

调查结果显示，大多数农户获得了农业补贴。在所得的426户样本中，分别有385户、321户、320户、31户表示获得种粮直补、农资综合补贴、良种补贴及农机具购置补贴，表明农户确实从中受益，收入有所增加。认为农业补贴对家庭有很大作用的占15.06%，起一般作用的占60%，认为没有作用的占24.94%，表明农业补贴的边际效益逐渐下降，但有聊胜于无，符号或信号意义大于政策作用的目标。具体情况见表1－6。

表1－6　　农业补贴政策农户参与情况

问题	选项	频数	比例（%）
是否享受种粮直补	是	385	90.38
	否	41	9.62
	合计	426	100
是否享受农资综合补贴	是	321	77.72
	否	92	22.28
	合计	413	100
是否享受良种补贴	是	320	82.47
	否	68	17.53
	合计	388	100
是否享受农机具购置补贴	是	31	9.34
	否	301	90.66
	合计	332	100
农业补贴对家庭的作用	很大作用	58	15.06
	一般作用	231	60
	没有作用	96	24.94
	合计	385	100

根据国家政策，获得粮食补贴的农民也应该得到农资综合补贴，根据调研区域种植结构，同时也应该获得良种补贴。我们在调研时在村公示栏中也发现农户确实获得相应补贴，但从农户感知角度，前三种补贴数量存在差异。而且我们发现绝大部分农户知道自己享受了农业补贴，但不了解到底享受的是哪几种类别的农业补贴，也有部分农户不知道自己具体获得多少金额的农业补贴。此后经过了解，最可能的解释是农户碍于交通不便、补贴少等因素，不愿意花精力经常去查询自己到底获得什么补贴、多少金额，再加上后期的农业补贴“一卡通”账户开通代扣电费业务后，农户更加对此不知情。

（二）农业农村基础设施情况

“美丽中国”需要“美丽乡村”做支撑。农业农村基础设施是发展农业生产和保证农民生活的公共物质基础。包括交通设施、水利灌溉、安全饮水工程、基础教育、农业技术、农产品市场条件等，它们是农村经济、农村事业能够快速发展的基础条件，也是社会主义新农村建设的目标和内容，与农村经济的发展相互促进。

调查显示，近几年，农业农村基础设施得到很大改善。农村道路状况明显改观，87.56%的农户认可；农村安全饮水条件得到改善，73.18%的农户认为有所改善；农村电网改造顺利，87.79%的农户反映有改变；校舍等硬件水平有了提高，70.35%的农户认为现在的教育条件好于以前；农产品市场条件成熟，73.71%的农户认为有改善。尽管调研区域位于清江流域，但水源不足，公共维护资金缺乏，水利设施欠缺，有82.86%的农户认为近几年农田水利设施基本没有改善或功能消失；农技推广服务形同虚设，仅有33.8%的农户认为得到一些服务。详情见表1－7。

表1－7　　农业农村基础设施投资农户感知情况　　单位：%

问题（n＝426）	是	否	不清楚
交通条件是否有改善	87.56	12.44	0
农田水利是否有改善	17.14	57.51	25.35
安全饮水是否有改善	73.18	26.82	0
用电条件是否有改善	87.79	11.74	0.47
基础教育是否有改善	70.35	19.53	10.12
农技推广是否有改善	33.8	46.95	19.25
农产品市场条件是否改善	73.71	15.49	10.80

在受访农户中，尽管有84.58%的农户认为交通条件的改善主要源于政府的投资，村乡镇之间的道路也得到硬化处理，多为水泥路或柏油路，但还有少数村庄受自然条件和经济能力的限制，仍然为砂石和泥土的原始路面。安全饮水方面也有所改善，31.99%的农户用上了自来水，但42.94%的农户反映饮水条件的改善多数是农户自发投资，农户自己出钱将山泉水引入家中使用。饮水难的问题解决了，但饮水安全问题还很严重。

虽然几乎所有的受访农户都认为用电条件、基础教育、农技推广的改善主要原因是政府投资（这是由于基础设施的公共品性质决定的），但农户也表达了参与建设的意愿，可引进多种投资主体，互相配合，切实解决因财政困难但急需解决的农村基础设施问题。调查农业农村基础设施状况时，农户也反映了许多问题，这些问题都亟待解决，如电力不足，电压不稳；基础教育师资力量欠缺、教育质量得不到保证；农村技术推广体系形同虚设，等等。详情见表1－8。

表1－8　农业农村基础设施改善原因　单位：%

问题	政府	农户	企业
交通条件改善的原因（n＝389）	84.58	14.65	0.77
农田水利改善的原因（n＝78）	79.49	19.23	1.28
安全饮水改善的原因（n＝333）	53.15	42.94	3.9
用电条件改善的原因（n＝380）	97.63	2.11	0.26
基础教育改善的原因（n＝299）	98.66	1	0.34
农技推广改善的原因（n＝151）	92.05	3.97	3.97
农产品市场改善的原因（n＝319）	73.98	18.18	7.84

（三）农村生态环境政策实施情况

与城市生态环境相比，农村生态环境问题也不容忽视。我国绝大多数自然资源的开发利用活动发生在农村地区，资源利用与生态环境状况已成为农村生态可持续发展的重要影响因素。资源的不合理消耗、环境的保护滞后，将使农村的可持续发展受到一定影响；另一方面，政府对生态环境的保护与农民的经济效益发生冲突。

恩施州森林覆盖面积高达60%以上，生态公益林建设和天然林保护是政府重点支持的工程。调查的区域有两个村正在建设“美丽乡村”，开展民族生态乡村旅游工程，农村的生活和生态环境正逐步得到改善。96.71%的农户对当前生活环境表示满意。81.22%的农户认为与以前相比，生态环境变好了。80.68%的农户享受了退耕还林补助，12.47%的农户享受了生态林补助。87.62%的农户对现行的生态林补偿政策满意。详见表1－9。根据退耕还林政策，农户可连续享受生态林补助8年、经济林补助5年。对于靠山吃山的农户来讲，认为目前的生态补偿政策还是存在问题，一是标准过低，二是补偿年限过短。政策调整和优化时需要考虑如何平衡生态保护和农户收入之间的关系。

表1－9　　农村生态环境政策农户参与情况

问题	选项	频数	比重（%）
对当前生活环境是否满意 n＝426	很满意	283	66.43
	比较满意	129	30.28
	不满意	14	3.29
与以前相比，生态环境是否有变化？n＝426	变好了	346	81.22
	没有变化	70	16.43
	不断恶化	10	2.35
享受哪些生态补偿政策 n＝409	退耕还林	330	80.68
	生态林补偿	51	12.47
	测土配方施肥	8	1.96
	其他	20	4.89
农户对生态补偿政策的满意情况 n＝426	很满意	75	17.62
	一般满意	298	70
	不满意	53	12.38

（四）农村扶贫政策实施情况

农村扶贫政策是我国社会保障体系的最后一道防线。调查显示，60.8%的农户了解农村扶贫政策；造成农户贫困的主要原因有年老缺乏劳动力、病残、土地少、文化程度低等，其中年老不能劳动及病残被认为是农户贫困的主要原因；被访农户中9.41%是贫困户，已经享受农村低保补助和五保补助；尽管有58.42%的农户对当前扶贫政满意，认为确实解决了鳏寡孤独及生活困难的农户生存问题，但仍有58.73%的农户认为目前的扶贫对象并不公平，现有的农村扶贫政策在执行过程中有偏差。具体见表1－10。

表 1 - 10　　农村扶贫政策农户参与情况

问题	选项	频数	比重（%）
对农村扶贫政策是否了解 n = 426	了解	259	60. 8
	不了解	167	39. 2
样本农户是否贫困户 n = 425	是	40	9. 41
	否	385	90. 59
农村扶贫对象是否公平 n = 315	公平	130	41. 27
	不公平	185	58. 73
农户贫困的原因 n = 55	缺乏劳动力	15	27. 27
	病残	23	41. 82
	土地少	4	7. 27
	文化程度低	2	3. 64
	其他	11	20
农户对扶贫政策是否满意 n = 303	满意	177	58. 42
	不满意	126	41. 58

当前农村扶贫政策执行出现的问题主要体现在低保救助上。由于标准认定模糊、入户调查人手不足，人为留下许多操作的空间，许多不该吃“低保”的人吃上了“低保”，而真正需要救助的却得不到救助；另外，由于农村低保政策是一人符合救助的条件，全家的成员可以一起申领低保补助，这也无形中剥夺了真正贫困群体享受国家救助政策的机会。

（五）新型农村合作医疗政策实施情况

新型农村合作医疗政策（以下称“新农合”）是我国政府出台的投入规模最大的一项解决农村基本医疗卫生问题的政策。总体来看，新农合政策执行得较好，农户的参合率较高，达到 99. 1%；农户家庭中参合比例也较高，家庭人口全部参与新农合的农户达 85. 75%，半数以下的家户仅占 3. 8%；对于新农合定点医院的认可度高，非常满意和基本满意的比例分别达到 36. 15%、55. 18%；从农户认知角度，认为当前新农合的住院报销比例高的占 34. 09%，一般还可以的占 55. 81%，即新农合基本达到“大病统筹”的政策目标，农民普遍受益。对新农合政策的总体不满意率只有 6. 42%，但同时也反映新农合在执行中存在的问题，如门诊报销不该取消、需要的有效药医院买不到、乡镇医院医生水平低等。具体见表 1 - 11。

表 1-11　　新农合政策农户参与情况

问题	选项	频数	比重（%）
样本农户是否参与新农合	是	421	99.1
	否	4	0.9
	合计	425	100
参与新农合的农户家庭人口比例	半数以下	16	3.8
	半数以上(含半数)	44	10.45
	全部	361	85.75
	合计	421	100
新农合定点医院条件	非常满意	150	36.15
	基本满意	229	55.18
	不满意	36	8.67
	合计	415	100
新农合报销比例	高	135	34.09
	一般	221	55.81
	低	40	10.1
	合计	396	100
农户对新农合是否满意	非常满意	244	58.1
	基本满意	149	35.48
	不满意	27	6.42
	合计	420	100

（六）新型农村养老政策实施情况

国家从2009年开始进行新型农村养老保险政策（以下简称“新农保”）的试点，新农保是一项惠及民生的重大举措，使“老有所养”的目标得以进一步实现。调查显示，有79%的农户加入了新农保，其中包括试点时已到年龄直接享受农村养老保险的农户，说明农户参保意识较强；农户家庭中全部参保率仅为23.3%，家庭人口半数以上参保率为45%；88.82%的农户认为所缴纳的保险费用并不高，对农户来说，属可承担费用；87.63%的农户认为每月的养老补助不足以满足老人日常生活需求；39.5%的农户倾向于子女养老，27.1%的农户认为子女负担重，想自我储蓄养老，仅9.8%的农户希望靠国家新农保政策养老，另有21.7%的农户没有明确的目标倾向，有多重选择。详情见表1-12。

表 1-12　　　　农户参与农村养老情况

问题	选项	频数	比重（%）
样本农户是否参与新农保	是	331	79
	否	88	21
	合计	419	100
参与新农保的农户家庭人口比例	半数以下	105	31.7
	半数以上（含半数）	149	45
	全部参保	77	23.3
	合计	331	100
农户对纳保费用的态度	费用高	36	11.18
	费用不高	286	88.82
	合计	322	100
农村养老金能满足日常开销吗	完全能	2	0.69
	刚刚好	34	11.68
	不能	255	87.63
	合计	291	100
农户倾向的养老方式	子女赡养	166	39.5
	自我养老	114	27.1
	商业保险	8	1.9
	新农保	41	9.8
	其他	91	21.7
	合计	420	100

与新农合相比，新农保的宣传力度不够。参保率不高的主要原因：一是有农户认为目前还年轻，等到了一定年龄再看；二是有农户目前要供养老人、特别是孩子上学，没有钱去买；三是现在的老人没有买就直接享受这个政策了，有农户认为自己不用买，到时也一样能享受；四是有农户认为现在买了还不能享受每月补贴，不划算，等过一段时间再买。总的来说，农户缺乏安全感，害怕政策变化，交了钱打水漂。大多数农户都认同新农保政策，但也都认为补助太低，无异于杯水车薪，对于解决农村养老问题没有实质性的帮助，还是依赖于传统的子女赡养或者自己存钱养老。

（七）农业保险政策实施情况

长期以来，农业依赖于自然条件进行生产，自然风险高、收益波动大，但农民却不能像工商业一样进行投保。我们调查了近几年农户受灾情况，从来没有受过如风灾、旱灾、涝灾等自然灾害的农户占 30.35%，偶尔受灾的农户占 50.12%，而经常受灾的农户占 19.53%。调查同样显示，22.88% 的农户了解过农业保险，农户对农业保险不了解的占 77.12%。农户购买过农业保险的只有 8.44%，如生猪保险，另有 91.56% 的农户没有购买过任何一种农业保险。主要原因是未有农户从中受益，保险公司对农业有热情，但难度也大，农业受损的标准不好确定，也就难以进行赔付。农民不愿意购买保险还存在成本过高的问题，本来种植收入低，仅做养猪的饲料，没必要再另外增加成本。此外农业保险的品种少，覆盖面窄，对于一些经济作物如高山蔬菜、烟叶、茶叶、药材等都没有纳入政策性农业保险范围，这也使得农业保险这一块还有较长的路要走。

（八）农村金融政策实施情况

本书以 2011 年确定的贫困线标准为参考，把调查样本按年均家庭收入 3000 元以下、3000～10000 元、10000 元以上分三个档位，对应低、中、高三类农户收入水平。以此层次划分来剖析不同收入水平的农户的金融需求特征。

调查显示，近几年 48.69% 的农户有过借贷行为，借贷水平有限。对比不同收入水平的农户借贷情况，低收入农户比中高收入农户的借贷需求强烈，主要是农忙时节的小额资金周转情况增多。具体情况见表 1－13。

表 1－13　不同收入水平农户借贷情况

问题	收入水平	有借贷（%）	无借贷（%）
不同收入水平农户借贷情况	低收入（n＝36）	52.78	47.22
	中等收入（n＝147）	48.41	51.09
	高收入（n＝243）	48.15	51.85
	总体（n＝426）	48.69	51.31

调查显示，87.7% 的农户借贷来源于亲戚朋友，18.9% 的农户选择农村信用合作社等商业银行，村镇贷的比例占 3.1%，其他来源比如企业贷款等占 1.8%。具体见表 1－14。

表 1－14　有借贷行为的农户的借贷构成

借贷来源	亲戚朋友	商业银行	村镇贷	小额信贷	高利贷	其他
比例（%）	87.7	18.9	3.1	0.9	0.4	1.8

在借贷的目的上，低收入农户借贷的主要目的是修建住房、发展种养殖业、医疗支出和子女教育；中收入农户借贷的主要目的是修建住房、医疗支出、发展种养殖业、做生意和子女教育，有向非农产业转化的趋势；高收入农户借贷的主要目的是修建住房、做生意、医疗支出、发展种养殖业，做生意搞经营已经排在第二位，非农经营效益更加明显。低收入的农户借贷考虑的是生产性因素，高收入的农户考虑的是经营性因素。具体见表1－15。

表1－15　　有借贷行为的不同收入水平农户的借贷目的　　单位:%

借贷目的	低收入	中等收入	高收入	总体
修建住房	39.5	46	56	47
购置农机具	2.3	1.6	6	2.8
发展种养殖业	25.6	15.3	12	16.6
做生意	4.7	15.3	24	15.2
子女教育费用	11.6	13.7	4	11
医疗支出	23.3	23.4	14	20.7
技能培训、外出打工费	2.3	0.8	4	1.8
婚假丧娶	4.7	6.5	6	6
其他	2.3	6.5	4	7.8

在对商业银行等正式金融借贷影响因素分析中，除手续烦琐、利率过高、要求有抵押、没有关系等四类因素在各类水平农户中分布都较高外，低收入农户主要顾虑不能提供小额短期贷款及没有个人信用，需要担保，而要求有抵押则是高收入农户借贷的主要障碍，高收入农户的借贷需求额度大，在他们眼中，有无关系也是一个重要的因素。见表1－16。

在商业银行金融服务改进意见方面，据调查，不需要抵押和担保、简化贷款手续、降低贷款利率与整体农户的排位相同，是农户最希望商业银行改进的服务措施。另外，对增加小额信贷这种需求也是一致的。从低收入到高收入，商业金融的改进需求趋向交易成本最小化。

表1－16　　不同水平农户正式金融借贷的影响因素　　单位:%

影响因素	低收入	中等收入	高收入	总体
手续烦琐	20.5	21.6	26.5	22.4
利率过高	42.5	31.8	25	32.8

续表

影响因素	低收入	中等收入	高收入	总体
有还款期限	5.5	2.8	2.9	3.5
要求有抵押	28.8	47.2	47.1	42.9
没有关系	19.2	19.9	25	20.8
没有个人信用（需担保）	13.7	8	8.8	9.5
其他	17.8	8.5	13.2	11.7

（九）农村土地流转政策实施情况

随着城乡一体化的发展和农村劳动力的非农流出，农村的土地承包经营形式慢慢发生变化，土地流转市场由自发形成向市场化运作方向转变。调查显示，样本农户中有37.74%存在土地流转现象，尽管这种流转现象大多不属于市场行为，转入的对象多数是亲戚朋友，有帮忙看管的因素在内，但也是土地流转的开始。另有62.26%的农户不存在土地流转现象。在现有土地流转现象中，样本农户土地流转的对象有42.9%是亲戚朋友，另有40.5%是村里的普通农户，专业大户的比例占9%，村经济组织占2.5%，其他情况占6.1%，多数是政府，如修路、架桥等。调查土地流转的方向显示，目前的土地集中度还不是很高，流向主要有三：一是流向那些手中无地或少地的农户；二是流向那些承包经济作物并扩大经营的农户；三是流向那些劳动力富裕的农户。

三、基于恩施数据的农业支持政策分析

（一）农业补贴政策的现实困境

农户对所获得的农业补贴的类别和金额不清楚。调查人员在进入农户调查之前都会先在村委会了解当地所实施的相关政策，这些补贴政策的类别、标准、金额在村部也都有张榜公示，按说农民应该比较清楚自己应该获得哪些补贴和补贴的金额。但在调查过程中，我们发现绝大部分农户知道自己享受了农业补贴，但不了解到底享受的是哪几种类别的农业补贴，也有部分农户不知道自己具体获得多少金额的农业补贴。为什么农户对自己领什么补贴、领多少补贴不清楚呢？按照国家政策，农业补贴是通过“一卡通”直补到户，不允许村财政发放。但农户碍于交通不便、补贴少等因素，不愿意花精力经常去查询自己到底获得什么补贴、多少金额，再加上后期农业补贴“一卡通”开通代扣电费业

务后，农户更加对此不知情。

农业补贴对家庭生产生活作用不明显。农业补贴的初衷之一就是增加农民收入。在调查中我们发现，农民普遍表现出冷静、宽容和善意的一面，对国家目前的惠农政策持满意态度，尽管这些补贴在一定程度上增加了农民的收入——“有聊胜于无”。但同时也有失望，在调查中有60%和25%的农户表示补贴对家庭生产生活的作用一般、甚至没有作用。增加的这点收入不够抵销投入农业生产的种子农药化肥价格的上升，在农户的收入结构上所占比重也是微乎其微。甚至于有的农民提出疑问，一直以来实施农业补贴，从类别、标准和比例来看，山区和平原一样，少数民族地区和非民族地区一样，这是不公平的，是否应该根据实际情况调整政策性补贴方向。

农业补贴方式有待完善。被调查的农户都知道目前的农业补贴是按土地面积发放，这个土地面积仅仅指农户自家承包的土地面积，与实际种植面积无关。这种方法减轻了基层工作者的工作量和难度，直接以承包土地面积减去当年种植经济作物（茶、烟、马铃薯等）的土地面积。该方式简单却粗糙，随着农村土地流转现象增多，得不到补贴的种粮者将越来将多。此次调查显示，26.96%的农户没有享受到补贴，其原因主要有两类：一类原因是原本属于自己的承包土地因种植经济作物而不符合补贴条件；另一类原因，随着城镇化建设和家庭收益选择，越来越多的劳动力外流，种植的土地或流转或被征用，土地流出方（不种粮）的农户按政策享受补贴，而土地流入方（真正种粮的农户）失去补贴的资格，这种现象比较常见。从对村干部的访谈中，也了解到有将农业补贴计算方式进行调整的想法，但每年进行实际种植面积的调查是一项庞大的工作量，目前，村级基层工作人员严重缺乏，这项工作的完成有一定难度。所以从村干部视角，还是倾向于以承包土地面积的标准来得容易；但从农户视角，这一方式显然需要调整。

农业补贴政策效果弱化，离农行为明显。农业补贴政策最主要的目标是保障粮食安全、增加农民收入。在调研过程中，我们发现近十年的样本村中有12.47%的农户土地面积增加，土地面积增加的主要原因与农业补贴政策没有直接关系，除了因需种植经济作物租种他人的土地外，更多的原因是样本农户捡种了劳动力流出后剩下的土地，这种土地转入行为，不需要支付现金和实物，主要是为了不使土地出现撂荒现象，转入的对象多数是亲戚朋友，有帮忙看管的因素在内，不属于市场行为，尽管对粮食产量和家庭收入产生一些变化。但在调查中仅有5.7%的农户认为这个变化与农业补贴政策有因果关系，其他均不认为与此有关。从近十年粮食产量增减情况来看，样本村中认为粮食产量增加的农户占35.2%。认为粮食产量增加的农户主要是从粮食单产的角度出发，认为单产增加原因主要在于良种、化肥的投入量增加及人的精耕细作。在认为粮食产量增加的35.2%农户中仅有7%的农户认为与国家的农业补贴政策分不开。调查显示，74.65%的样本农户具有兼业行为，并且农户家庭收入结构中工资性收入（主要为外出打工收入）占58.37%。

对上述现象背后隐藏的深层次原因从现有数据中无法剖析，但从现有样本村情况看，可以找到其动因：一是地少人多，农业生产的低收益，同时当地农业特色产业尚没有形成规模效益，在这种情况下，农户家庭的劳动力自然会受非农机会的影响以获得较高的非农收益，逐步摆脱对农业生产的生计依赖。二是在一些经济作物规模化种植的样本村，产业逐渐细化，非农因素越来越多，比如庳口和高拱桥两村，茶叶经过十多年的发展，已经衍生出种植、加工、销售及乡村生态旅游等多种产业形态，农户非农现象逐步增多。随着家庭收入的物质资本的积累，整个农户转向非农的途径进一步增加，如有的农户已转向专业加工茶叶及装潢装修，家庭年收入近百万元。三是农户的人力资本素质对离农行为影响也很大。

（二）农村基础设施问题分析

农村交通条件好坏不均。农村交通条件的改善连通了外面的世界，使农村有了巨大变化，降低了农民的出行、运输、交易成本，也为农业现代化奠定了基础。随着各乡镇“村村通”工程的实施，大多数农村的道路有了改观，农民的观念也发生了改变。在调查时，有的农民主动维护道路和卫生环境就很能说明问题。但因为基层财力紧张、各村的自然条件不一，仍有部分村“最后一公里”问题没有解决，导致同一个乡镇交通状况好坏不均。

农田水利基础设施欠缺。在关于“对近几年农田水利设施是否满意”的调查中，仅有21.02%的农户表示满意，有43.75%的农户表示基本满意，尚有35.23%的农户不满意，说明近几年的农田水利设施问题严重而影响较大。调研区域虽然属于“二高山区”，但也有水田。据农户反映，近几年，水田的功能正逐步消失，许多水田已作他用，不再种植水稻。现有许多农田水设施始建于20世纪六七十年代，年久失修，又因水源不足，公共维护资金缺乏，造成近几年农田水利设施无法满足基本农田的排水灌溉需求。

农村电力设施普及度高，但稳定性有限。经过几轮的农村电网改造工程后，目前大部分农村的用电环境得到了改善，减轻了农民负担，提高了农民生活质量。调查显示，农户中满意和比较满意的占比分别为66.59%、26.63%，不满意的仅占6.78%，少部分村存在春节时段、用电高峰段电力不足、电压不稳的现象，通电线路乱，存在安全隐患。

农村基础教育环节薄弱。基础教育质量的问题还是很多：缺少师资力量、教师流动性大，学生上学普遍比较远（撤乡并村后许多小学合并），学校管理混乱。此外，由于人员外流等原因，适龄儿童数量减少，部分区域两年才招一次生，又有年龄限制，耽误了适龄儿童受教育的时间，调查中遇到一个小孩儿9岁才上小学一年级就是这个原因造成的；不仅如此，还有上学成本高（吃、住、行）、师资专业化程度低、教学质量不高等问题。

农业技术推广体系形同虚设。对于没有种植经济作物的农户来说，在有无农业技术推广服务上表面持无所谓态度，但内心上还是需要这些服务的；对于种植了经济作物的农户，在农业技术推广服务上体会更深、态度更明确。从整体调查情况来看，目前的农业支持推广服务工作是不到位的，不仅大多数村庄该服务缺失，即使在少部分村庄参与过程中也仅起一个通知、告知的作用，没有起到产前引导农民调整、产中指导农民生产、产后帮助农民销售的作用。

（三）农村生态环境保护与农民经济效益不能兼顾

调查的区域有的正在建设“美丽乡村”，开展民族生态乡村旅游工程，农村的生活和生态环境正逐步得到改善。但是资源的不合理消耗、环境的保护欠缺，将导致农村的可持续发展受到一定影响；同时，政府对生态环境的保护与农民的经济效益又发生冲突。由于调查区域生态区位极为重要，地处生态公益林保护区，政府实行了退耕还林补助和生态公益林补偿政策，生态林连续补助8年，每亩每年约230元。但农户反映的问题有两点：一是认为标准过低；二是补助年限过短。样本村人均耕地不足1亩，多年来农民一直靠山林土特产品贴补收入，现在山林划入生态保护区，对农民的收入影响颇大。如何平衡这两者之间关系值得思考。

（四）农村扶贫政策执行错位

农村扶贫政策是我国社会保障体系的最后一道防线。但在现实执行过程中总会有偏差。调查显示，41.27%的农户认为现行政策是公平的，另有58.73%的农户认为现行扶贫政策不公平。反映的问题主要是在低保救助上，由于标准认定模糊、入户调查人手不足，人为留下许多操作的空间，许多不该吃低保的吃上了，而真正需要救助的却无人管；另外，由于农村低保政策是一人符合救助的条件，全家的成员可以一起申领低保，这也无形中剥夺了真正贫困群体享受救助的机会。由此，低保政策执行走偏可见一斑。

（五）农户的养老风险预期意识差

在被访对象中，大部分都参与了新老保，但也有小部分农户未参保或者不知道自己是否参保。未参保的农户给出的原因如下：一是目前还年轻，等到了一定年龄再看；二是目前要供养老人、特别是孩子上学，没有钱去买；三是现在的老人没有买就直接享受这个政策了，认为自己不用买，到时也一样能享受；四是认为现在买了还不能享受每月补贴，不划算，等段时间再买；五是户口非农，已经买了城镇居民社会保险。也普遍反映了存在的问题：因为宣传的不力，尚有许多农户对政策了解很少；缺乏安全感，害怕政策变化，交了钱打水漂；大多数农户都认同这个政策，但也都认为补助太低，无异于杯水车薪，对于农村老问题没有实质性的帮助，还是传统的靠子女赡养或者自己存钱养老。

第二章　农业支持政策体系评价模型与指标构建

自党的十六大以来，国家对农业的支持力度越来越大。财政支农的结构逐步调整优化，农业支持的方式和方向都发生了重大变化。这与该期间出台的“三农”支持政策是分不开的。随着经济发展的加速，调整农业支持政策体系的急迫性越来越突出。农业支持政策的成功与否不仅取决于政策实施的内外部环境，还取决于政策实施前中后的效果、效率、受益群体对农业支持政策的回应等。本章通过构建农业支持的价值评估指标体系，为农业支持政策体系的调整和优化提供依据和实施指南。

第一节　农业支持政策体系评价方法与模型

对一项政策的好坏优劣、价值所在，目前有两种方法可以作出判断：一种方法是通过实施后社会大众的舆论来了解政策的效果，另一种方法则是通过科学的方法来评价，比如构建模型、实证分析等。农业支持政策体系涉及财政投入、金融支持、法律保障和科技的应用等多个领域，涵盖农业补贴、生态环境、农村保障、农业金融、农村土地、农业产业化、农村农业基础设施等多元农业支持方式，具有不可预料的复杂性，需要采用定性和定量相结合的方法和工具来评估农业支持政策体系。定性的方法是定量分析的基础和前提，定量分析则可用来说明政策建议后的各种假设和估计各种政策措施的影响。模型和定量分析的方法很多，且这些方法各有特点，互有所长，我们可以根据研究需要选择其中几种方法。基于此，本章首先介绍以下几种方法和模型：

一、常用的政策评价分析方法

（一）对比分析法

对比分析法包括三种对比方式：第一种就是将政策实施前后的宏观经济运行的变化情况进行对比；第二种将预期的政策目标和最终的政策目标对比；第三种是将实施过和未实施过某项政策的结果进行对比，从而反映出经济政策是否有效或效果程度大小。在实践中，人们大多使用前后对比分析法（历史分析法）；而在微观政策领域，人们也使用对比实验分析法①。

前后对比分析法，就是将政策执行前后的指标进行对比研究，从而判断该项政策的效果程度的一种分析思路或方法。比较常见的有简单“前—后”对比分析、“投射—实施后”对比分析、“有—无政策”对比分析。

实验对比分析法，也称“控制对象—实验对象”对比分析法，是指在正式大规模应用或推广前，根据一定的方案，先期开展试点，然后根据实验前后及实验类与未实验类之间的比较所得的结果，决定是否继续扩大实验的方法。实验对比主要用于事前评估，评估的效果明显的话，则将大规模实施。以本书的研究来看，评价者将政策执行前同一实施对象分为两组，一组为处理组，即将对其施加政策影响的组；另一组为对照组，处于自然状态下的不对其施加政策影响组，最后比较这两组在政策执行前后的效果以确定政策效应。

（二）价值分析法

价值分析法就是通过分析政策的价值来评估政策效力的方法。由于社会生活条件、经济地位等多方面的差异，某一政策推行之时，社会成员具有共同的价值观是极少的。因此，在利用价值分析法评估政策效果时，必须考虑到各个社会阶层之间的各种利益的实际差别，充分利用“目标一致性”原则，遵循“最大多数人的最大幸福”的价值判断原则，恰当合理地判断政策的价值取向，以确定政策的效果。

（三）满意度分析法（CSI）

对政策的实施效果和效率进行评价，也包括评价政策受益者对政策影响的个体体验和综合感受，政策受益者是政策作用的直接对象，其对政策实施前后

① 袁国敏：《经济政策评价》，中国经济出版社，2006。

的变化最为敏感，而政策受益群体特别是农民团体对于政策效果好坏的最直接反应就是对政策满意度如何。政策受益者对政策的评价如何，他们的满意度高低直接影响着政策的制定和实施。当政策的实施让政策受益者感到满意时，便可以说政策预期可以取得良好的效果，一般情况下政策是可以实行的；政策未能使政策对象感到满意，或预期未能获得理想的效果时，就必须重新评估该政策，同时进行调整优化，以达到改善实施效果的目的。因而，政策受益者对政策实施的认同程度可以作为政策实施效果的一个评估标准。

（四）经济计量模型法

经济计量模型法，顾名思义就是通过构建经济计量模型对能反映政策效果变化的数据关系进行计算分析，再根据计算结果对政策效应进行评价的过程和方法。经济计量模型以政策效应或目标作为因变量，以政策投入作为自变量，分析政策投入与政策目标之间的相互关系，评价各种不同政策对目标的影响程度。

运用经济计量模型，可以模拟经济效果，对各种经济政策做出客观评价，并从不同的经济政策中择出最优政策方案。利用经济计量模型进行政策评价的主要方法有工具—变量法、最优控制法和模拟法。工具—变量法利用给定我们希望达到的目标（目标变量的预期值），通过求解模型，可以得到政策变量值；最优控制法也称社会福利函数法，它将经济计量模型与最优化方法结合起来，选择目标最优化的政策或政策组合。模拟法将各种不同的政策代入模型，计算各自的目标值，然后比较其优劣，决定政策的取舍。模拟法能够将决策者的主观判断因素和使用经济计量模型的客观分析综合起来，是迄今为止最重要的一种方法。

（五）多目标综合评价法

多目标综合评价法不像“投入—产出”模型法只用于政策实施前评估（事前评估），它既可以用于政策效应的事前评估，也可以用于事后评估。运用多目标综合评价法时，对政策效应进行多目标的定性分析和定量评价，将描述统计转化为定量评价。多目标综合评价法通常基于模糊数学方法及理论进行。

政策从制定到实施再到生效，是一个复杂的过程，涉及的因素多，对其进行定量分析一直比较困难。1965 年，美国的扎德（L. A. Zadech）创立“模糊集合论”，用它来定量描述边界不清的事物。模糊数学方法突破了经典数学中的“非此即彼”的二元观。模糊数学的基本研究内容为，世界上的事物，多数是处于“常态分布”，如学生成绩的好坏、个体能力的高低、事情的大小、事务的对错……像这些明显处于事物对立的两端中，存在着大量的“灰色中间地带”，而处于“中间带”的事物之间的差异一般情况下不是很明显。

因此，建立在模糊数学基础上的模糊评判标准，将根据多个目标来制定指标，把被评判事物的等级状况按变化情况进行区间划分并进行综合性评判。该评价方法兼顾两方面，使评论结论可信。一方面考虑到对象的层次性，使用了区间评价，这种改变使得被评价事物的模糊性得以体现；另一方面每一个评价结果都与人的经验分不开，参与评价的人专业不同，使评价结果更客观。模糊综合评判就是一种结合了定性和定量因素的复杂系统比较评价方法，在项目风险评价、效果评价等方面应用非常广泛。

（六）层次分析法（AHP）

层次分析法也是一种能将定性分析和定量分析有机结合，用以分析多目标、多准则等复杂问题的有力工具。该方法是美国著名运筹学家萨蒂（T. L. Saaty）于20世纪70年代提出的一种系统分析工具。层次分析法将人们的思维过程和主观判断数学化，有助于决策者保持思维过程和决策原则的一致性，特别是对于那些难以取舍和难以量化处理的复杂公共管理问题，可以取得令人满意的结果。其评估步骤是：①首先构建评价问题的层次结构模型；②建立判断矩阵，计算相对权重，这一步称为层次单排序；③进行判断一致性检验；④计算组合权重，并通过组合权重的对比，得到政策方案的优劣顺序，称为层次总排序。

二、本文用到的经济政策评价计量模型

（一）ARMA 模型

ARMA 模型又称自回归滑动平均模型，是研究时间序列的一种重要方法，因为该模型由博克斯（Box）和詹金斯（Jenkins）创立，所以也称 B－J 方法。自从时间序列在20世纪80年代中后期得到快速发展以来，ARMA 模型在众多对时间序列的模型和方法中脱颖而出，其基本思想是：如果我们把需要预测的指标随时间而生成的数据序列看作一个随机序列，那么这个随机序列在时间上体现的关系与原数列在时间上变化的规律相同，可以通过相应的数学模型近似地进行描述。因而该模型一般用于对项目或政策的最优评价或预测评价。

ARMA 模型分为三种，即自回归模型（AR）、移动平均模型（MA）和自回

归移动平均模型（ARMA）。其基本原理分别表述如下：

第一，如果时间序列 Y_t 满足以下条件：

$$Y_t = \beta_1 Y_{t-1} + \beta_2 Y_{t-2} + \cdots + \beta_i Y_{t-i} + \varepsilon_t \tag{2-1}$$

式中：ε_t 表示独立同分步的白噪声序列，而且满足任意 $s < t$ 和 $E(\varepsilon_t) = 0$，则把该时间序列 Y_t 称为服务 t 阶的自回归模型。$AR(i)$ 模型中的系数多项式如下：

$$a(u) = 1 - a_0 - a_1 u - a_2 u^2 - \cdots - a_i u^i \tag{2-2}$$

如果 $a(u)=0$ 的根都在单位圆之外，则称为平稳的 $AR(i)$ 模型；反之为非平稳的 $AR(i)$ 模型或广义的 $AR(i)$ 模型。如此，则 $a(u)=0$ 的根都在单位圆之外是 $AR(i)$ 模型平稳的条件。

第二，如果时间序列 Y_t 满足以下条件：

$$Y_t = \varepsilon_t + a_1 \varepsilon_{t-1} + a_2 \varepsilon_{t-2} + \cdots + a_j \varepsilon_{t-j} \tag{2-3}$$

则时间序列 Y_t 为服从 j 阶的移动平均模型，而移动平均模型在任何条件下都是平稳的。

第三，如果时间序列 Y_t 满足以下方程：

$$Y_t = \beta_0 + \beta_1 Y_{t-1} + \beta_2 Y_{t-2} + \cdots + \beta_i Y_{t-i} + \varepsilon_t + a_1 \varepsilon_{t-1} + a_2 \varepsilon_{t-2} + \cdots + a_j \varepsilon_{t-j} \tag{2-4}$$

则时间序列 Y_t 被称为服从（i，j）阶的自回归移动平均模型，通常记为 $\varphi(B)Y_t = \theta(B)\varepsilon_t$。

ARMA 模型主要应用于对线性随机时间序列，可以研究时间序列本身的变化规律，对备选模型进行估计和检验，以择取最优模型，也可以对其进行拟合和预测。本文正是基于以上原理，通过识别 *ARMA*（i，j）模型中阶数的 i，j，运用 ADF 单位根检验确定单整阶数，运用相关分析图来确定自回归阶数 i 和移动平均阶数 j，对我国农业支持的最优规模模型进行了选择和拟合。

（二）空间计量模型

现实生活中，许多经济行为都具有地理空间属性，并且具有这种特征，空间上离得近的变量比空间上离得远的变量具有更加紧密的关系（Anselin & Getis，1992）。而地理学第一定律也认为，“任何事务均相关，而离得较近的事务总比离得较远的事务相关性要高”（Tobler，1979）。尽管在现实研究中，普遍忽视空间特性，但空间依赖性和空间异质性却真实存在，如经济行为在空间上的相互影响、相互作用。空间计量经济学提供了一系列有效的空间理论和空间实证研究方法。

空间依赖性主要反映了空间上的交互作用。空间相关性表现出来的空间效应最常用的有两种模型：其一，用空间误差模型（Spatial Error Model，SEM）来描述误差项在空间相关情况；其二，用空间滞后模型（Spatial Lag Model，SLM）来表征空间滞后项导致的空间相关情况。

空间误差模型反映区域外溢是随机冲出的作用结果，用于研究相邻地区因相对位置不同而给本地区经济变量相互作用而带来差异的影响方向和程度。其表达式为：

$$Y = X\beta + \mu, \mu = \rho W\mu + \varepsilon \tag{2-5}$$

式中：W 表示空间权重矩阵，ε 表示回归残差向量，ρ 表示自回归参数，衡量了数据的空间依赖性。

空间滞后模型反映了因变量的影响因素会通过空间传导机制作用于其他地区，用于研究各经济变量在某地区的作用是否对相邻地区的经济行为产生影响。空间滞后通常假定是空间自回归过程，因此又被称为空间自回归模型，其表达式如下：

$$y = \rho Wy + X\beta + \mu \tag{2-6}$$

式中：y 表示因变量，X 表示解释变量，W 表示空间权重矩阵，ρ 表示空间滞后项 Wy 的参数，β 表示 X 的参数向量，μ 表示随机误差干扰项。

空间异质性就是空间差异性，主要指本地理空间周边区域存在与本地理空间不同质的经济地理结构，因而经济的发展也存在较大的空间上的差异性。空间变异系数的地理加权回归模型（GWR）是处理空间异质性的一种较好的估计方法。地理加权回归模型是一种相对简单的回归处理方法，其模型可以表示为：

$$y_i = \beta_0(u_i, v_i) + \sum_{j=1}^{k} \beta_j(u_i, v_i)x_{ij} + \varepsilon_i \tag{2-7}$$

式中：β 系数的下标 j 表示与 $m \times 1$ 观测值联系的待估向量，是关于地理位置（u_i，v_i）的 $k+1$ 元函数。

（三）灰色系统预测模型

灰色预测模型就是通过灰色系统进行预测时所使用的模型方法。灰色系统理论认为，如果把某一体系中的全部已知信息当作白色系统的话，那么全部未知信息就属于黑色系统，而从白色系统向黑色系统过渡的这一部分信息则被称为灰色系统。几乎所有的社会系统、生态系统和经济系统都是灰色系统。

灰色预测的规律为：如果在一个体系中既含有已知信息也含有未知信息，那么，在一定方位内与时间有关的变化过程中所显示的现象将会是随机的、杂乱的，但从系统的整体来看，仍然是有序的，有规律可循的。灰色预测便通过系统因素之间的关联度分析，来对原始数据进行分析以寻找系统变动的内在规律，从而生成有较强规律性的时间数据序列，并建立相应的模型来预测经济未来发展状况。作者通过建立 GM（1，1）灰色预测模型，对我国农业补贴政策实施前后的粮食产量、农民收入和农业经济增长的预测数据和实际数据进行对比分析，以考察农业补贴政策的实施效应。关于建立 GM（1，1）的步骤及处理方法在下面有详细介绍。

（四）双重差分模型

大型公共政策项目实施前都会采用类似“自然实验”的方式进行试验，但与自然实施有差别的是，在选择政策实验组和政策对照组时，无法保证样本在分配上的随机性，而且不同组别间的样本在政策实施前也会存在差异，单一的前后对比或有无对比将会忽视该差异的产生，导致政策实施效果的有偏估计。

双重差分模型（DID）在近年来主要用于对公共政策项目的实施效果进行定量评估。它将“前后对比”和“有无对比”都纳入模型中，有效控制了某些干预因素之外的其他因素的影响，又可以在模型中加入可能影响结局变量的协变量，来更进一步控制实验组和对照组中存在的可疑影响因素，并弥补上述样本不能随机选择的缺陷，因而对于政策的实施效果评估可以得到较为真实的结果。

双重差分模型（DID）的核心是如何构造双重差分的估计量，根据上述双重差分的构建原理，结合“前后对比”和“有无对比”，得到如下公式：

$$d_{ID} = \Delta\bar{Y}_{treatment} - \Delta\bar{Y}_{control} = (\bar{Y}_{treatment,t_1} - \bar{Y}_{treatment,t_0}) - (\bar{Y}_{control,t_1} - \bar{Y}_{control,t_0}) \quad (2-8)$$

式中：d 表示双重差分估计量，Y 表示研究的结果变量，脚标中的 *treatment* 和 *control* 分别表示政策实验组和政策对照组，t_0 和 t_1 分别表示政策干预前和政策干预后。

构造了差分估计量之后，就需要根据实际情况分别使用相应的参数检验方法来建模，可以根据不同的数据类型或结果变量分别进行分析。

第二节　农业支持政策体系评价的整体框架

一、农业支持政策体系评价的理论基础

一般情况下，政策制定是为了重新分配社会资源，它通过价值分配来调整整个社会的利益结构①。农业支持政策体系也是公共政策体系的一部分，对其进行政策评价，就是要分析该政策体系的实施效果与效应，以及政策与农业经济发展的关系到底是怎么一种情况。在 Wollmann 看来，“政策评估本质上就是通过揭示因果机制来反映其有效性”②。政策评价科学最早由美国产生，作为政策出台的一个关键进程，在检验政策效果、提高决策质量方面发挥了重要作用。随着政策理论的发展，依其在不同时期关注的焦点为标准，政策评价发展经历了四个阶段。见表 2－1。

表 2－1　　政策评价的四个阶段

时间	评价阶段	主要任务	评估方法	基本特征
1930’	技术阶段	客观分析是否达到预设技术目标	实证分析	客观求证 价值中立
1930—1967	描述阶段	根据预设目标描述政策的成效		
1968—1980	判断阶段	总体上判断政策目标是否达成	前后对比分析	
1980 至今	价值多元阶段	考虑多元利益集团的利益诉求	多种方法结合	价值导向

资料来源：参见［美］埃贡·G. 古贝，伊冯娜·G. 林肯：《第四代评估》，中国人民大学出版社，2008。

在《第四代评估》一书中，古贝和林肯给出了政策评价的演变框架，他们认为，第一阶段评价以测量为主要模式，评估人员需要掌握一定的统计工具，并用客观存在的标准来评价政策实施的效应达成度，虽然使用了相关技术手段，原则上仍然属于经验评估；第二阶段使用描述的方法来揭示前一阶段得到的达

① David Eastton. The Political System. New York：Krop，1953. 129.

② H. Wollmann. Policy Evaluation and Evaluation Research，inF. Fischer，G.. Miller and M. Sidney（eds.），Hand－book of Public Policy Analysis：Theory，Politics and Meth－ods. BocaRaton：CRC Press，2007.

成度是否优劣，以上两个阶段属于实证分析阶段；第三阶段评估模式以判断为主，评价者使用比较分析方法，通过调查、实验并结合自身的经验以及前两个阶段的结果的分析，判断是否实现了许诺的政策目标，从而为决策制定和政策调整提供依据；第四个阶段注重价值评价概念范式，在本阶段，将众多利益集团的利益诉求和政策价值都纳入评价的范围。① 使用计量和价值分析等多种方法结合，考察政策的价值效果。

如何确保政策评估主体对政策评价客体作出准确的分析和判断，邓恩认为，在获取政策绩效方面信息中，分析人员用不同类型的标准评价政策结果，评价标准有效果、效率、充分性、公平性、回应性和适当性六种主要类型（见表2－2）。政策价值评价主要有三个作用：一是提供了政策本身的可靠、有效信息，即通过政策行为，了解政策自身价值和机会的实施程度；二是有助于政策价值支撑目标和目的的实现，通过界定和实现目标、目的，价值得以展现；三是评价有助于其他政策分析方法的应用，即有助于新的或修正的政策方案的实施。

表2－2　　公共政策评价标准

标准类型	问　题	说明性的指标
效果	某一政策实施方案的结果能否符合预设目标？	服务的单位数
效率	为得到特定水平的效益付出了多大的努力？	单位成本、净利益、成本与收益比
充分性	特定的效益能在多大程度上满足考查方案的需要、价值或机会？	固定成本（等成本问题） 固定效果（等效益问题）
公平性	成本和效益在不同社会群体之间是否等量分配？	帕累托标准、卡尔多—希克斯标准、罗尔斯准则
回应性	政策运行结果是否符合特定集团的需求、偏好和价值？	与民意测验的一致性
适应性	即适当性，所需结果（目标）是否真正值得或有价值？	公共项目应兼顾效率与公平

注：资料来源②。

基于上述西方学者的理论溯源和概念勘清，根据农业支持政策体系的核心目标，本章将从理论视角构建一种农业支持政策体系价值综合评价的模型框架

① ［美］埃贡·G. 古贝，伊冯娜·G. 林肯：《第四代评估》，中国人民大学出版社，2008。
② ［美］威·廉·N·邓恩：《公共政策分析导论》，中国人民大学出版社，2012，249。

（图2－1），以设计一个合理的评价指标体系，从而为农业支持政策体系的优化提供正确方向。

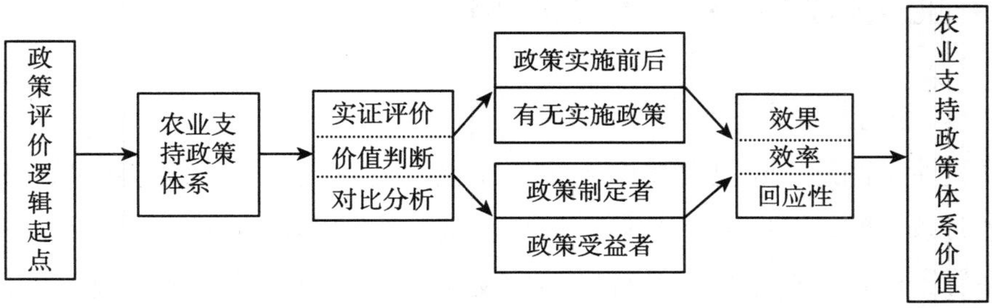

图2－1　农业支持政策体系价值综合评价模型框架

使用该模型进行评价的前提是对农业支持政策体系价值的甄选和量化，这两者较为重要，直接影响到对政策价值的判断和评价。本文在传统政策评价关注绩效的基础上，根据系统性、科学性、一致性原则，将政策价值评价标准确定为政策激励相容度、政策效果、政策效率、政策回应性、政策公平性等五大目标层指标。

（一）该模型的评价主体是多元的

一般认为，政策评价中，立法机关、政党组织、司法机关、社会组织与公民属于评估的一员，但重要的评价主体主要是政策制定者、政策执行者、专业机构和大众传播媒体①。西方发达国家的政策评价实践也证明，政府机构将不再是政策评价中唯一的主体，评价主体的多元化有助于提升政策评价力度和效果，有利于价值诉求多元化。本模型框架中，政策评价者包括政策制定者、政策执行者和政策受益者，在核心目标引导下，共同对农业支持政策体系制定、执行、效果进行科学的价值评价。

（二）该模型兼顾技术导向和价值导向

政策评价第四阶段对传统政策评价过度关注技术取向提出了批判，并指出在政策评价的过程中应该更加注重价值诉求，如公平性、回应性和适应性。鉴于此，在该模型中，不仅在关注“技术导向”型绩效指标的基础上，从政策制订者和执行者角度考察效率和效果；而且加入社会公平、回应性等“价值导向”型指标，进一步从政策受益者角度考察这些政策执行的效果是否其意愿，是否

① Daniell. Stufflebeam，GeorgeF. Madaus，ThomasKellaghan：《评估模型》，北京大学出版社，2007。

在给予其利益的同时，损害了他人的权利或社会价值原则。

二、农业支持政策体系评价整体框架构建原则

（一）系统性原则

系统性特征通常表现出整体和部分（也叫主系统和子系统）的不可割裂性的逻辑关系，部分可以反映整体的属性，整体可以囊括各部分的特征。在设计政策评价指标时，整体指标系统应该由反映不同侧面的子指标系统组成，各子指标系统一定要有逻辑关系，不仅可以从经济、生态、社会等不同的侧面反映整体指标系统的特征，而且还能分别反映三个子系统各自的特征，更能反映三者之间的内在联系。从子指标系统内部组成来看，又由相互独立又彼此联系的一组指标形成。这样，指标体系的系统性就反映在构建上的层次性，组成上的结构性，使用上的不可分割性。本章根据农业支持政策体系目标、内容及政策措施的特点，进行分类梳理，将目前的农业支持政策体系分为四块：财政农业支持政策体系、农业金融支持体系、农业法律支持体系和农业科技人才支持体系，具体涉及农业补贴、农业农村基础设施建设、农村社会保障、农业金融和保险、农村土地政策、农村生态环境、农民专业合作社等七项政策，从而得以全面地、系统地对其构建指标体系进行评价。

（二）科学性原则

设计政策评价指标体系必须遵循经济和社会发展规律，采用科学方法和手段。确立的指标必须是能够通过观察、统计、调查等方式得出的明确结论的定性或定量指标。遵循科学性原则，必须采取二手宏观经济数据和一手实地调研数据相结合的方法。其中，宏观数据主要用于对政策效率进行评价分析；而实地调研的微观数据则主要反映政策受益者对政策实施情况的满意度和回应性，分析农业支持政策是如何具体影响微观利益相关者的福利。作者在这里使用的数据主要来源于世界银行数据库、WTO 和 OECD 数据库、FAO 数据库、国家统计局、国内各类年鉴以及农业部、财政部和相关新闻网站，利用不同来源的数据对文中假设和结论进行论证。

（三）一致性原则

在政策价值综合评价指标体系构建过程中，须以政策体系的核心目标为关注焦点，注意“目标一致性”，这是评价指标体系的构建基础。政策评价指标体

系构建的目的之一，是分析现行农业支持政策体系在运行的过程中是否有缺陷、是否在预计时间内达到预计效果、是否实现了预期目标或实现预期目标的程度及在未来有什么样的发展趋势。如中央财政支农与地方政府财政支农的范围和领域不同，那么目标是否一致，设计了什么样的机制才使得两者相关的政策目标，尤其是具体的基层政策执行者的目标一致，才能保证整个农业支持政策体系顺利运行。

三、农业支持政策体系评价模型框架的构成

（一）政策制定中的激励相容度评价

赫维茨（Hurwiez）的机制设计理论认为，“在市场经济中，每个人都是理性经济人，其追求利益的天性决定了其利己行为；如果能使理性经济人追求个人利益的行为与企业实现集体利益最大化的目标相一致，则整个社会的福利水平将大为提高。能达到这一结果的安排措施，就是激励相容制度。”①

概括地讲，这里使用激励相容度，主要分析在政策制定和实施过程中，是否构建起促使中央、地方政府和具体的基层政策执行者之间目标一致原则和激励策略，从而能够更有效地保障农业支持政策体系的顺利运行。

具体来说，作者从以下几个方面来对政策的激励相容度进行分析：其一，国家对政策的重视程度（也叫正激励）。分别针对农业支持政策体系中不同类别的政策进行梳理，对其出台背景、出台时间、出台目的、出台机构、法律保障、投入机制和约束指标等进行描述分析。其二，国家对政策实施机制的设计策略（也叫负激励）。为了保证目标一致性，针对农业支持政策体系中各个已出台的政策，具体分析其实施的制度保障措施，包括中央和地方间的权责分工、财政分配、奖惩措施、监督手段、考核机制等。其三，利益相关方政策目标的吻合度。对各个政策的目标可行性、目标一致性、目标层次性和目标的具体性进行分析，确定各方在政策实施目标上的吻合度。

（二）政策实施中的效率评价

在邓恩的书中，政策价值评价中的效率被解释为产生特定水平的效益所要付出的努力的数量，其与经济理性同义，是指效益和努力之间的关系，用最低

① （美）赫维茨、（美）瑞特著：《经济机制设计》，田国强等译，上海格致出版社 2009 年版。

成本获得最大效益的政策被称为是有效率的。能较为科学的评价政策效率的指标只能是财政投入。在本章中，根据财政效率理论①，将从财政投入的规模、结构、水平三个方面讨论和评价财政投入的效率。

一是财政投入规模效率。可以用财政投入对GDP、农业产值的贡献率及财政农业投资公共品产出率来衡量，在评价过程中，可以根据需要，分不同时期和不同地区，分别将比率进行纵向和横向对比。二是财政农业投入结构效率。可以用投入资金的大小、比重和不同来源投入所占份额等指标来衡量投入结构对各类政策的实施效率。也可以讨论各项目财政投入比例结构是否合理，也就是讨论在既定总财政规模的前提下，财政投入在各个项目类别之间进行最优分配问题。三是农业支持水平，即是讨论政府财政预算或转移支付的水平及数量。

（三）农业支持政策体系效果评价

政策实施效果是农业支持政策体系价值评价系统的重点，由于各政策实施前后状况不一样，政策之间不可比，因而只能根据具体类别分别从经济效益、社会效益和生态效益三个方面设计评价指标。基于“目标一致性”原则，根据目标瞄准方法，作者主要分析各类农业支持政策的目标实现程度，政策实施效果。

（四）农业支持政策体系回应性评价

回应性是政策评价第四阶段的重要标准，它根据反馈的事实判断决定政策是否切实有效或有价值。回应性从两个方面考察了政策的效果和效应。其一，分析政策受益者（或者政策对象）的态度、反应和行为，以方便政策评价主体进行比较直观的了解和判断，从而初步描述政策效果，进一步预测政策实施是否可以成功。其二，分析政策受益者（政策对象）本身的群体差异，如收入等级、家庭状况、受教育程度等等，从而进一步了解不同群体的需求、偏好和满意度，并最终以此为基础判断政策实施的效果。本章从政策对象出发，关注政策满意度的相关指标。

（五）农业支持政策体系公平性评价

党的十八大指出，为实现全面建成小康社会，中国应着力推进城乡一体化，使公共资源均衡、公共服务均等，逐步建立完善的社会公平保障体系②。作为国家基础的农业产业，积弱已久，资源分配不平衡，尽管近些年来整个农业的状

① 李俊生：《财政效率论》，东北财经大学出版社，1994。
② 胡锦涛：《在中国共产党第十八届代表大会上的报告》，《人民日报》2012年11月18日。

况有所改变，但其公平性到底如何，尚无具体研究。本章将从农业支持政策体系公平性视角来设计评价指标。

在下面一节，我们将分别从政策实施激励相容度、效率、效果、公平性、回应性等五个方面设计具体的评价指标，并对每个指标分别进行说明。

第三节　农业支持政策体系评价指标构建

一、农业支持政策体系激励相容度评价指标

政策的基本功能便是确立一个有效的激励结构，用以克服信息不对称问题，从而为政策实施所涉及的各个利益相关者提供有效激励。判断一项政策的好坏优劣，采用制度经济学的绩效评价方法有一定的缺陷，但信息经济学中的激励相容度理论所关注的“成员目标与政策目标一致的程度”可以作为政策好坏优劣的判断标准。我们使用激励相容度来评判农业支持政策体系所涉及的各个成员的效用最大化目标（成员目标）与该体系的总体目标（政策目标）保持一致的状态。具体来说，需要从政策权威性、政策实施策略及政策目标吻合度三个方面着手设计激励相容度的评价指标体系。如表 2－3 所示。

表 2－3　　　　农业支持政策体系激励相容度评价指标

一级指标	二级指标	三级指标
农业支持政策体系激励相容评价指标	政策措施权威性（0.4）	文件出台机构
		文件性质
		法律法规
		投入结构
		约束条件
	政策实施策略（0.4）	奖惩措施
		权责分工
		保障措施
		考核机制

续表

一级指标	二级指标	三级指标
农业支持政策体系激励相容评价指标	政策目标吻合度（0.2）	目标可行性
		目标一致性
		目标层次性
		目标具体性

（一）政策措施的权威性

政策措施的权威性反映了国家对农业支持政策体系的重视程度，本节使用下列指标来反映政策措施的权威性。权重取值为0.4.

第一，政策文件出台机构。为了保障农业发展，各部门各机构相继发布了许多农业支持政策文件，既有从中央政府到地方省市县发布的政策，也有农业相关各部门发布的制度文件。根据发布机构，中央及国务院发布的取值为1；国家涉农部门发布的取值为0.5；地方政府包括市县各级发布的取值为0。

第二，政策文件性质。政策文件是否重要，从文件发布的途径可以进行衡量。其中，历次党的代表大会报告或决定决议、国家战略规划、一号文件是农业支持政策发布的重要窗口。一些重大的政策均出自或包含在这三个报告内容中。由此，如果政策在三个报告中的提及则本指标取值为1，否则为0。

第三，法律法规。仔细梳理新中国成立以来国家所制定的法律法规，主要有三类：一类是针对政策制定专门的法律措施来细化执行措施，或专门的政策实施和管理的补充说明；二类是虽然没有专门立法，但给出具体法规以约束该类政策的实施；三类为没有立法和没有制定行政措施，但给出了一些指导意见。对此，本指标根据具体情况依次取值为1、0.5、0。

第四，投入结构。每一类农业支持政策都从不同来源进行投入支持。按资金投入的来源划分，将获得中央财政投入的指标取值为1，获得地方政府财政投入的指标取值0.5，获得其他农业投入包括非政府投入的指标取值为0。

第五，约束条件。政策措施的权威性也体现在是否有专门的政策文件对某项政策方案的实施效果、实施时间、实施目标和投入力度提出明确的约束条件。有，取值为1；无，取值为0。

（二）政策实施策略

为了保证政策顺利有效实施，必要的策略设计可以让政策的各方权责清晰，目标明确，激励作用更为突出。本节使用权责分工、奖惩措施、监督手段、考核机制等指标来保障中央和地方以及基层部门的政策协调实施。权重取值0.4。

第一，权责分工。针对政策实施，如何明确划分彼此的权责，是政策能顺利推行的关键。特别是要把握好中央政府和地方政府之间的职能分工，逐步建立以中央政府、国家规划部门为主导，地方政府和基层组织为配套的分工合作体系和激励相容机制。考查政策实施相关文件，关注文件中是否对该方案的执行主体（中央或地方）做出严格的分工和明确的权责界定，有助于了解政策制定主体和实施主体在政策运行过程中所扮演的角色，并有助于判断该政策是否能够顺利执行。有，指标值为1；无，指标值为0。

第二，奖惩措施。奖惩是激励相容理论中比较常见的正负激励形式。通常包括两个方面：①鼓励性措施。即是否出台了一些带有奖励性质的措施办法，以调动人们的积极性，从而使政策对象朝着政策目标方向努力；②惩罚性制度。为了保障政策的强力实施，在相关法规上，会对人们的激励不相容行为进行强制禁止，甚至与地方政府的政绩挂钩，效果不理想者会受到相应惩罚，以此来刺激各级政府的行政积极性。有，指标值为1；无，指标值为0。

第三，保障措施。要确保政策推行取得实效，须通过优化监督的手段，提升行政的执行效力。加大对农业支持政策体系执行过程中的审计监督、行政监督、法律监督和社会监督，对政策投入的人、财、物进行全过程监管，形成相互制约、相互监督的工作机制，切实将农业支持政策落实到位。监督手段反映的是政策执行的保障手段。有，指标值为1；无，指标值为0。

第四，考核机制。放大政策实施效果的重要途径是设立考核机制，针对某一政策制定相关的财政投入考核、目标考核、绩效考核等的具体办法和细则。考核制度指标反映的是政策对具体执行的要求。有，指标值为1；无，指标值为0。

（三）目标吻合度

目标吻合度反映的是农业支持政策体系的基于目标瞄准的属性，可以反映体系中的各项政策分目标与体系的核心目标是否一致。权重取值0.2。

第一，目标可行性。政策的目标可行性是指所制订的农业支持政策在具体情况下是否可以实施并达到预期的政策目标，包括经济可行性、社会可行性和生态可行性三个方面，可以在制定政策前综合考虑这些方面的可行性，以确定最佳组合。目标可行性是政策能否顺利实施的前提，对目标可行性分析可以映出农业支持政策体系的被接受和贯彻程度。

第二，目标一致性。通常农业支持政策体系蕴含多个政策，这些政策目标有可能相互独立，或者相互对立，如何才能使各个政策目标指向一致，或者有机结合，是提升激励相容度的一个问题。目标一致性考查的是整个农业支持政策体系实施的效率问题，也就是中央政府和地方政府的政策是否一致，反映了中央和地方在农业支持上目标的融合和协调。

第三，目标层次性。政策目标从来不是单一的，而是一系列的主要目标和次要目标、预期目标和最终目标所构成的一个目标系统，具有明显的层次性。通过这种层次把各个级别的目标联系在一起，使目标的稳定性和连续性得以实现。总体来说，中央制定的政策目标是全局性的、整体性的，而地方制定的政策目标则是具体的、细节性的。目标层次性反映出的是整个农业支持政策体系在制定和执行中的目标契合度。

第四，目标具体性。政策虽然是目标的灵魂和依据，但政策规定的范围一向比较笼统，可操作性差，只有内容具体而时间明确的政策目标，才能拟定清晰的实施方案。目标的具体性是政策实施顺利的前提条件，它可以用来衡量各项政策的目标是否细分，是否对政策目标设定约束性条件，是否指定各细分目标的责任主体，可以反映政策目标可能完成的程度。

二、农业支持政策体系效率评价指标

政策体系效率指一项政策要取得预定效益所需投入资源的数量。建立政策体效率评价指标的目的是为了探讨以下四个问题：①对政策进行一定资源投入后是否产生了预期效益；②除当前政策措施外，有没有其他方法或措施也可以得到相同的成果；③将政策消耗的资源成本相应降低后，政策效应是否也随之降低；④使用资源的优劣不同，是否也影响政策效应。基于此，本节将农业支持政策体系效率评价指标分为规模效率、结构效率和农业支持水平等三类。如表 2－4 所示。

表 2-4　　　　农业支持政策体系效率评价相关指标

一级指标	二级指标	三级指标
农业支持政策体系效率评价指标	农业支持规模效率指标	财政农业投入占财政总支出比重
		财政农业投入占 GDP 比重
		财政农业投入占农业 GDP 比重
	农业支持结构效率指标	中央或地方财政投入占财政总投入的比重
		各类农业财政投入占农业财政总投入比重
		各项目财政农业投入类别的比重
	WTO 农业支持水平指标	综合支持量（AMS）
		绿箱支出水平
		蓝箱支出水平
		国内支持总水平（TDS）
	OECD 农业支持水平指标	生产者支持（PSE）
		消费者支持（CSE）
		一般服务支持（GSSE）
		总支持水平（TSE）

对各个指标的具体解释和计算方法如下：

（一）农业支持规模效率指标

世界各国普遍通过财政对农业进行投入，目前也是我国农业支持的主要措施之一。财政农业投入发挥着其他投入主体所无法替代的作用，能够有效降低市场失灵和信息不对称的困境，并通过积极的示范效应和乘数效应来吸引其他主体进行农业投入，从而促进农业更快的发展。可用以下三个指标来衡量财政农业投入的规模效率：

①财政农业投入占财政总支出比重＝财政农业投入总额/财政总支出×100%；

②财政农业投入占 GDP 比重＝财政农业投入总额/当期 GDP 总额×100%；

③财政农业投入占农业 GDP 比重＝财政农业投入总额/当期农业 GDP×100%。

在评价过程中，可以分为不同时期和不同地区，对其比重分别进行纵向和横向比较。

（二）农业支持结构效率指标

结构效率主要被用于分析配置效率。这里研究的农业支持结构效率主要讨论的是在不考虑财政农业支持总量和规模效率的情况下，财政农业投入的纵向配置和横向配置结构的合理性问题，也就是结构最优程度问题。纵向配置效率考查的是中央和地方政府的各类财政农业投入效率问题；而横向配置效率主要考察各地区之间或各部门之间的农业财政投入配置情况。据此，农业支持结构效率可以用以下三个指标衡量：

①中央或地方财政投入占财政总投入的比重 = 当期中央或地方农业财政投入/当期财政农业总投入 ×100%；

②各类农业财政投入占农业财政总投入比重 = 当期某类财政农业投入额/当期财政农业投入总额 ×100%；

③各项目财政农业投入类别的比重 = 当期某项目财政农业投入额/当期类别投入总额 ×100%。

各类财政农业投入指支援农业生产支出和农林水气象等部门的事业费、农业基本建设支出、农业科技三项费及农村救济费、其他费用等国家财政用于农业的支出类别。

（三）农业支持水平指标

对农业支持水平的测量可以反映出一个国家的农业支持政策的发展走向①，目前应用最广泛、最有实践基础的有两种测量农业支持水平的方法，经济合作与发展组织（OECD）和世界贸易组织（WTO）所采用的测算方法。其各自代表的指标如下：

1. WTO 农业支持水平测算指标。基于贸易自由化背景的 WTO 把国内农业支持政策分为六类并从这六个方面计算农业支持的水平：综合支持量（AMS，也称“黄箱”支出）、“绿箱”支出、“蓝箱”支出、微量支出、特殊和区别待遇、国内支持总水平（TDS）。

（1）综合支持量（AMS）。综合支持总量（AMS）是市场价格支持和政府预算支出之和，属于“黄箱”支持政策。我国主要计算特定农产品 AMS 和非特定农产品 AMS，然后将两者加总即得。该指标计算方法分别如下：

①特定农产品 AMS 的计算。特定农产品 AMS 实际等于国家定购价和议购价与国际市场价格的差距。其计算方法如下：

特定农产品 AMS =（定购价 - 国际市场价）× 定购量 +（议购价 - 国际市场价）× 议购量

②非特定农产品 AMS 的计算。在我国农业支持政策中，面向农业生产者的

---

① 王忠、叶良均：《“金砖四国”农业支持水平比较研究》，《安徽农业大学学报（社会科学版）》2011 年第 2 期。

包括农产品收购优惠贷款、农资综合补贴和农业税减免等都属于非特定农产品AMS[①]，农资综合补贴的数据不难获得，其他如农产品收购优惠贷款的计算方法如下：

非特定农产品 AMS =（流动资金贷款利率 - 农产品收购贷款利率）× 贷款额

③综合支持总量（AMS）的计算。AMS 的计算在上文已经说明，等于特定农产品 AMS 和非特定 AMS 之和。

（2）"绿箱"政策指标。按照 WTO《农业协议》规定的"绿箱"政策具体范围及项目，我国的"绿箱"政策主要包括：农业一般服务、为保障粮食安全储备而提供的补贴、国内粮食补贴、对生产者直接补贴、不挂钩收入补贴、自然灾害救助、环境保护计划和区域援助计划。

（3）"蓝箱"政策指标。"蓝箱"政策支出主要指一些不计入 AMS，与限制生产计划相关的补贴，实施该政策的成员国不须承担削减义务。目前，我国还没有启用"蓝箱"政策。

（4）国内支持总水平（TDS）。国内支持总水平的计算以上述三种类型的政策补贴之和表示。

2. OECD 农业支持水平指标。OECD 把农业支持政策的相关支持量分为四类：生产者支持估计（PSE）、消费者支持估计（CSE）、一般服务支持估计（GSSE）、总支持水平估计值（TSE）。这四个指标的分别计算方法如下：

（1）生产者支持估计（PSE）。PSE 包括市场价格支持（MPS）和政府支出预算，主要用于衡量政府转移支付的水平。PSE 并不关注这些政策措施的目标、性质、甚至政策执行的相关成本，它衡量的是农业支持政策对农业生产者的净贡献。计算 PSE 指标时需注意这里的市场价格支持（MPS）与 WTO 的该指标计算方式不一样[②]。

（2）消费者支持估计（CSE）。CSE 包括四部分：消费者对农业生产者的转移支付、消费者的其他转移支付、纳税人向消费者的转移支付、额外饲料成本。CSE 主要反映的是在农业支持政策措施影响下，对农产品消费者的转移支付的

---

① 《农业协议》中规定，没有或不能包括在特定农产品 AMS 中的措施都应计算为非特定农产品 AMS。

② PSE 使用实际观察到的国内价格和外部价格来测定价差，则市场价格支持量是以价差乘以总的生产量。而在 AMS 中，是以管理价格和外部价格之差乘以符合获得应用管理价格的生产量。管理价格是指政府采购活动或者差额付款目标价格的干预价格，固定的外部价格，是一个净出口国相关产品在基期的平均 FOB 价，或者进口国在基期的 CIF 价，在必要时可按品质差异对固定外部参考价进行调整。侯军岐、李平：《OECD 与 WTO 农业支持政策衡量的比较及应用》，《仲恺农业技术学院学报》2006 年第 3 期。

货币价值数量，CSE 可正可负①。

（3）一般服务支持估计（GSSE）。GSSE 主要包括如下转移支付：农业研发、农产品检验、农业教育和培训、基础设施、市场营销及促销、质量控制和食品安全、公共储备费用和其他的一般服务。GSSE 用来衡量对农业实施一般服务政策而引起的转移数量。计算方法是将农村地区的各种公共服务支出求和。

（4）总支持水平（TSE）。TSE 衡量的是由消费者转移支付、纳税人转移支付和预算收入三者构成的总支持量。

三、农业支持政策体系效果评价指标

政策效率评价注重于政策执行的成本和绩效，政策效果评价则侧重于政策实施的结果和成就，两者既有区别又有联系，执行效率高的政策不代表实施效果好，反之，实施效果好的政策也不代表其效率就高。当然，两者也有相统一的时候。政策科学研究的目标就是要使政策既有好效果（高效益），又有高效率，而政策评价就是探寻这种最佳实现途径的一种有效方法。政策效果评价也是整个农业支持政策体系评价的重点。具体指标设计如表 2 – 5。

表 2 – 5　　农业支持政策体系效果评价指标系统

一级指标	二级指标	三级指标	四级指标
农业支持政策体系效果评价指标系统（Y）	Y1. 整体效果	Y11. 农业发展	Y111. 农业生产总值增长率
			Y112. 粮食总产量增长率
			Y113. 农村土地利用率
			Y114. 农业中间消耗生产率
		Y12. 农村进步	Y121. 农村道路通达度
			Y122. 农村居民受教育水平
			Y123. 新型农村合作医疗覆盖率
			Y124. 新型农村养老保险覆盖率
			Y125. 农村贫困人口变化率
			Y126. 农村剩余劳动力转移率

① 当 CSE 为负值时，表示对消费者隐性征税。

续表

一级指标	二级指标	三级指标	四级指标
农业支持政策体系效果评价指标系统（Y）		Y13. 农民增收	Y131. 农民人均纯收入增长率
			Y132. 农村居民人均生活消费支出增长率
			Y133. 城乡居民收入比
	Y2. 经济效果	Y21. 对地方 GDP 贡献率	
		Y22. 粮食播种面积及增长率	
		Y23. 农产品产量增长率	
		Y24. 地方农业生产总值增长率	
		Y25. 当地农民农业纯收入增长率	
		Y26. 农产品出口额增长率	
	Y3. 社会效果	Y31. 农村居民恩格尔系数	
		Y32. 农业科技贡献率	
		Y33. 农村居民人均娱乐文化支出	
		Y34. 农村居民平均寿命增长率	
		Y35. 农村社会治安变化率	
	Y4. 生态效果	Y41. 林草覆盖率变化量	
		Y42. 耕地保护程度	
		Y43. 水资源有效利用变化量	
		Y44. 水质改善率	
		Y45. 土壤有机质含量提高率	
		Y46. 农村自然环境改善程度	

（一）农业支持政策体系的整体效果评价指标（Y1）

基于农业支持政策体系针对“农业、农村、农民”设立的目标系统来说，从农业发展、农村进步、农民增收三个方面对我国现有的农业支持政策体系进行整体综合效果评价，可以检验农业支持政策体系是否完成预期目标。整体效果评价指标如下：

1. 农业发展指标（Y11）。农业发展要讨论的相关指标很多，这里主要从农业总产值增长率、各种投入要素的生产率水平，粮食总产量及粮食增长率等指标来进行评价。

（1）农业生产总值增长率（Y111）。农业生产总值俗称农业 GDP，通常指的是农、林、牧、渔业全部产品的总量，主要反映了一定时期某国农业生产的总成就。其增长率计算公式为：

农业总产值增长率＝(当年农业生产总值－上年农业生产总值)/上年农业生产总值×100%

(2) 粮食总产量增长率（Y112）。由于农业支持政策的激励影响，粮食产量和农业生产者的种粮积极有可能发生变化，考察粮食总产量增长率可以反映政策是否达到了增产增效的目的。其计算公式为：

粮食总产量增长率＝(本年粮食总产量－上年粮食总产量)/上年粮食总产量×100%

(3) 农村土地生产率（Y113）。农村土地利用率主要用来衡量随着农业的发展土地利用效率的变化情况，是反映土地利用程度的数量指标。该指标表示为：

农村土地利用率＝农村用于农业生产的土地面积/农村土地总面积×100%

(4) 农业中间消耗生产率（Y114）。农业中间消耗指的农林牧渔业中间物质①和生产服务支出消耗。农业中间消耗生产率主要用来衡量农业生产投入与产出的效率。

农业中间消耗生产率＝农业中间消耗费用/农业生产总值×100%

2. 农村进步（Y12）。农村进步是建设社会主义新农村的重要内容，其内涵丰富，既指农村发展所表现出来的状态，也涵盖了农村的发展趋势。根据研究目的，指标选定的核心原则必须紧扣农村进步这个主题，共选择了10项指标来测度农村进步水平，其对应的具体指标说明如下：

(1) 农村道路通达度（Y121）。农村道路好坏是农村发展的基础，其建设水平如何，关系农村经济发展的可持续性问题。农村道路通达度主要是指农村往四周的交通干线的数量。

(2) 农村居民受教育水平（Y122）。农村居民受教育水平指农村地区居民群体人均接受学历教育（包括成人教育，但不包括各种非学历培训）的情况，是衡量农村人力资源水平的关键性指标。其计算方法按以下方式进行，文盲取值为0，小学水平取值为1，初中水平取值为2，高中水平取值为3，大专以上取值为4。

(3) 新型农村合作医疗覆盖率（Y123）。新型合作医疗从试点到全面展开，虽然经历了好多年，但有效解决了农村居民“看病难、看病贵、因病致贫、因

---

① 农林牧渔业中间物质消耗具体包括用种量、饲料草消耗量、肥料、燃料、农药、用电量、农业塑料薄膜、其他物质消耗的总货币值。资料来自《中国统计年鉴》。

病返贫”等问题。该指标可以比较准确地反映农村医疗保障体系的作用。其计算方法如下：

新型农村合作医疗覆盖率 = 农村居民参保人数/农村居民应参保总人数 ×100%

（4）新型农村养老保险覆盖率（Y124）。在农村社会事业中，新型农村养老保险是农村社会保障的重要措施，用该指标可以反映相关政策的执行效果。计算方法如下：

新型农村养老保险覆盖率 = 农村居民参保人数/农村居民应参保总人数 ×100%

（5）农村贫困人口变化率（Y125）。该指标考核本年度按国家扶贫标准计算的农村贫困人口与上一年度相比变动的比率。可以用来衡量农业支持政策对农村脱贫减贫的效果，所得结果为负表明贫困减少，反之则贫困增长。计算方法如下：

农村贫困人口变化率 =（当年贫困人口数 − 上年贫困人口数）/上年贫困人口数 ×100%

（6）农村剩余劳动力转移率（Y126）。中国现代化的主要任务就是把大量的农村剩余劳动力给转移出去。农业剩余劳动力的转移问题是关系全面建设小康社会和建设社会主义新农村的重大问题。农村劳动力比重越高，农业现代化程度越低，二元经济结构特征越明显。用本指标来衡量农村生产的现代化程度。计算方法为：

农村剩余劳动力转移率 =（上年农村剩余劳动力数量 − 当年农村剩余劳动力数量）/上年农村剩余劳动力数量 ×100%

3. 农民增收（Y13）。农民增收一直是农业支持政策体系的核心目标。其主要可以用农民人均纯收入增长率、农村居民人均生活消费支出增长率、城乡居民收入比三个指标来衡量。

（1）农民人均纯收入增长率（Y131）。农民收入的变化可以直接反映农业支持政策对农民产生的经济效应。用其可以衡量农民收入变化情况。其计算方法如下：

农民人均纯收入增长率 =（当年农民人均纯收入 − 上年农民人均纯收入）/上年农民人均纯收入 ×100%

（2）农村居民人均生活消费支出增长率（Y132）。该指标用来衡量农村居民对消费品市场的贡献程度。农村居民的消费支出主要用于家庭日常生活的开支，包括食品、衣着、居住、交通和通信、医疗保健、娱乐教育文化服务、其他服务等。计算公式如下：

农村居民人均生活消费支出增长率 =（当年农民人均消费水平 - 上年农民人均消费水平）/ 上年农民人均消费水平 ×100%

（3）城乡居民收入比（Y133）。缓解我国城乡二元经济结构，缩小城乡居民收入差距也是我国农业支持政策的重要目标。本指标主要用来反映农业支持政策在缩小城乡收入差距发挥的作用。其计算方法如下：

城乡居民收入比 = 城镇居民人均可支配收入/农村居民人均纯收入

（二）农业支持政策体系经济效果评估指标（Y2）

农业支持政策体系经济效果评估，主要反映相关农业支持政策措施实施后，随着农业农村基础设施的改善和生产条件的提高而增加的已变为经济形态的那部分经济效益。其中，最突出的方面是对地方 GDP 的贡献率、地方农业生产总值增长率、当地农民农业纯收入增长率、粮食播种面积及增长率、农产品产量增长率、农产品出口增长额等。

1. 对地方 GDP 贡献率（Y21）。GDP 的增长是由许多因素共同作用的结果，由于难以计算各个因素的贡献率，在这里作者假设其他因素的贡献率不变，用 GDP 的增长率来代替农业支持政策对地方 GDP 增长的贡献率。贡献率是分析经济效益的一个指标。计算公式如下：

地方 GDP 增长率 =（本年度地方 GDP 总额/上年度地方 GDP 总额 - 1）×100%

2. 粮食播种面积增长率（Y22）。农业支持政策特别是农业补贴政策的实施，对于农民的种粮积极性的提高有着显著的促进作用，随之也会影响农民的生产决策，粮食的播种面积也会随之增加。用每年的实际粮食播种面积可以反映政策对粮食播种面积的促进效果，而粮食播种面积增长率的变化，可以反映出年度间的面积变化情况，间接反映政策实施效应的变动状况。计算方法如下：

粮食播种面积增长率 =（本年实际粮食播种面积 - 上年实际粮食播种面积）/ 上年实际粮食播种面积 ×100%

3. 农产品产量增长率（Y23）。农产品产量的增加不仅意味着可以保证农产品的有效供给，也表明国家粮食安全有了基础性的保障，最根本的还是反映了农业支持政策实施所取得的成绩。农产品指粮食和其种植业以及养殖业的产品。

其计算公式如下：

农产品产量增长率 =（本年度农产品总产量/上年度农产品总产量 -1）×100%

4. 地方农业生产总值增长率（Y24）。其计算公式如下：

地方农业生产总值增长率 =（本年度地方农业生产总值/上年度地方农业生产总值 -1）×100%

5. 当地农民农业纯收入增长率（Y25）。其计算公式如下：

地方农民农业纯收入增长率 =（本年度地方农民农业纯收入总额/上年度地方农民农业纯收入总额 -1）×100%

6. 农产品出口额增长率（Y26）。其计算公式如下：

农产品出口额增长率 =（本年度农产品出口总额/上年度农产品出口总额 -1）×100%

农业支持的经济效益可从多角度衡量和评价，但难以精确算出农业支持贡献率。此处从地方农业生产总值、地方农民农业纯收入、单位耕地面积粮食产量、劳均农业增加值、农产品产量、农产品出口额、生产性支农资金、农业基本建设支出、支农资金投资效率、农业产业化等多角度选择了整合资金的经济绩效评价指标。

（三）农业支持政策体系社会效果评价指标（Y3）

按照现代农业发展的总体要求，农业支持政策体系除了促进现代农业发展、增加农民收入、提高农村物质文明等经济效益目标外，还包括提高农村政治文明、农村精神文明、健全社会保障等社会效益目标。这说明农业支持政策体系在提高经济效益的同时，也有助于提高社会效益，实现经济和社会的全面协调发展。对社会效益衡量指标分析如下：

1. 农村居民恩格尔系数（Y31）。恩格尔系数用居民用于购买食品的金额占居民个人消费支出总额的比重来表示。恩格尔认为，一个家庭的收入程度越高，用于购买食物的支出占比越小，相反，一个家庭收入程度越低，用于购买食物的支出占比就越大，这个规律就叫恩格尔定律。根据这个规律，这里用农村居民恩格尔系数反映农民的收入程度，是一个社会效应指标。计算公式为：

农村居民恩格尔系数 = 农村居民食品支出总额/整个社会消费支出总额×100%

恩格尔系数越大，整个社会的贫富差距就越大，国民生活越贫困，恩格尔系数越小，国民越富裕。国际上把恩格尔系数大于等于 60% 表示贫困，20% 以下表示富裕。

2. 农业科技贡献率（Y32）。农业科技进步与创新是农业经济保持动态发展的必要条件，农业科技贡献率可以衡量农业支持政策促进科技进步对农业经济增长的贡献程度。其计算公式如下：

农业科技进步贡献率＝农业科技进步率/农业总产值增长率×100%

农业科技进步率＝农业总产值增长率－新增投入而产生的农业产值增长率

3. 农村居民人均娱乐文化支出（Y33）。农业新政策的深入惠及我国社会的每一个角落，政策扶持农村经济建设为农村基础文化娱乐设施的发展起到了很大的作用，经济发展迅速的地方，也是文化娱乐等精神文明建设的重要场所。农村居民人均娱乐文化支出在一定程度上反映出社会的精神文明建设效果。其计算公式如下：

农村居民人均娱乐文化支出＝农村居民娱乐文化支出/农村居民总人口

4. 农村居民平均寿命增长率（Y34）。该指标用来评估农村社会保障、新型合作医疗等政策对农村社会经济条件、卫生医疗水平的改变而使农村居民寿命发生变化的状况，农村居民平均寿命在中国卫生发展情况简报在可获得，其计算公式如下：

农村居民平均寿命增长率＝（当期农村居民平均寿命－上期农村居民平均寿命）/上期农村居民平均寿命×100%

5. 农村社会治安变化率（Y35）。该指标衡量方法主要依靠农村刑事、民事案件发案率。其具体数据可由司法部门调查获得。

（四）农业支持政策体系生态效果评价（Y4）

农业具有多功能性，农业的发展与生态环境发展有着密不可分的关系。因而农业支持政策也着重关注了其生态效果，充分发挥农业的生态功能，保障农业的生态效应，促进农业的可持续发展。本部分构建农业支持政策体系的生态效益评价指标体系，通过对具体指标的分析，来反映在农业支持政策体系的影响下，其生态贡献的变化状况。

1. 林草覆盖率变化量（Y41）。林草覆盖率变化指标用来表示农业政策实施前后林草覆盖率的变化情况。其计算公式如下：

林草覆盖率＝（森林面积＋草地面积）/土地总面积×100%

林草覆盖率变化量＝政策实施后的林草覆盖率－政策实施前的林草覆盖率

2. 耕地保护程度（Y42）。其计算公式如下：

耕地保护程度 =（政策实施后耕地面积 – 政策实施前耕地面积）/政策实施前耕地面积 ×100%

3. 水资源利用率变化（Y43）。本指标用来表示水资源在农业支持政策作用下利用效果。其计算公式如下：

水资源利用率 = 已利用的水资源量/可利用的水资源量 ×100%

4. 水质改善率（Y44）。该指标用来反映农业支持政策实施后的水质改善面积效果。其计算公式如下：

水质改善率 =（政策实施后水质改善区域面积 – 政策实施前水质改善面积）/财政农业支出总额

5. 土壤有机质含量提高率（Y45）。其计算公式如下：

土壤有机质含量提高率 =（农业支持后土壤有机质含量/农业支持前土壤有机质含量 – 1）×100%

6. 农村自然环境改善（Y46）。农村自然环境涉及农村空气、土壤、生活环境等自然形态，该指标无法采用精确的定量方法来计算。目前，对该指标的衡量数据多数来源于农村社会调查，首先依据农村自然环境变化状况将指标的值分为明显改善、有所改善、没有变化、有所恶化、严重恶化等五个等级，然后在走访调研过程中获得农村居民对农村自然环境的直观印象值。

农业支持政策的生态效益与其他生态建设活动存在一定程度多元共线性，从而难以有效界定。考虑到指标获取的易得性，此处选择森林覆盖率、水质改善率和土壤有机质含量提高率、农村自然环境改善状况来评价农业支持的生态效应。

四、农业支持政策体系公平性评价指标

公共政策有利益协调功能，其实质是对社会价值的分配，并运用其权威性、公共性和合法性来传播公平理念，因此，公共政策的功能是公平性为前提的。农业支持政策体系的公平性评价就是从社会公平的角度，对农业支持政策体系进行评价，它体现在农业支持政策体系总体水平的合理性和政策实施中公共资源分配的合理性两个层面。政策执行中是否发挥了其公平性这种功能，有无出现价值偏差而导致政策的价值取向有失公平。这里从农村教育、医疗卫生、社会保障、财政投入等指标来衡量农业支持政策体系的公平程度。详

见表2-6。

表2-6　　农业支持政策体系公平性评价指标

一级指标	二级指标	三级指标
	农村教育	横向公平
		纵向公平
		财政中性
	医疗卫生	新农合覆盖率
		新农合参合率
		参合人数增长率
		5岁以下儿童死亡率
		农村每万人医疗卫生技术人员
		新农合补偿水平
	社会保障	农村最低生活保障覆盖水平
		农村社会救助水平
		新农保覆盖率
		农业保险覆盖水平
	财政投入	支农规模
		支农结构
		支农效率

（一）农村教育

教育对经济发展具有巨大贡献作用，这是一个公认的事实。Friedman（1962）认为，教育对经济增长的促进作用是显著的。Mincer & Jacob（1974）认为，正因为发达国家城乡差别小，政府和社会的支持力度大，才使农村教育与农业及其他教育融为一体。我国学者徐长发（2000）也关注了农村教育与经济发展的关系，并对增加农民收入与农业教育的关系作出了分析研究[①]。还有其他一些学者的相关研究也从方向和目标上确认了农村教育对于我国农村经济发展的重要性。根据吴春霞、郑小平的研究[②]，教育公平实质体现为教育财政公平。这里从政策关注角度来衡量农村教育的公平性，根据以下三个方面构建具

① 徐长发：《发展农村职教与扶贫》，《职教论坛》2000年第3期。
② 吴春霞、郑小平：《我国教育财政公平的评价及实证研究》，《统计与决策》2009年第9期。

体指标如下：

1. 横向公平指标。农村教育横向公平在现实中主要表现为地区之间、城乡之间、阶层之间的教育财政公平性问题。首先是地区之间横向公平，无论是农村经济比较发达的东部地区还是比较贫困的西部农村，都应该享受同质量的基础教育；其次是城乡之间的横向公平，无论学生是来自农村还是城市，都应该获得同等的基础教育机会。最后横向公平衡量的是同一地区内部同一层次教育的不同学校差距问题。这里参考 R Berne&L Stiefel① 的研究成果，具体指标使用如表 2－7 所示。

表 2－7　　农村教育横向公平衡量指标

指标名称	衡量说明	计算公式
Mcloone 指数	测量样本中位于中位数以下的数据分析，值越大越公平。	$(\sum_{i=1}^{J} P_iX_i)/M_p \sum_{i=1}^{J} P_i$
Verstegen 指数	与 Mcloone 指数相反，考察高于中位数的离散情况，一般值 >1，越与 1 接近，说明分配越公平，反之，越大表示分配不公。	$(\sum_{i=K}^{N} P_iX_i)/M_p \sum_{i=K}^{N} P_i$
基尼系数	判断收入分配是否公平的指标，数值在［0，1］之间，0.2 以下较为平均，0.4 以上表示差距偏大	$(\sum_{i=1}^{N}\sum_{j=1}^{N} P_iP_J \mid X_i - X_j \mid)/[2(\sum_{i=1}^{N} P_i)\overline{X_p}]$
变异系数	关注不同地区或组别间教育财政支出的相对差异，取值在［0，1］之间，值越大，越不公平	$CV = \frac{\sigma}{\overline{X}}, \sigma = \sqrt{\frac{\sum_{i=1}^{n}(X_i - \overline{X})^2}{n}}$

资料来源：The measurement of equity in school finance：Conceptual，methodological，and empirical dimensions，by R Berne，L Stiefel，1984. MD：Johns Hopkins University Press. 该文作者对教育财政横向公平度量给予了 10 个指标，根据需要，本文仅选取了三个做为衡量我国农村教育的横向公平指标。其中 N 表示地区总数；P_i 表示地区 i 的学生总数；X_i 表示地区 i 的学生生均教育支出；$\overline{X_p}$ 表示学生生均教育经费的平均数；M_p 表示生均教育经费的中位数。

2. 纵向公平指标。农村教育纵向公平认为，应该分配给处于不利地位的教育对象更多的受教育资源，以补偿其天生的教育不平等。根据国外对教育纵向公平对象的界定，我国农村教育纵向公平的对象可以从学生特征和地区特征加以划分，对不同需求的学生群体进行相应调整。纵向公平性可以从教育过程和

① Berne R，Stiefel L. The measurement of equity in school finance：Conceptual，methodological，and empirical dimensions［M］. Baltimore：Johns Hopkins University Press，1984.

教育结果来衡量，其中单一的指标无法反映具体情况，此处不对指标做具体设计，可以实地调研数据情况进行调整。详见表2-8。

表2-8　　农村教育纵向公平性衡量特征

对象特征	主要类型
学生特征	残疾儿童和少年、贫困家庭子女、农民工子女、单亲家庭子女及孤儿、少数民族农村孩子
地区特征	国家有贫困县、少数民族地区、农村贫困地区、边远农村地区

3. 财政中性。教育财政中性指的是不论其他因素（如地区财政能力、家庭收入、性别、民族）如何影响，教育资源或经费的配置始终按某一比例执行。该指标可以反映政府为破除农村教育的不公平现象而作的努力。本文采用相关系数、弹性两种关联指标，并将相关系数和弹性系数纳入一个框架来评估教育财政中性的程度。

表2-9　　农村教育财政中性衡量指标

指标名称	衡量说明	计算公式
相关系数	结果大部分情况介于［0，1］，如果等于0，表示两变量无关联，与财政中性原则高度符合	$[\sum_{i=1}^{N} P_i(X_i-\overline{X})(W_i-\overline{W})]/[(\sum_{i=1}^{N} P_i(X_i-\overline{X})^2)^{\frac{1}{2}}(\sum_{i=1}^{N} P_i(W_i-\overline{W})^2)^{\frac{1}{2}}]$
弹性系数	衡量每一地区财政能力的变动，对教育经费分配所产生相对变动的比重	

注：X_i 表示地区 i 生均教育经费；$\overline{X}$ 表示学生加权后生均教育经费；W_i 表示生均地区财政能力；$\overline{W}$ 表示学生加权后平均每生财政能力。R Berne，L Stiefel 在研究中设计了4个指标，本文采用了其中的两个指标。

一般来说，联合相关系数和弹性系数对农村教育进行评价，当相关系数 <0.5 而且弹性系数 <0.1 时，可以认为当地的农村教育政策合乎教育财政中性的原则。

（二）医疗卫生

基于宋明山等①、方丽霖等②一些学者的研究成果和分析方法，我们构建了

① 宋明山，潘迎冰，罗力等：《浙江省新型农村合作医疗改善农村居民收入分布公平能力的评价研究》，《中国卫生经济》2006年第2期。

② 方丽霖，袁兆康，肖云昌等：《新型农村合作医疗实施前后卫生服务利用公平性的比较研究》，《中国农村卫生事业管理》2006年第5期。

医疗卫生政策公平性评价指标，通过这些指标来反映农村医疗卫生政策的公平性。其指标与解释如下：

1. 新农合覆盖率。见前文指标 Y_{123}。

2. 新农合参合率。本指标反映的是农民参与新型农村合作医疗水平，其计算公式为：

新农合参合率 = 农民参与新农合人数/农民总人数 ×100%

3. 新农合参合人数增长率。本指标反映了农民参与新型农村合作医疗人数增长的速度。

4. 5 岁以下儿童死亡率。五岁以下儿童死亡率反映了农村医疗卫生水平，数据直接可从年鉴中获得。

5. 农村每万人医疗卫生技术人员。农村每万人医疗卫生技术人员反映了农村基层医疗服务水平。其计算公式如下：

农村每万人医疗卫生技术人员 = 医疗卫生技术人员/农村人口 ×100%。

6. 新农合补偿水平。新农合补偿机制是新型农村合作医疗政策中的重要组成部分，直接关系到新农合与老农合的本质区别及新农合能否被广大农民认同和接受问题。补偿的水平反映了新农合对农民医疗费用的补偿情况，通常用门诊实际补偿比、住院实际补偿比和参合者年人均自付住院费用占农民人均消费的比例来衡量。计算公式如下：

门诊实际补偿比 = 参合者实际补偿门诊费用总额/参合者实际发生门诊费用总额 ×100%

住院实际补偿比 = 参合者实际补偿住院费用总额/参合者实际发生住院费用总额 ×100%

参合者年人均自付住院费用占农民年人均消费的比例 = 参合者年人均自付住院费用/农民年人均消费 ×100%

（三）农村保障

农村社会保障包括新型农民养老保险、最低生活保障、五保共养制度、社会救助、农村扶贫等政策，对其构建公平性评估指标系统，有利于衡量农业社会成员享受社会保障权益的普遍程度。

1. 最低生活保障覆盖率。最低生活保障覆盖率反映了财政对农村最低生活保障的投入和覆盖情况。其计算公式如下：

农村最低生活保障覆盖 = 农村享受最低生活保障人数/农村人口 ×100%

2. 农村社会救助水平。农村社会救助水平分别考察人均低保补助水平、农村低保替代率、农村生活救助系数这三个指标。人均低保补助水平反映了农村最低生活保障水平，可以衡量政府在农村地区最低生活保障方面所起的效果。这里的农村低保替代率属于目标替代率，即为参加低保农民领取的低保金与农村居民人均纯收入的比值。而农村生活救助系数反映了我国当前农村最低生活保障标准在解决农村贫困群体生存问题上的作用的大小，如果值在（0，1）之间，说明如果农村低保人口将低保金全部用于购买食物仍达不到当地居民平均食品消费水平。其计算公式分别如下：

人均低保补助水平 = 当期最低生活保障资金支出总额/当期领取低保总人数

农村低保替代率 = 农村低保金/农村居民人均纯收入 ×100%

农村生活救助系数 = 农村名义低保水平/农村居民家庭人均食品消费支出

3. 新农保覆盖率。见前文指标 Y124。

4. 农业保险覆盖水平。农业保险覆盖水平指标主要指的是农业保险覆盖农户的数量和次数，直接反映了农业政策保险对农民的保障效果及范围。

（四）财政投入

农业支持政策本质上通过财政农业支出项目体现。所以关于财政支农公平性评估指标与农业支持政策的效率评估指标原则上一致，本处不再重述。

五、农业支持政策体系回应性评价指标

（一）政策回应性评价的基本内涵

本部分探讨的核心是政策评价，所以既关注政策实施效果，也关心政策利益相关者的感受，这样可以更为直观地了解政策的效果如何。政策的回应性分析可以了解到各个政策利益相关者对于政策或政策效果的满意程度或态度，并最终以此为基础对政策进行评价。

一项政策只要政策对象满意，他会认为满足了自己的需求，相应的会给予政策以热情。对于政策回应性的研究，陈振明[①]认为，政策回应度指的是“政策实施后对特定团体需求的满足程度”，“以回应度作为评估标准，其目的是为了从总体上衡量政策对社会的宏观影响”。而邓恩认为政策回应性指的是“政策运

① 陈振明：《公共政策分析》，中国人民大学出版社，2003。

行结果是否符合特定集团的需要、偏好或价值观的程度。其直观指标就是与民意测验的一致性”。

只有符合公共秩序，协调社会各阶层，满足政策对象的需求的政策才是一项可行的政策。因而政策评价中的回应性评价就显得尤为重要和有意义。

（二）政策回应性评价指标

关于回应性评价指标问题，上面所述两位学者都给过定义。陈振明认为政策回应度可作为回应性评估的一个指标，而邓恩则认为可以用民意测验为标准来评估政策回应性，这两者一个范围过窄，一个与我国国情不合，在内含和外延上都不符合对我国农业支持政策进行回应性评估。但本部分借鉴了他们的思想，认为对政策进行回应性评价从政策的本质特征出发，以满意度为评估基调，以政策相关对象为视角，如政策制定者、政策执行者、政策受益者等，通过走访调查、入户调研、调查问卷、座谈会、听证会等形式，来搜集政策相关对象对于政策本身、政策执行过程中或政策实施后效果的态度，从而设计相应的能够衡量和反映政策回应性的指标。

我们知道，一项政策从制定到执行所涉及的对象是多元的，那么它回应的途径也是多种形式。通过这些途径，都能或多或少地发现政策本身或政策运行中存在的问题。将这些问题和政策对象本身的特征结合起来进行理性分析，以找出改善和提高政策效果的措施，形成改进机制。因而，本书无法给出具体的衡量政策回应性的指标，需要从政策自身的性质和目标出发，根据研究主体的关系自行设计回应性指标。

第三章　现行农业支持政策体系评价

进入21世纪，我国的农业支持政策体系基本稳定，形成以财政、金融、法律、科技为框架的智能支持系统；农业支持政策体系核心目标基本确定，着力关注国家粮食安全、农民增收、农业发展。本章从农业支持政策体系政策意图实现度（或达成度）和政策的执行成本效益、效率出发，宏观数据和微观数据相结合，基于政策制定者、执行者、受益者视角，重点分析支持体系实施后的效率、效益、回应性、公平性，这对于后面农业支持政策体系的调整和优化具有十分重要的意义。

第一节　基于政策制定者视角评价农业支持政策体系效率和公平

“效率”一词通常指最有效地使用社会资源以满足人们的愿望和需求。从经济政策效率的角度来讲，一般指在给定投入、技术的条件下，对经济资源的优化配置使用能带来最大可能的利用程度。因而，本节对农业支持政策体系进行效率评估，也就是对现代农业支持政策体系所配置的财政资金的合理性、资金使用的有效性进行评估。财政资金的合理性有两个含义：一是指一定时期财政用于现代农业发展的资金规模在同期财政支出总额中所占比例是否最优；二是指既定的财政支持资金在不同的农业支持项目之间的分配能否带来最大的效益和产出，即财政支农结构最优。

农业支持政策的实质就是将有利于解决“三农”问题的社会价值资源公平公正地进行分配。要充分发挥农业支持政策的功能，前提就是保证分配的公平性，这也是政府出台政策的目的所在。那么，我们在关注农业支持政策技术性的问题时，如何评价该政策体系的公平性，这也是本节重点研究的内容。

一、现行农业支持政策体系的效率评价

农业支持政策体系的效率评价主要考察财政支农资金的规模、结构和水平。本节从政策制定者视角出发，如直接或间接参与政策制定的政府、个人、团体或行政部门，分别利用前一章的价值评估指标系统，来评价财政支农资金规模、投入结构和支持水平的效率问题。

（一）农业支持政策的规模效率分析

如前文所述，农业支持规模主要体现在财政农业支持资金的规模上，主要以绝对规模和相对规模这两个指标业反映政府对农业进行财政支持力度大小。绝对规模是数量指标，用某时期内全部财政对农业支持规模来表示；相对规模是比重指标，有两种表示方法，其中一种方法，用某时期政府农业支持的资金投入与同期国家财政支出总额的比值表示；另一种方法，用某时期政府财政对农业的资金投入与同期农业 GDP 的比值表示。支持资金的规模对现代农业发展的作用毋庸置疑，是评价财政农业支持效率的重要指标。

我国是一个农业大国，自新中国成立以来，国家不断调整农业支持政策，近年的农业支持政策更是发生了根本性的变化。从总体上看，政府财政支农比例每年都在增长，但与财政收入的增幅相比，依然处于支持水平不断下降的境地。对一个经济建设为中心，又长期处于复杂国际形势，面临各种挑战的中国来说，如何优化农业支持规模与农业发展的关系，实现农业发展和国家经济建设协调发展，是在新形势下经济大发展要面对的一个战略性课题。

要妥善解决市场失灵与政府失灵，只能使财政支农支出规模适度化。什么样的规模才算适度，就财政支农规模绩效来说，可以用财政支农的最优规模为衡量标准，如果实际财政支农规模与这一最优标准接近，就表明财政支农规模绩效理想，我们称之为农业支持规模效率高，反之，我们认为农业支持规效率就低。

巴罗等学者的研究证明，政府财政支出规模与经济增长率之间呈现出倒 U 形函数关系①。由此可以断定，财政支农支出与农业 GDP 增长之间也存在着倒 U

① Barro, R. (1990), Government Spending in a Simple Model of Endogenous Growth, Journal of Political Economy, 1998 (5): 103-125.

形函数关系（如图3-1）。这就表明，农业GDP的增长随着财政农业支出的规模的增加而增长，当农业GDP增长到一定程度，随着财政农业支出所带来的边际产品价格下降，农业GDP增速放缓，并形成了一个财政农业支出变动的拐点，过了这个拐点（也叫均衡点）后，财政农业支出规模的增加对农业GDP的贡献率就微乎其微了①。我们把位于这个拐点上的财政支农规模称为最优规模。

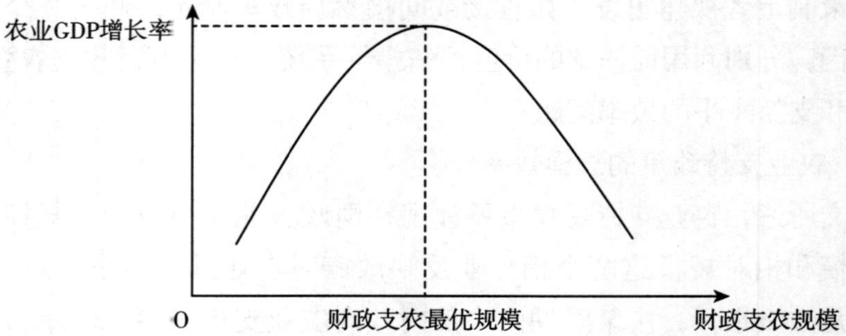

图3-1 财政支农支出与农业GDP增长之间的函数关系

1. 对我国财政农业投入最优规模的估计。

（1）模型和数据选择。财政支出最优规模理论主要源于两个核心判断：一是财政支出存在自然率条件；二是财政支出是生产性的。这两个核心判断出自巴罗（1990，1992）和萨拉伊马丁（1992）所提出的以政府支出为中心的内生经济增长模型。这一模型是以柯布—道格拉斯生产函数为基础的，这个函数能够准确反映各个投入要素对经济增长的贡献率。下面构建函数的一般形式：

$$AGDP = ALL^{\alpha} KK^{\beta} GG^{\gamma} \tag{3-1}$$

式中：农业GDP为被解释变量，以AGDP表示；第一产业就业水平、农业资本存量、国家财政支农投入水平三个指标为解释变量，分别用LL、KK、GG表示，各个变量是时间t的函数。A表示技术水平，α，β和γ分别表示待估参数。

在式（3-1）两边对时间t求导，得：

$$\frac{dAGDP}{dt} = LL^{\alpha} KK^{\beta} GG^{\gamma} \frac{dA}{dt} + \alpha ALL^{\alpha-1} KK^{\beta} GG^{\gamma} \frac{dLL}{dt} + \beta ALL^{\alpha} KK^{\beta-1} GG\gamma \frac{dKK}{dt} + \gamma ALL^{\alpha} KK^{\beta} GG^{\gamma-1} \frac{dGG}{dt} \tag{3-2}$$

式（3-2）两边同时除以AGDP，有：

① 黄小舟：《财政支农支出绩效研究》，华中农业大学博士学位论文，2010年。

$$\frac{dAGDP}{dt}\frac{1}{AGDP}=\frac{1}{A}\frac{dA}{dt}+\alpha\frac{1}{LL}\frac{dLL}{dt}+\beta\frac{1}{KK}\frac{dKK}{dt}+\gamma\frac{1}{GG}\frac{dGG}{dt} \qquad (3-3)$$

用一撇点的变量表示该变量对时间的导数，则式（3－3）可以写成：

$$\frac{AGDP'}{AGDP}=\frac{A'}{A}+\alpha\frac{LL'}{LL}+\beta\frac{KK'}{KK}+\gamma\frac{GG'}{GG} \qquad (3-4)$$

式（3－4）中，就业水平的产出弹性为 $\alpha=\frac{\partial AGDP}{\partial LL}\frac{LL}{AGDP}$，农业资本存量的产出弹性为 $\beta=\frac{\partial AGDP}{\partial KK}\frac{KK}{AGDP}$，财政支持的产出弹性为 $\gamma=\frac{\partial AGDP}{\partial GG}\frac{GG}{AGDP}$，则财政农业投入的边际产出 $MPG=\frac{\partial AGDP}{\partial GG}$。故 $\gamma=MPG\frac{GG}{AGDP}$。

根据巴罗的自然率条件，当 MPG＝1 时，财政支出最优。由以上分析可以看出，当 MPG＝1 时，$\gamma=\frac{GG}{AGDP}$，也就是财政农业支持的最优规模等于财政农业支出总额与农业 GDP 的比值。

由于绝大多数时间序列是非平稳的，对时间序列数据进行差分或对数处理都有利于序列的平稳化。但差分的真正问题，正如著名经济学家罗伯特·S. 平狄克与丹尼尔·L. 鲁宾费尔德所指出的，“差分可以导致两个变量之间的长期关系信息损失”①。正由于这种信息可能的丢失，往往会造成回归方程的拟合优度 R^2 较低。如马栓友在使用差分模型估算我国财政支出最优规模时，回归方程的调整 R^2 仅为 0.6100②；而郭玉清采用差分模型估算了我国财政支农的最优规模，其回归方程的调整 R^2 也仅为 0.6722③。所以本节在对生产函数进行估计时，使用对数模型分析财政支农的最优规模问题。

农业 GDP、第一产业就业人数和国家财政支农支出额均使用《中国统计年鉴》中的数据。农业 GDP、国家财政支农支出分别按 1980 年为 100 的商品零售价格指数进行平减，得出按不变价计算的数。

而对于农业资本存量，在我国现有统计资料中缺乏相应的数据。大多是按照目前比较常用的永续盘存法来计算农业资本存量。即：$K_t=I_t+(1-a_t)K_{t-1}$，其中 K_t、K_{t-1} 表示本期年末与上期年末的资本存量，I_t 为年度内发生的农业固定

① （美）平狄克（Pindyck），鲁宾费尔德（Rubinfeld）著：《计量经济模型与经济预测》，钱小军等译，机械工业出版社，1999，第 324 页。
② 马拴友：《财政政策与经济增长》，经济科学出版社，2003，第 76 页。
③ 郭玉清：《中国财政农业投入最优规模实证分析》，《财经问题研究》2006 年第 5 期。

投资量，a_t 表示重置率。吴方卫（1999）采用永续盘存法估计了中国农业资本存量，虽然偏小于实际值，但准确估算出 1981—1997 年各年中国农业资本存量，其中 1981 年和 1997 年分别为 1177 亿元和 2032.4 亿元①。由于一般方法估计的农业固定资本存量存在较大误差，本节根据 1980—2012 年《中国农业年鉴》中农户家庭农业生产性固定资产原值来计算净值总量，参考吴方卫关于我国农业固定资产原值与净值之比例在 1∶0.69 和 1∶0.74，本书取 1∶0.72，以本期的农户家庭农业生产性固定资产净值总量代替农业固定资本存量②。以上数据经过以 1980 年为 100 的商品零售价格指数平减。本模型所使用数据如表 3－1 所示。

表 3－1　1981—2012 年我国农业产出和农业投入数据表

年份	农业 GDP（亿元）（1980 年＝100）	第一产业就业人数（万人）	农户家庭农业生产性固定资产存量净值（亿元）（1980 年＝100）	国家财政支农支出（亿元）（1980 年＝100）
1981	2129.78	29777	391.25	107.61
1982	2379.83	30859	409.20	115.48
1983	2596.29	31151	425.06	125.47
1984	2951.97	30868	450.63	129.78
1985	3054.39	31130	366.58	129.62
1986	3194.45	31254	445.95	146.63
1987	3469.29	31663	458.49	145.20
1988	3671.33	32249	451.65	134.01
1989	3473.12	33225	306.32	141.32
1990	3987.83	38914	336.86	160.20
1991	4126.21	39098	545.26	175.83
1992	4360.82	38699	568.17	180.49
1993	4663.06	37680	595.51	186.81
1994	5488.81	36628	589.04	185.74
1995	8585.91	35530	634.64	242.67
1996	6396.07	34820	742.69	200.41
1997	6752.96	34840	796.42	217.56

① 吴方卫：《我国农业资本存量的估计》，《农业技术经济》1996 年第 6 期。
② 范建刚：《我国财政支农规模优化问题研究》，中国社会科学出版社，2009，第 168 页。

续表

年份	农业 GDP（亿元）（1980 年 = 100）	第一产业就业人数（万人）	农户家庭农业生产性固定资产存量净值（亿元）（1980 年 = 100）	国家财政支农支出（亿元）（1980 年 = 100）
1998	7152.82	35177	833.26	336.57
1999	7366.63	35768	630.68	326.22
2000	7599.88	36042.5	729.49	375.64
2001	8048.96	36398.5	784.54	447.86
2002	8532.98	36640	839.11	492.46
2003	9257.81	36204.4	932.27	547.05
2004	10991.68	34829.8	973.37	709.02
2005	11869.31	33441.9	1121.98	737.20
2006	12156.65	31940.6	1169.35	945.17
2007	14030.62	30731	1240.98	1239.20
2008	15718.32	29923.3	1275.63	1613.91
2009	16556.77	28890.5	1380.84	1989.50
2010	18443.20	27930.5	1426.05	2282.71
2011	20621.66	26594	1966.89	2662.60
2012	22244.93	25773	2042.25	3080.51

（2）实证分析。

①数据平稳性分析与协整检验。本节评价农业支持规模的最优问题所使用的时间序列数据，经过检验表明所有变量的 ADF 统计量都大于 1% 的显著性水平下的临界值，接受原假设，也就是说这些时间序列变量是不平稳的，不能直接进行回归分析。但这些变量的一阶差分符合一阶单整 I（1）的条件，则需要再做协整检验，分析各个变量之间是否存在协整关系，存在协整关系就可以直接回归。

协整检验从检验对象来看，可以分为两种：一种是基于回归系数的协整检验，如 Johansen 检验；另一种是基于回归残差的协整检验（检查残差序列是否平稳），主要使用 E－G 两步法检验，由于 E－G 两步法只适合两个变量之间的关系，对于本研究来说不合适。因而本文使用 Johansen 和 Juselius 于 1990 年提出的以 VAR 模型为基础的 johansen 检验方法，由包含常数项和时间趋势项的协整检验（Trace statistic）结果表明，只有一个线性无关的协整向量，而最大特征值检验（Max statistic）也表明，可以在5%的水平上拒绝“协整秩为0”的原假设，但无法拒绝“协整秩为1”的原假设。这表明变量之间确实存在长期均衡关系，可以直接做回归分析。

②估计结果分析。“三农”问题对我国经济发展的重要性众所周知，随着支农政策的加强，中央和地方对于农业的财政支持力度越来越大，随之而来的便需要对这种规模成效进行评价以考察政策的效率及效果。经过平稳性和协整检验，运用最小二乘法对模型进行估计，结果如表3－2所示。

表3－2　　农业GDP的OLS参数估计

变量	回归系数	标准误差	T统计量	显著水平
lnLL	1.17035	0.252	4.64	0.000
lnKK	0.44031	0.155	2.85	0.008
lnGG	0.4795	0.079	6.04	0.000
_cons	－9.0939	2.643	－3.44	0.002
$R^2=0.9665$				

从模型回归结果中可以看出，农业财政支出的农业GDP产出弹性为0.4795，根据农业财政支出的自然率条件可知，在1981—2012年，我国农业财政支出的最优规模约占农业GDP的47.95%。此结果大于郭玉清（2006）的8.26%和侯石安（2004）的10%①，与何振国（2005）的47.1%相接近②。

回归结果合理与否，有两个标准：其一，各个变量的参数是否同时合理，如果是同时合理，则回归结果就是合理的；其二，回归方程中变量的系数与参照标准比较，如果是合理的，那么回归分析结果就是准确的。

从第一个标准看，在最终回归方程中，我们来分析第一产业从业人数、农户家庭生产性固定资产净值两个参数是否合理。在模型中，第一产业从业人数对农业GDP的产出弹性为1.1704，即如果从业人数增加1%，农业GDP增加1.1704%。这与何振国（2005）、黄小舟（2010）的产出弹性为负相反。但与我国农村缺乏劳动力的现实是相符合的。随着剩余劳动力的外流以及非农经营规

① 侯石安：《中国财政农业投入的目标选择与政策优化》，《农业经济问题》2004年第3期。
② 何振国：《财政支农规模与结构问题研究》，中国财政经济出版社，2005，第124页。

模的扩大，农村空心化[①]导致劳动力的边际产出很低，同时离农行为减少了农业产出。虽然事实上，从 1991 年后，除其中三年有波动外，第一产业从业人数变化与农业 GDP 变化大多数时候呈反向关系，说明劳动力对农业 GDP 的产出弹性应该是负的。但从长远看，第一产业劳动力的作用将逐步加大，劳动力的投入对于提高农业 GDP 有重要作用。可见第一产业从业人数的农业 GDP 产出弹性系数较为合理。农户家庭生产性固定资产净值的农业产出弹性为 0.4403，即，农户家庭生产性固定资产净值每增加 1%，则农业 GDP 增长约为 0.4403%。与农业发展中资本的贡献作用是一致的，作者认为该系数也是合理的。

第二个标准需要与参照标准比较，马树才（2005）估算了我国政府预算内最优支出规模为 GDP 的 21.2%，综合财政总支出的最优规模为 GDP 的 24%[②]。孙长清、李晖（2006）估计我国预算内财政支出的最优规模为 GDP 的 22.1%[③]。在理论上，一个国家的工业化前、中、后期，财政支出的规模应该与财政收入相适应，财政支农规模也应与财政支出规模同趋向。尽管得出的结论较之以上学者的测算结果偏大，但与何振国估算的数据接近，同时在一定程度上反映出中国在工业化中后期扩大财政支农规模的必要性。一方面，新中国成立以来农业投入长期不足，引发庞大的农业投入“历史欠账”，突出表现在农业农村基础设施建设滞后、农业科技转化发展缓慢等，财政支农支出基数小，增长幅度小，导致距最优规模尚有差距；另一方面，随着中国经济发展水平不断提高，财政收入规模越来越大，另外，农业对 GDP 的增长贡献有效，农业占 GDP 比重将持续下降，但农业对社会稳定、国民经济发展的促进作用将不会降低。在国家财政实力不断增强条件下，财政支农支出占农业 GDP 的高比重存在一定现实必要性，对比国外情况，美国 2000 年财政支农预算占农牧业总产值比重为 39.89%，挪威为 72.44%[④]，考虑到指标界定上的差异性，有理由相信本指标具有一定合理性。

2. 我国历年的 MPG 测定及实际财政农业投入规模优化度Ⅰ。估计出来的财政农业投入最优规模是否适当？财政农业投入最优规模与 MPG 是什么关系？同

① 关于农村空心化的含义，许多学者的认识是指农村中的有文化的青壮年劳动力流向城市工作，造成农村人口在年龄结构上的极不合理分布；同时由于城乡二元体制和户籍制度的限制，以及村庄建设规划的不合理，导致村庄外延的异常膨胀和村庄内部的急剧荒芜，形成了村庄空间形态上空心分布状况。《百度百科》。

② 马树才、孙长清：《经济增长与最优财政支出规模问题的研究》，《统计研究》2005 年第 1 期。

③ 孙长清、李晖：《基于经济增长的财政支出最优化》，中国经济出版社，2006。

④ 李秉龙、乔娟、王可山：《WTO 规则下中外农业政策比较研究》，中国农业出版社，2006，第 170 页。

时，MPG 与实际财政农业投入规模优化度又是什么关系？下面对比做进一步分析。

财政农业投入的边际成本等于边际收益时，财政农业投入最优，也就是 MPG = 1。按照这个思路，当 MPG > 1 时，表明当期财政农业投入不足，增加财政农业投入力度可以提高农业产出的增长速度；当 MPG < 1 时，表明当期财政农业投入过量，减少财政农业投入力度可以减低浪费、提高农业产出的增加速度。由此可见，财政农业投入规模是否适当可由 MPG 反映，并通过 MPG 使财政农业投入逐步趋于最优。而 MPG 与实际财政农业投入规模优化度之间的对应关系也可以进一步反映财政农业投入的规模变化及与最优规模之间的差距。具体见表 3－3。

表 3－3　1981—2012 年实际财政支农 MPG 及优化度 I

年份	农业 GDP（亿元）	财政支农（亿元）	实际财政支农相对规模	MPG	实际财政支农相对规模的优化度 I（%）
1981	2129.78	107.61	0.05053	9.4905	10.54
1982	2379.83	115.48	0.04852	9.8820	10.12
1983	2596.29	125.47	0.04833	9.9225	10.08
1984	2951.97	129.78	0.04396	10.9071	9.17
1985	3054.39	129.62	0.04244	11.2995	8.85
1986	3194.45	146.63	0.04590	10.4467	9.57
1987	3469.29	145.20	0.04185	11.4573	8.73
1988	3671.33	134.01	0.03650	13.1369	7.61
1989	3473.12	141.32	0.04069	11.7848	8.49
1990	3987.83	160.20	0.04017	11.9366	8.38
1991	4126.21	175.83	0.04261	11.2529	8.89
1992	4360.82	180.49	0.04139	11.5857	8.63
1993	4663.06	186.81	0.04006	11.9696	8.35
1994	5488.81	185.74	0.03384	14.1703	7.06
1995	8585.91	242.67	0.02826	16.9659	5.89
1996	6396.07	200.41	0.03133	15.3039	6.53
1997	6752.96	217.56	0.03222	14.8841	6.72

续表

年份	农业 GDP（亿元）	财政支农（亿元）	实际财政支农相对规模	MPG	实际财政支农相对规模的优化度 I（%）
1998	7152.82	336.57	0.04705	10.1908	9.81
1999	7366.63	326.22	0.04428	10.8284	9.23
2000	7599.88	375.64	0.04943	9.7016	10.31
2001	8048.96	447.86	0.05564	8.6180	11.60
2002	8532.98	492.46	0.05771	8.3088	12.04
2003	9257.81	547.05	0.05909	8.1150	12.32
2004	10991.68	709.02	0.06451	7.4338	13.45
2005	11869.31	737.20	0.06211	7.7205	12.95
2006	12156.65	945.17	0.07775	6.1675	16.21
2007	14030.62	1239.20	0.08832	5.4293	18.42
2008	15718.32	1613.91	0.10268	4.6702	21.41
2009	16556.77	1989.50	0.12016	3.9906	25.06
2010	18443.20	2282.71	0.12377	3.8743	25.81
2011	20621.66	2662.60	0.12912	3.7139	26.93
2012	22244.93	3080.51	0.13848	3.4627	28.88

注：MPG 是财政支农支出的边际农业 GDP 产出，它等于 dAGDP/dGG，即等于财政农业支出最优规模与实际财政农业支出相对规模之比；实际财政农业支出相对规模的优化度 = 实际财政支农支出相对规模与财政支农支出最优规模之比。表中农业 GDP 和财政支农支出均经过以 1980 年为 100 的商品零售价格指数平减。

从表 3－3 中可以看出，在财政支农支出的边际产出 MPG 与优化度 I 之间具有明显的对应关系，边际产出越高，优化度越低，实际损失就越大，反之，优化度越高，边际产出越低，实际收益大。1981—2012 年，财政支农的 MPG 都大于 1，最高的一年是 1995 年的 MPG 高达 16.966，最低的一年是 2012 年也为 3.463，其余年份均大于 3，数值越大，则表明财政支农缺口越大。MPG 数据反映了我国财政支农的现实情况。新中国成立以来，“三农”问题日趋严重，入世前后，政府出台了一系列强农惠农政策，不断增加“三农”投入，自 1997 年以后，我国财政支农 MPG 在逐年降低。从实际财政支农支出规模的优化度来看，可以得出两个结论：一是我国财政支农支出一直严重不足，2012 年实际财政支农相对规模的优化度为 28.88%，无法取得完全的规模效益；二是与财政支农支出最优规模相比较，我国尚存在较大的财政支农增长空间，应该积极增加财政农业投入，尽可能达到最优规模水平。

3. 财政农业投入规模的决定因素。以上分析了财政农业投入的最优规模问题。那么，达到财政农业投入的最优规模是否可行？受到什么因素的影响？政府应该如何调整或优化财政农业的投入规模？是下面要讨论的问题。为方便讨论，本节使用自回归移动平均模型（ARMA）对财政农业投入规模的决定因素进行分析。

（1）建模理论基础。自回归移动平均模型（ARMA）由 Box Jenkins 创立，也称 B－J 方法。由于其结合了自回归 AR(p)和移动平均 MA(q)两种模型的特点而受到广泛关注，并且其简单有效的理论分析也成为对线性时间序列分析的主要工具之一。AR(p)模型主要反映变量的当前值与过去值之间的关系，而 MA(q)模型反映的是干扰因素当前值与过去值之间的关系。对于时间序列，可以分平稳时间序列和非平稳时间序列分别进行处理，如果时间序列本身平稳，可以直接建立 AR(p)模型、MA(q)和 ARMA(p，q）模型；反之，如果时间序列非平稳，则需要先进行平稳化处理，再建立 ARMA 模型。其一般形式如下：

$$y_t = a_0 + a_1 y_{t-1} + a_2 y_{t-2} + \cdots + a_p y_{t-p} + \varepsilon_t + \beta_1 \varepsilon_{t-1} + \beta_2 \varepsilon_{t-2} + \cdots + \beta_q \varepsilon_{t-q} \quad (3-5)$$

式中：t 表示第 t 年数据，y_t，y_{t-1}，y_{t-p}表示第 t 年、t－1 年、t－p 年的财政农业投入规模，ε_t，ε_{t-1}，ε_{t-q}表示第 t 年、t－1 年、t－q 年的影响财政农业投入的干扰因素。本节估计式（3－5）所采用的数据为财政农业投入。

（2）建模步骤。根据 Box Jenkins 建模思想，ARMA（p，q）模型建模的基本步骤可以分为三步。第一步对数据进行预处理。通过取对数或差分，考察序列是否平稳或者是否能在方程中找到确定趋势，但差分的方法会丢失原始数据信息[①]，我们通常使用对数方法处理。第二步，模型识别。通过观察偏自相关函数（PACF）和自相关函数（ACF）的图初步识别并为模型定阶。第三步，参数估计和模型诊断。运用最小二乘法、矩估计、自相关系数的直接估计等方法对识别阶段提供的候选模型进行参数估计，利用信息准则对估计的 ARMA 模型进行诊断，拟合已选定（p，q）组合的 ARMA 模型。

（3）对时间序列的平稳性进行分析。对财政农业投入的时间序列$\{y_t\}$进行

① 何书元：《应用时间序列分析》，北京大学出版社，2004。

ADF 检验，发现该序列变量没有通过左侧检验，因而是非平稳的时间序列，需要做平稳化处理以消除异方差问题。将变量取自然对数后进行一次差分，其 ADF 统计量为 -5.426 要小于 1% 显著水平下的临界值 -3.716，因此可以在 1% 水平下拒绝序列非平稳假设，可以认为该时间序列是平稳的 I(d=1) 时间序列，可以进行 ARMA 模型拟合。ADF 检验结果如表 3-4 所示。

表 3-4　　ADF 检验结果

ADF 统计量	1% 显著水平	5% 显著水平	10% 显著水平
-5.426	-3.716	-2.986	-2.624

（4）模型选定。虽然可以进行 ARMA（p，q）模型拟合，但该采用 AR（p）还是 MA（q）或者 ARMA（p，q）模型，需要通过观察自相关函数图（ACF）和偏自相关函数图（PACF）来判断。如果 ACF 图拖尾而 PACF 图截尾，则采用 AR（p）模型估计，反之，如果 ACF 图拖尾而 PACF 图截尾，采用 MA（q）模型拟合，但假如 ACF 图和 PACF 图均拖尾，则此时间序列适合 ARMA（p，q）模型。该时间序列的自相关图和偏自相关图如图 3-2 所示。

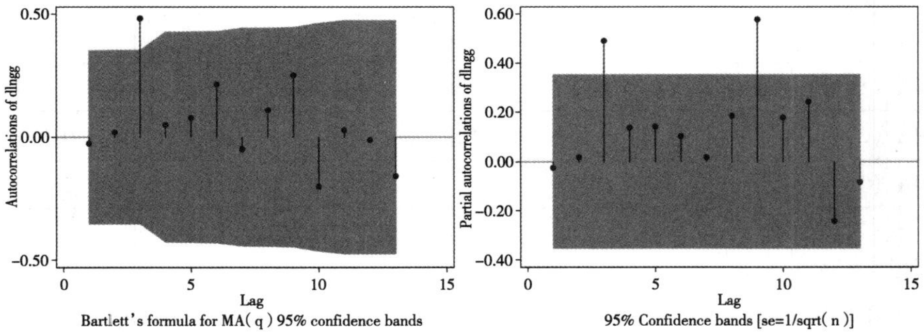

图 3-2　自相关图和偏自相关图

观察图 3-2，很明显发现自相关函数图和偏自相关函数图都是拖尾，因为数据到后面还有波动并增大的情况。因而该序列是一个 ARMA（p，q）过程。

（5）模型阶数确定。由图 3-2 也可以看出，第 3 阶的自相关与偏自相关系数均在 5% 水平显著不为零（落在 95% 的置信区间之外），且自相关系数和偏自相关系数均存在拖尾性质，初步认定 p 和 q 都可以取 3，d 为 1 阶，可以考虑 ARMA（3，1，3）模型，通过信息量准则 AIC 和 BIC 反复筛选（检验结果见表 3-5），也最终确认模型 ARMA（3，3）相对较好。

表 3 - 5　　农业财政支出规模的 ARMA 模型检验结果

Model	AIC	BIC	Log likelihood	P
AR（1）	-36.61828	-32.31632	21.30914	0.902
AR（2）	-36.60973	-32.30777	21.30487	0.919
AR（3）	-44.30252	-40.00056	25.15126	0.026
MA（1）	-36.61723	-32.31527	21.30862	0.908
MA（2）	-36.60887	-32.30691	21.30444	0.926
MA（3）	-44.82471	-40.52275	25.41236	0.001

（6）模型估计及检验。建立 ARMA（3，1，3）模型，并估计回归，结果如表 3 - 6 所示。

表 3 - 6　　ARMA（3，3）模型估计结果

模型	系数	标差误差	Z 统计量	显著水平
_cons	0.1086	0.0714	1.52	0.128
AR（1）	0.1836	0.6275	0.29	0.770
AR（2）	0.1527	0.7814	0.20	0.845
AR（3）	0.4274	0.5644	0.76	0.449
MA（1）	-2.404	44.858	-0.05	0.957
MA（2）	-0.364	8.8133	-0.04	0.967
MA（3）	0.2548	11.753	0.02	0.983

回归方程为：

$$y_t = 0.1086 + 0.1836y_{t-1} + 0.1527y_{t-2} + 0.4274y_{t-3} + \varepsilon_t - 2.404\varepsilon_{t-1} - 0.364\varepsilon_{t-2} + 0.2548\varepsilon_{t-3} \quad (3-6)$$

（7）诊断和检验。对模型 ARMA（3，1，3）残差序列进行自相关检验，若存在自相关则需要重新确定自相关和偏自相关系数。对残差进行 ADF 检验，结果发现残差的 t 统计量为 -5.301，在 1% 水平下显著，因此不能拒绝原假设，模型的估计结果有效，不存在自相关。

模型估计结果表明，前三年的财政农业投入和影响因素及当年的影响因素对当年的财政农业投入有较强的约束。这里的影响因素主要指影响财政农业投入的干扰要素。前三年的财政农业投入对当年的财政农业投入起着促进作用，前三年的财政农业投入系数分别为 0.1836、0.1527、0.4274，说明财政农业投

入规模具有很强的惯性。而干扰项前三年的系数分别为 -2.404、-0.364、0.2548，表明前二年的干扰因素对当年的财政农业投入有一定的约束，产生了负面作用，第 t-3 年的系数为正，看似与基本常识相悖，但却恰当地反映了我国财政农业支持的现状。第 t-3 年的干扰因素的增加，在连续两年对财政农业投入产生消极作用后，在第 t 年引起反弹，当年财政农业投入增加。

以上分析表明，财政农业投入将最优规模作为政府财政支持农业的目标时，必须考虑前三年的财政农业支持力度和干扰因素的作用等约束，做好财政农业投入规模的调整和优化，向最优规模趋近，这也必然是一个长期渐进的过程。

4. 对 2013—2020 年我国财政农业投入规模进行预测。利用 ARMA（3，1，3）对我国 2013—2020 年财政农业投入规模进行了预测，见表 3-7 中第三行数据。并同样选取 ARMA（1，1，1）模型对我国 2013—2020 年的农业 GDP 进行了预测，见表 3-7 中第二行数据。结果如表 3-7 所示。

表 3-7　　2013—2020 年我国农业 GDP、财政农业投入预测及 MPG 测算表

预测值	2013	2014	2015	2016	2017	2018	2019	2020
农业 GDP（亿元）	21970.45	23353.66	24976.4	26784.57	28758.27	30893.87	33195.94	35673.33
财政农业投入规模（亿元）	3732.539	4316.73	5044.912	5803.353	6657.671	7649.672	8729.113	9939.066
MPG	2.8224	2.5941	2.3739	2.2131	2.0712	1.9365	1.8235	1.7210
优化度 I（%）	35.43	38.55	42.12	45.19	48.28	51.64	54.84	58.10

与样本内的实际值进行对比，预测的农业 GDP 的相对误差为 8.23%，预测的财政农业投入规模的相对误差为 5.99%，并且样本内的预测基本上都比实际值要大。在同一变动趋向下的农业 GDP 预测值变动大于财政农业投入预测值变动的情况下，样本外的 MPG 以基于 1981—2012 年数据计算的财政农业投入最优规模 47.95% 为依据，以样本外的预测值进行计算比较合理地反映了我国 2013—2020 年的财政支农规模水平，也反映了 MPG 趋于 1 的速度。到 2020 年，我国的财政农业投入的 MPG 为 1.7210，优化度高达 58.1%，和 2012 年的 28.88% 相比，八年时间翻了一番，与最优规模（MPG=1）之间的差距大幅减少。

本节假设在 2020 年实现全面小康社会目标时我国的财政农业投入的最优规

模为最优，即 MPG = 1。但从模型的运算结果看，虽然财政农业投入的规模在不断增加，国家对“三农”问题越来越重视，但依然无法在 2020 年达到财政农业投入最优的水平。我们应该把握“十二五”规划的大好发展时机，在“十三五”这个关键时期基本解决“三农”问题，加大财政支农的规模，加快财政支农的速度，实现财政资源的最优配置。当然，本节的模型是基于该区间的政策取向、财政支出水平、政策偏好等干扰因素所设定的，47.95% 这个最优规模也是基于 1981—2012 年数据计算的。该最优规模在未来是否理想，需要用新的数据进行测算，这应该是一个动态的不断调整的过程，但至少为农业支持政策的调整和优化提供了一个依据。

5. 结论。本研究依据我国农业 1981—2012 年的统计数据，对我国的财政农业投入最优规模进行了估计，分析了财政农业投入规模的决定因素，对 2013—2020 年财政农业投入 MPG 进行了预测，有着非常重要的积极意义。一方面，用来评估国家财政农业支出规模的基本现实；另一方面，可以为调整政府农业支持政策提供参考。

第一，本研究估计了我国财政农业投入的最优规模为 47.95%，此时实现了财政支农的最优配置。当财政农业投入大于农业 GDP 的 47.95% 时，边际成本大于边际收益，应该减少财政支农的力度；反之，当财政农业投入小于农业 GDP 的 47.95% 时，边际收益大于边际成本，财政支农力度不足，加大财政农业投入规模可以增加农业 GDP 的增长速度。以该最优规模为论据估算，我国财政农业投入的边际产出（MPG）在 2012 年和 2020 年分别为 3.46、1.72，大于最优规模时的 MPG = 1；财政农业投入的相对规模的优化度 I 在 2012 年和 2020 年分别为 28.88%、58.1%，小于最优规模时的优化度 I = 100%。都说明到 2020 年，以现有的财力水平和政策力度，与我国财政农业投入规模的最优化目标仍有不小的差距，财政农业支持的规模和力度有待加强。

第二，本研究选用 ARMA 模型研究了我国财政农业投入规模的决定因素（也就是约束性因素），前三年的财政农业投入水平和扰动对当年的财政农业投入规模都有很强的约束。前三年的财政农业投入的增长对当年的财政农业投入规模有很强的正的影响，而前二年的扰动对当年的财政农业投入规模有负的作用。这种现象反映了政策制定者的偏好，表明当前的财政政策的决策机制依赖于往期的投入惯性和政策环境，决策缺乏科学的方法和依据。但是，通过对 1982—2020 年财政农业投入规模的预测分析，又说明了通过科学的计算，在兼顾传统的刚性约束机制下，对现有的财政支农政策进行调整和优化后，我国财政农业投入最优规模具有实现的可能性，这尽管是一个长期的过程。

（二）农业支持政策的结构效率评价

系统论的观点认为，系统是相互联系的，系统中的元素之间存在相互约束、相关联系的有机关系，并具有层次性和整体性的功能。农业支持政策体系就是由不同板块、不同功能和不同结构的部分构成的一个统一体。农业支持政策体系的效率是整体效率的最大化，而不是各个部分的简单叠加，因而财政农业支出既是农业支出体系的一个子体系，其自身也是一个系统，它自身系统表现为各类农业支出的集合，表现为一定的数量关系。财政支农结构反映的是财政农业投入配置，而不断变化的财政支农结构既体现了农业资源配置的重点和方向，也反映了国家财政政策、支农政策的变化。农业支持政策体系的效率的实现还要依赖于各个子体系功能的发挥，所以研究财政农业支持结构的效率是整个体系效率的基本要求。

意大利经济学家和社会学家维尔弗·帕累托提出了判断公共利益的两个标准，现在称之为帕累托最优①和帕累托改进②。根据上文农业支持政策体系效率评估指标，我们采用帕累托标准来衡量财政农业支持结构是否合理。如何使财政支农结构最有绩效，在实践中可以采用福利经济学来分析和衡量支农结构。下面我们用这种方法来评估财政支农结构变化对农民纯收入的效率。

1. 数据来源和说明。由于 2007 年后，我国财政农业支农的统计口径发生变化，衡量财政农业支持的变化使得 2007 年前后就有了不一致性，因而本文根据我国 1978—2006 年财政支农支出情况，利用前面建立的社会福利分析方法进行分析，农业生产支出用变量 x_1 表示、农业基本建设用变量 x_2 表示、农业科技三项费用变量 x_3 表示、农村救济费等用变量 x_4 表示。数据由作者根据历年《中国统计年鉴》《中国财政年鉴》《中国农业统计年鉴》等文献资料进行整理而成，详见表 3 – 8。

---

① 如果某种经济达到了这样一种状态，以至于当一个人的境况不能变得更好，除非是使其他至少一个人的境况变得坏时，它就达到了一种最佳状态，这种状态被称为“帕累托最优”。帕累托最优标准在生产要素的最优配置就表现在对于任意两种生产要素来说，在任何场合，处于任何目的使用它们的时候，其边际技术替代率相等。

② 帕累托认为比较两个人的效用是不可能的，所以，我们只能说如果一种政策变化至少使一个人的境况变好而没有人的境况变坏，那么，这种政策变化将提高社会福利，这种政策变化就称为“帕累托改进”。高鸿业：《西方经济学》，中国人民大学出版社，2004。

表3－8　　国家财政用于农业的支出结构数据

年份	农业生产（亿元）	农业基本建设（亿元）	农业科技三项费用（亿元）	农村救济费（亿元）	合计（亿元）	农业支出占财政支出比重（%）	农民纯收入（元）
1978	76.95	51.14	1.06	6.88	136.03	13.43	133.6
1979	90.11	62.41	1.52	9.80	163.84	13.60	160.2
1980	82.12	48.59	1.31	7.26	139.28	12.20	191.3
1981	73.68	24.15	1.18	9.08	108.09	9.68	223.4
1982	79.88	28.81	1.13	8.60	118.42	9.80	270.1
1983	86.66	34.25	1.81	9.38	132.10	9.43	309.8
1984	95.93	33.63	2.18	9.55	141.29	8.31	355.3
1985	101.04	37.73	1.95	12.90	153.62	7.66	397.6
1986	124.30	43.87	2.70	13.33	184.20	8.35	423.8
1987	134.16	46.81	2.28	12.47	195.72	8.65	462.6
1988	158.74	39.67	2.39	13.27	214.07	8.59	544.9
1989	197.12	50.64	2.48	15.70	265.94	9.42	601.5
1990	221.76	66.71	3.11	16.26	307.84	9.98	686.3
1991	243.55	75.49	2.93	25.60	347.57	10.26	708.6
1992	269.04	85.00	3.00	18.98	376.02	10.05	784.0
1993	323.42	95.00	3.00	19.03	440.45	9.49	921.6
1994	399.70	107.00	3.00	23.28	532.98	9.20	1221.0
1995	430.22	110.00	3.00	31.71	574.93	8.43	1577.7
1996	510.07	141.51	4.94	43.91	700.43	8.82	1926.1
1997	560.77	159.78	5.48	40.36	766.39	8.30	2090.1
1998	626.02	460.70	9.14	58.90	1154.76	10.69	2162.0
1999	677.46	357.00	9.13	42.17	1085.76	8.23	2210.3
2000	766.89	414.46	9.78	40.41	1231.54	7.75	2253.4
2001	917.96	480.81	10.28	47.68	1456.73	7.71	2366.4
2002	1102.70	423.80	9.88	44.38	1580.76	7.17	2475.6
2003	1134.86	527.36	12.43	79.80	1754.45	7.12	2622.2
2004	1693.79	542.36	15.61	85.87	2337.63	9.67	2936.4
2005	1792.40	512.63	19.90	125.38	2450.31	7.22	3254.9
2006	2161.40	504.30	21.40	182.04	2869.14	7.85	3587.0

2. 分析的基本方法和模型。本研究针对财政农业支持结构的效率评估采用比较静态分析的方法来进行，并假设农民纯收入的决定模型符合C－D函数的基

本形式，即满足：

$$API = Ax_1^{\beta^1} x_2^{\beta^2} \cdots x_n^{\beta^n} \tag{3-7}$$

式中：*API* 代表我国农民的年平均纯收入；x_1，x_2，…，x_n 表示财政农业支出结构的各支出变量；β_1，β_2，…，β_n 表示需要估计的参数，*A* 代表支出水平。

以上（3－7）公式是比较静态模型，进行静态分析的时候，对（3－7）公式两边取倒数，然后在两边分别求偏导，最后分析 β_1，β_2，…，β_n 的参数水平。

3. 对财政农业支出的静态分析评价。

（1）单位根检验和协整分析。对 $\ln API$、$\ln x_1$、$\ln x_2$、$\ln x_3$、$\ln x_4$ 各变量进行单位根检验，如表3－9。发现所有变量的 ADF 统计量都大于1%的显著性水平下的临界值，接受原假设，存在单位根，说明这些变量是不平稳的，不能直接进行回归分析。但从表3－9中可以看出，这些变量的一阶差分是单整的，即 I（1），可以进行协整关系检验。

表3－9　　　　各变量 ADF 检验的结果

变量	（C，T，L）	T统计量	1%临界值	5%临界值	10%临界值
lnAPI	（C，T，1）	－2.669	－4.362	－3.592	－3.235
DlnAPI	（C，0，0）	－3.254	－3.724	－2.986	－2.633
$\ln x_1$	（C，T，1）	－4.435	－4.362	－3.592	－3.235
$\ln x_2$	（C，T，1）	－3.559	－4.362	－3.592	－3.235
$D\ln x_2$	（C，0，0）	－5.483	－3.736	－2.994	2.628
$\ln x_3$	（C，T，1）	－2.063	－4.362	－3.592	－3.235
$D\ln x_3$	（C，0，0）	－6.058	－3.736	－2.994	－2.628
$\ln x_4$	（C，T，1）	－1.559	－4.362	－3.592	－3.235
$D\ln x_4$	（C，0，0）	－6.944	－3.736	－2.994	－2.628

注：检验形式 C、T、L 分别表示检验模型含有截距项、时间趋势项及滞后期。D 表示变量的一阶差分，D2 表示变量的二阶差分。

下面进行协整分析，只有存在协整关系，不平稳变量的回归才有意义。由下表可以看出，协整秩迹检验结果表明，在5%水平下存在一个协整方程，而最大特征值检验也表明，在5%的水平上存在两个协整方程。这说明变量之间存在着协整关系，可以进行回归。见表3－10。

表 3-10　　　　　　变量的协整分析

Rank	Max statistic	5% critical value	Trace statistic	5% critical value
0	63.4984	33.46	109.1579	68.52
1	28.3269	27.07	45.6594	47.21
2	12.2013	20.97	17.3325	29.68
3	5.1306	14.07	5.1312	15.41
4	0.0005	3.76	0.0005	3.76

（2）计量结果分析和说明。采用普通最小二乘法进行回归估计，结果见表 3-11。

表 3-11　　　　　　API 模型 OLS 回归结果

Variable	Coefficient	Std. error	t-statistic	Prob.
Lnx_1	1.086669***	0.2578244	4.21	0.000
Lnx_2	-0.286399*	0.1640027	-1.75	0.094
Lnx_3	0.1702917	0.2580713	0.66	0.516
Lnx_4	-0.0525951	0.2700687	-0.19	0.847
_cons	1.831989**	0.7601461	2.41	0.024
R-squared = 0.9464			Adj R-squared = 0.9375	

回归方程为：

$$\ln API = 1.832 + 1.0867\ln x_1 - 0.286\ln x_2 + 0170\ln x_3 - 0.053\ln x_4 \qquad (3-8)$$

方程整体拟合度较高，从模型的统计指标表可以看出，本回归模型的回归 R 方为 0.9464，修正的回归 R 方为 0.9375，拟合优度较好。进一步分析得出：

财政农业支出结构的四项支出中有两项表现出正相关，另外两项为负相关。其中，农业生产支出系数为 1.0867，表明其对农民收入的增加有促进作用，即农业生产支出每增加 1%，则农民收入增加 1.0867%；农业科技三项费用对农民收入的增加也有积极作用，科技费用每增加 1 个百分点，则农民纯收入平均增加个 0.17 个百分点；财政支农结构中的农业基本建设费对农民纯收入的增加有阻碍作用，基本建设费用每增加 1%，农民人均纯收入将会减少 0.286%；农业救济费支出对农民收入有负向影响，它的支出每增加 1%，农民人均纯收入平均将减少 0.053%。

考察期内，财政农业支出对农民纯收入影响从大到小的顺序为：农业生产支出、农业科技三项费、农业救济费、农业农村基本建设支出。其中农业救济费和农业基本建设支出对农民收入产生了阻碍作用。据财政农业司的估测，农村救济费投入滞后期为 2 年，而农业基本建设投入研究的滞后期为 6 年[①]，且主要用于中大型水利设施，针对农业生产发展的目的性不强，在这种情况下，能否促进农民收入增长还是一个问题，这也是在模型中影响为负的原因。对财政支农结构的评价反映了不同类型的财政投入政策对农民收入水平影响的差异。

（三）农业支持水平的效率评价

加入 WTO 以来，我国农产品进口规模从 2002 年 102 亿美元上升到 2013 年的 1189 亿美元，年平均增长率达到了 23%。但我国农业基础竞争力与世界主要出口国存在的差距难以逾越，贸易自由化必须在公平的基础上推进，因而，中国必须加大农业支持水平。

1. 基于 WTO 口径的农业支持水平效率评价。近十年来，我国农业支持的口径差异大，农业支持水平的测算极其不易，具体情况只能根据已通报给 WTO 的数据来分析。2008 年中国农业支持占农业产值的比重见表 3－12。

表 3－12 WTO 主要成员国农业支持占农业总产值的比重 单位：%

主要成员国	绿箱	黄箱			蓝箱	农业支持总计占农业产值比重
		特定	非特定	总计		
美国	36.3	1.9	2.1	4.0	0	40.3
日本	22.4	6.8	1.9	8.8	0.3	31.5
欧盟	19.1	4.2	0.3	4.5	1.6	25.2
中国	11.2	0.2	1.5	1.7	0	12.9

注：各国向 WTO 提供的最新通报资料。美国是 2009 年数据，日本和中国是 2008 年数据，欧盟是 2007 年数据。

资料来源：倪洪兴、田志宏、徐宏源：《WTO 视角下的中国农业国内支持》，《世界农业》2013 年第 3 期。

① 樊胜根等：《经济增长、地区差距与贫困：中国农村公共投资研究》，中国农业出版社，2002。

表 3－13　　WTO 主要成员国农业支持比较

国别	绿箱	黄箱	蓝箱	农业支持总计	农户	户均		
						绿箱	黄箱	总计
美国	103214	11525	0	114739	75	137619	15367	152986
日本	17883	7008	211	25102	240	7451303	2919811	10458995
欧盟	85767	20196	7077	113040	584	14686	3458	19356
中国	85326	12821	0	98147	18300	466	67	536

资料来源：同上表。前四项单位为百万美元，农户单位为万户，户均三项单位为美元。

按照 WTO 统计口径，发现我国“绿箱”政策的支持水平在 2003—2008 年总体上呈增长态势，从年度增长数据来看，后几年为大幅增长。如表3－14 所示。从“绿箱”政策支出的内部变动情况来看，在 2003—2008 年期间①，一般政府性服务支出所占比重是最大的。处于现代农业发展阶段，政府主要任务是提供更多一般服务以促进农业发展，而无暇他顾。粮食安全公共储备支出比较平稳，这与考查期间的粮食丰收有关。国内粮食援助水平逐年下降，表示国内粮食援助的侧重点发生改变。从 2004 年开始在全国推行的粮食直接补贴政策，属于与生产不挂钩的收入支持，因为这种补贴可以使农民直接增加收入而不对市场和国际贸易产生价格扭曲，受到 WTO 规则的鼓励，与新时期我国农业支持

表 3－14　　2003—2008 年我国“绿箱”支持水平

项　　目	2003 年	2004 年	2005 年	2006 年	2007 年	2008 年
绿箱合计（亿元）	2579. 8	3083. 9	3095. 7	3565. 2	4578. 6	5930. 1
年增长率（%）	19. 6	19. 5	0. 38	13. 17	28. 4	29. 5
1. 政府一般性服务（亿元）	1542. 8	1655. 0	1727. 3	2007. 8	2801. 6	3551. 3
2. 粮食安全公共储备（亿元）	545. 3	420. 6	440. 9	503. 8	542. 0	579. 3
3. 国内粮食援助（亿元）	1. 8	1. 3	1. 0	0. 9	0. 5	0. 6
4. 不挂钩的收入支持（亿元）	0	116. 5	132. 0	142. 0	160. 1	236. 1
5. 自然灾害援助（亿元）	109. 2	93. 4	114. 9	132. 4	207. 3	553. 9
6. 区域援助（亿元）	164. 4	180. 9	195. 4	220. 1	265. 9	320. 3
7. 环境计划下的援助（亿元）	216. 3	616. 2	484. 2	558. 2	601. 2	688. 6

资料来源：根据倪洪兴等所著《WTO 视角下的中国农业国内支持》（2013）及国外资料②整理而成。

① 因 WTO 统计口径数据难以获取最近几年的，所以本问题的分析只到 2008 年。
② Fuzhi Cheng. *Agricultural Policy Reformsand WTO Commitments On Domestic Support in China*. 2008.

的发展方向是相符合的，在“绿箱”支持中所占的比例还将上升。自然灾害援助支出起伏不定，表明自然灾害救助水平没有得到有效提高或者没有趋于常态化。我国近几年在区域援助计划上的投入逐渐加大，由2003年的164.4亿元增加到2008年的320.3亿元。我国对农业环境的支持水平总体上一直在不断增长，这说明我国政府已经深刻认识到片面地追求发展所带来的破坏作用，正在极力消除生态环境恶化对农业造成的危害。

按照WTO法，对我国黄箱支持水平的测算主要是对特定农产品AMS、非特定农产品AMS的测算。从表3－15可以看出，2005—2008年我国对特定农产品小麦的市场价格支持为负保护，水稻也有两年为负保护，但两种农产品的负保护是逐渐降低的。玉米和大豆的支持价格在逐渐上升，另外由于我国棉花的买卖自1999年进行市场改革，棉花的价格也因为有国家棉花储备利息而上升。而对于农业总AMS的变动情况，从2005—2008年来看，前二年为负值，处于负保护状态，尽管我们自2002年以来加大了农业支持力度，但仍然在剥夺着农民的利益。但负保护的程度在逐渐减缓，到2007年便转为正保护，支持的程度逐步加大。

表3－15　　　　我国的黄箱政策支出水平

项　　目	2005年	2006年	2007年	2008年
一、非特定产品AMS（亿元）	22.0	149.51	307.54	788.64
1. 投入补贴（亿元）	21.57	148.39	306.27	787.50
2. 利息补贴（亿元）	0.14	1.12	1.27	1.14
A. 农业总产值（亿元）	35434.8	36840.3	44435.4	52798.8
B. 非特定产品支持空间（亿元）	3012.0	3131.1	3777.0	4487.9
C. 非特定产品利用率（%）	0.7	4.8	8.1	17.6
D. 非特定产品支持空间余量（亿元）	2989.95	2981.91	3469.47	3699.26
二、特定产品AMS（亿元）	－94.99	－177.68	8.13	41.23
小麦（亿元）	10.58	－106.37	－72.30	－65.23
水稻（亿元）	－119.46	－84.88	34.60	52.67
玉米（亿元）	1.79	3.66	3.73	22.00
大豆（亿元）	1.10	1.11	1.11	4.12
棉花（亿元）	11.00	8.80	40.99	27.67
三、农业总AMS（亿元）	－72.99	－28.17	315.67	829.87

资料来源：作者根据表3－14数据整理而成。

深入分析以上数据发现，我国当前阶段的农业支持政策，实质上是对我国农业在二元经济结构下和特定阶段中为城镇化和工业化进程所作贡献的一种补偿和所牺牲的效率的一种弥补。分析我国农业支持数据，目前主要是实施“绿箱”政策支持和微量许可政策支持，这些政策对国际贸易和市场没有多少扭曲影响，属于 WTO 规则允许范围。从数据上来看，近年来我国农业支持水平也有了较快提高，对促进我国农业发展、确保粮食安全和农民增收发挥了积极作用。

2. 基于 OECD 口径的农业支持水平效率评价。OECD 对农业支持水平的测算方法是目前最全面的监测农业支持水平的方法，因此，OECD 方法的借鉴和应用对我国有很大的积极意义。

按照 OECD 方法测算我国的农业总支持水平和其构成见表 3 - 16。生产者估计值（PSE）主要指的是对生产者的补贴，与 WTO 规则中的“黄箱”政策支出相对应，包括市场价格支持和对生产者的预算支持。我国的 PSE 在 1999 年为负值，2000 年后即为正值，达到 50139.46 百万元，除在 2008 年有过波动外，此后逐年增加，这表明，入世后我国近年实施的农业支持政策实惠有效，农业政策已经从过去对农业的掠夺转向对农业的支持。% PSE 也是一个分析指标，表示通过政策措施的实施，PSE 占农业总产值的比重。尽管我国 2000—2012 年的% PSE 达到 9.09%，也远远低于 OECD 成员国，这些成员国 2003 年以前的% PSE 便可以达到 30.8%，说明我国对农业生产者的支持力度还有待加强。

表 3 - 16　1995—2012 年我国农业支持水平（OECD 法）变动情况

单位：百万元

年份	PSE	% PSE	CSE	% CSE	GSSE	TSE	% TSE
1995	102491.01	5.48	-106222.1	-5.6887	38578.52	143486.5	2.36
1996	21053.21	1.007	31491.8	1.496	45620.5	68685.7	0.97
1997	20612.45	0.96	17932.9	0.822	54164.5	76651.9	0.97
1998	10865.79	0.5	49974.3	2.282	86359.5	98991.3	1.17
1999	-70956.18	-3.29	110389.5	5.055	81743	13456.8	0.15
2000	50139.46	2.3	-15758.8	-0.698	97882.5	150361.9	1.52
2001	91221.08	3.96	-48945.1	-2.038	104838	196742.1	1.79
2002	178668.49	7.43	-151223.8	-5.937	91828.8	270657.3	2.25
2003	226235.18	8.99	-208705.6	-7.662	102754.2	329117.4	2.42
2004	205497.16	6.53	-84645.4	-2.641	120929.3	326554.4	2.04

续表

年份	PSE	%PSE	CSE	%CSE	GSSE	TSE	%TSE
2005	255753.11	7.41	-124296.1	-3.618	114090.8	369936.9	2.00
2006	425466.17	12.11	-275187.2	-7.224	126618.4	552178.6	2.55
2007	426004.81	9.86	-251100.8	-5.301	137521.6	563608.0	2.12
2008	148270.87	2.91	64627.6	1.257	135097.6	283482.4	0.90
2009	608058.63	11.51	-495893.8	-9.165	160004.3	768164.9	2.25
2010	826089.05	15.35	-747164.6	-13.267	146663.8	972752.9	2.42
2011	765694.15	12.94	-524856.9	-8.683	158027.6	923721.7	1.96
2012	1044617.5	16.81	-805069.3	-12.816	175267.3	1219884.8	2.37

同时，从表3-16中可以看出，消费者对农业生产者的转移支付在逐渐增加，在2000年后消费者支持估计CSE几乎都为负值，2012年已达到-805069.3百万元，%CSE达-12.82%，该表现与这一时期我国促进农民增收的政策是相符的。

对于一般性政府服务支持值（GSSE），与采用WTO方法测算的趋势是一致的，保障粮食安全的政策目标一直不变的核心。同时，还可以从表3-16中看出，在2000年以前，我国的TSE波动起伏的比较大，没有明显的增长趋势。2000年以后，TSE和%TSE都呈现显著的增长态势。2012年我国的TSE值为1219884.8百万元，比上年增长了32%，%TSE值达到了2.37%。在2000—2012年，TSE和%TSE的平均值分别为532858.7百万元和2.05%。这同样表明，入世以后，我国农业总体支持水平有较大幅度增长，正不断提高农业在国民经济中的份额。

二、现行农业支持政策的公平性评价：以农村义务教育财政性政策为例

农村义务教育政策是我国农业支持政策体系中的一个重要组成部分，对农村经济社会发展起着关键作用。而城镇和农村义务教育均衡性发展也是推动城乡一体化的基础。从2006年起我国对农村义务教育经费保障机制进行改革，国务院出台了《关于深化农村义务教育经费保障机制改革的通知》。这次改革逐步将农村义务教育全面纳入公共财政保障范围。为了进一步加强约束财政对教育

的投入，2010 年国务院又颁布了《国家中长期教育改革和发展规划纲要（2010—2020 年）》。2014 年中央财政对农村义务教育经费保障机制资金达到 878.97 亿元，在学生人数减少的情况下，仍比 2013 年增加 50.6 亿元，增长 6.1%。在这种投入逐步加大的情况下，农村的义务教育经费配置是否公平是本研究探讨的问题。

义务教育是一种公共品，根据公共品性质，无论哪个省份、哪个地区，无论是东部发达地区还是西部边远地区，对于政府财政性教育经费的分配从理论上来说都应该是均等的，不应该根据经济发展情况不同而有所区别。本部分将通过衡量各地区财政性教育经费的分配情况来大致衡量农村义务教育经费的横向公平性。

对于不公平程度，根据本研究的特性和结果解释的必要性，具体将选用上文横向公平性的三个指标即变异系数、Mcloone Index、Verstege Index 进行评价。变异系数主要关注不同地区间教育财政投入的相对差异，等于标准差除以均值，变异系数的取值范围为［0，1］，如果为 0 表示绝对公平，在该区间，数值越大，表明观察值的离散程度越大，越不符合公平原则。Mcloone Index 可以反映中位数以下省份的分配公平程度，等于中位数以下数据的总和除以这些观察值都取中位数时所得总和的比例，可以反映弱势资源地区经费分配情况。Verstege Index 与 Mcloone Index 相反，主要反映中位数以上观察值的离散情况，等于高于中位数的观察值总和除以中位数以上的观察值均为中位数时的总和，取值大于 1，值越接近 1，分配越公平，反之，其值越大表示越不公平。本部分结合这三个指标用来分析整体、低于中位数部分、高于中位数部分差异的变动情况。

本研究选取城镇小学、初中和农村小学、初中生均预算内教育事业费支出作为衡量指标，研究期间选取 1999—2011 年，数据来源于 2000—2012 年《中国教育经费统计》，其中西藏自治区的农村初中生均预算内教育经费缺失，仅用 30 个省的数据，但其他指标均使用了 31 个省市。

在对义务教育的公平状况进行评价之前，我们先来分析就全国平均水平而言的城乡间财政性义务教育投入的均衡问题，以考察不同地区、不同学校的学生所获得的义务教育服务是否基本相同，也就是考察每个学生（生均）所获得的教育经费是否大致相等。

（一）各年度义务教育生均教育经费的对比

通过对各年度城镇和农村普通小学的生均教育经费的绝对和相对差距进行

计算，由表3－17可以看出，无论是城镇还是农村的普通小学的生均教育经费都在不断增加。其中，至2011年城镇普通小学的生均教育经费比2000年增加了4.76倍，农村普通小学的生均教育经费2011年比2000年增加了7.84倍。同时，农村普通小学生均教育费用与城镇小学相比，除2003年有所下降外，其余年份都是在大幅增加，2011年相当于后者的89.37%，相对于2000年的58.25%，增加了31.12个百分点，说明城乡之间的普通小学生均教育经费的相对差距有了显著改善。从城镇和农村的绝对差额来看，这一数值呈现着不稳定的波动状态，2000年差距最小为463.76元，2009年差距最大为712.86元，波动幅度在400—600元，反映了财政性义务教育投入的差异性和不均衡状态。

表3－17　城镇和农村普通小学生生均教育经费对比　单位：元

年份	城镇	农村	绝对差额	农村相当于城镇的比例（%）
2000	1110.77	647.01	463.76	58.25
2001	1324.71	797.60	527.11	60.21
2002	1543.05	953.65	589.40	61.80
2003	1748.59	1058.25	690.34	60.52
2004	1979.61	1326.31	653.30	67.00
2005	2238.21	1572.57	665.64	70.26
2006	2520.28	1846.71	673.57	73.27
2007	3170.46	2463.72	706.74	77.71
2008	3785.67	3116.83	668.84	82.33
2009	4555.12	3842.26	712.86	84.35
2010	5191.07	4560.33	630.74	87.85
2011	6399.50	5719.00	680.50	89.37

就初级中学生均教育经费而言，从差距来看，2000—2011年，农村对城镇的相对比例从58.20%增加到88.54%，除2003年略有下降外，总体也增加了30个百分点，城乡的相对差距有了很大改善。另外，这12年的城乡初级中学生均教育经费的绝对差距依然起伏不定，2000年两者差距635.21元，2011年两者差距达到962.85元，波动的范围在600～1000元。这种状态不仅不利于农村初级中学的发展，而且比城乡普通小学的生均教育经费波动幅度大，说明城镇和农村之间的初级中学生均教育经费的投入不均衡程度要大于两者之间普通小学生

均教育经费的投入不均衡程度。见表3-18。

表3-18　城镇和农村初级中学生均教育经费对比　单位：元

年份	城镇	农村	绝对差额	农村相当于城镇的比例（%）
2000	1519.62	884.41	635.21	58.20
2001	1691.39	1013.65	677.74	59.93
2002	1907.13	1129.21	777.92	59.21
2003	2110.61	1210.75	899.86	57.36
2004	2305.22	1486.65	818.57	64.49
2005	2627.49	1819.92	807.57	69.26
2006	2977.62	2190.33	787.29	73.56
2007	3816.78	2926.58	890.2	76.68
2008	4822.66	4005.78	816.88	83.06
2009	5841.24	5023.51	817.73	86.00
2010	6723.28	5874.07	849.21	87.37
2011	8402.28	7439.43	962.85	88.54

（二）各年度全国义务教育的横向公平性

首先，利用变异系数来分析义务教育生均预算内教育经费分配的公平性。根据变异系数的计算公式，计算全国分地区地方普通小学、初级中学和全国分地区农村普通小学、初级中学生均预算内教育经费的变异系数，结果见表3-19。

表3-19　1999—2011年全国31个省（自治区、直辖市）城镇普通小学、初级中学及农村普通小学、初级中学生均预算内教育经费的变异系数

年份	城镇普通小学	城镇初级中学	农村普通小学	农村初级中学
1999	0.7485	0.7824	0.7739	0.8960
2000	0.7631	0.6811	0.7918	0.7839
2001	0.7496	0.6422	0.7368	0.7000
2002	0.7255	0.6665	0.7220	0.6868
2003	0.7713	0.7330	0.7348	0.7640
2004	0.7957	0.7784	0.7740	0.8125
2005	0.7828	0.7794	0.7731	0.8272

续表

年份	城镇普通小学	城镇初级中学	农村普通小学	农村初级中学
2006	0.7521	0.7637	0.7355	0.8361
2007	0.6962	0.7219	0.6977	0.8209
2008	0.6628	0.6497	0.6626	0.7146
2009	0.6305	0.6284	0.6167	0.6536
2010	0.6130	0.6217	0.6051	0.7024
2011	0.5815	0.5968	0.5740	0.7074

结合表3－19和图3－3分析全国1999—2011年31个省（自治区、直辖市）分地区城镇普通小学、农村普通小学、城镇初级中学、农村初级中学生均预算内教育经费支出，可以看出：

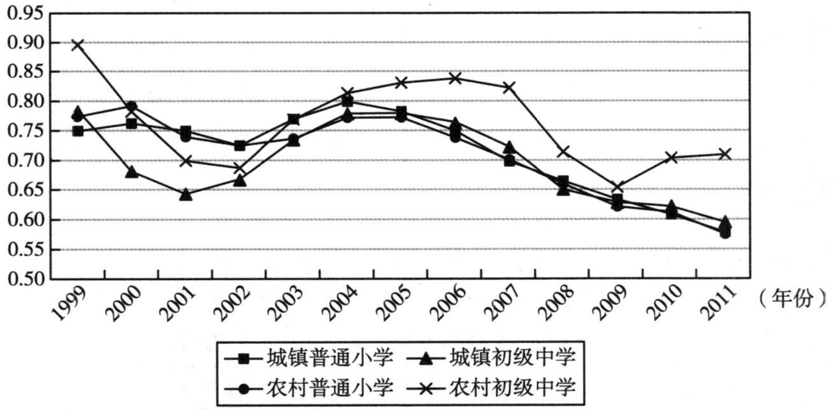

图3－3　1999—2011年全国31个省（自治区、直辖市）城镇普通小学、初级中学及农村普通小学、初级中学生均预算内教育经费的变异系数分析图

在观察期间，城镇普通小学、农村普通小学、城镇初级中学、农村初级中学生均预算内教育经费支出的变异系数值范围在0.5～0.9，并且大部分值接近于1，不公平程度加深。最高点是1999年的农村初级中学，其变异系数为0.8960，最低出现在2011年，当期农村普通小学的变异系数为0.5740，也在0.50之上。一般来说，观察数据之间如果均衡分布，则变异系数在［0，0.15］，变异系数取值区间［0.15，0.50］为不太均衡，而［0.5，1.0］则为不均衡，大于1.0为很不均衡。本研究中的四类学校的各年度变异系数均大于0.50，说明财政性教育经费的分配很不公平。

在观察期间，城镇普通小学、农村普通小学、城镇初级中学、农村初级中学生均预算内教育经费支出的变异系数的变化趋势总体下降但有所差别。其中，城镇普通小学和农村普通小学的变异系数线变化趋势基本相同，1999 年两者分别为 0.7485、0.7739，相差 0.0287；2011 年两者分别为 0.5815、0.5740，相差仅 0.0075，其中 2007 年、2008 年两者的变化趋势线几乎重叠。而城镇初级中学和农村初级中学的趋势线变化比较大，城镇初级中学的数据线从 1999 年的 0.7824 下降到 2011 年的 0.5968，下降 0.1856；农村初级中学的数据线从 1999 年的 0.8960 下降到 2011 年的 0.7074，下降 0.19。虽然两者的变异系数都分别下降了，但期间波动的幅度比较大，特别是农村初级中学的数据线一直在较高的值上波动，并且自 2006 年后总体下降趋势中还在 2009 年后有小幅上扬，间接说明义务教育中初中部分尤其是农村初中部分教育资源分配极度不公，农村初中生均预算内教育经费支出相对差距极其不稳定，有扩大化趋势。

其次，根据 Mcloone Index 计算原理，计算全国城镇普通小学、城镇初级中学和农村普通小学、农村初级中学生均预算内教育经费的 Mcloone 指数，结果如表 3－20 所示。

表 3－20　1999—2011 年全国 31 个省（自治区、直辖市）城镇普通小学、初级中学及农村普通小学、初级中学生均预算内教育经费的 M 指数

年份	城镇普通小学	城镇初级中学	农村普通小学	农村初级中学
1999	0.6757	0.7506	0.6768	0.7854
2000	0.6138	0.7567	0.7045	0.7880
2001	0.6536	0.7410	0.7760	0.7648
2002	0.7177	0.7136	0.7748	0.8193
2003	0.7426	0.7326	0.7553	0.7379
2004	0.7527	0.7215	0.7975	0.7408
2005	0.8039	0.7821	0.7695	0.7922
2006	0.8238	0.8107	0.7991	0.8238
2007	0.8291	0.8147	0.7888	0.8409
2008	0.7674	0.8263	0.7459	0.7861
2009	0.7998	0.7999	0.6900	0.7825
2010	0.8036	0.7591	0.6907	0.7497
2011	0.7977	0.7741	0.6639	0.7903

结合表 3－20 和图 3－4，根据全国分地区地方普通小学、初级中学和全国分地区农村普通小学、初级中学生均预算内教育经费的 Mcloone 指数可以看出：

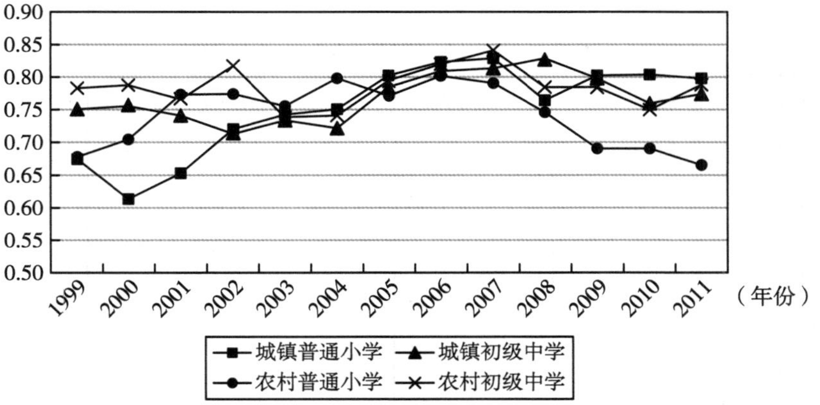

图 3－4　1999—2011 年全国 31 个省（自治区、直辖市）城镇普通小学、初级中学及农村普通小学、初级中学生均预算内教育经费的 M 指数分析图

在起始观察期，普通小学的两条数据线和初级中学的两条数据线分别从 0.7 刻度的上下两边向对方靠拢，在 2003 年处近似进行了第一次交汇，并且在 2002 年后，四条线基本上在 0.7～0.9 区间内波动，根据麦克伦指数定义，分布在该区间是正常的，仅有农村普通小学的 M 值在 2009 年后逐步下降到 0.7 以下，但观察期间所有数据线都在 0.6 之上。这说明观察值中位数以下的数据对义务教育生均预算内教育经费支出的不均衡程度影响较小。

最后，根据 Verstege Index 计算原理，计算全国分地区地方普通小学、初级中学和全国分地区农村普通小学、初级中学生均预算内教育经费的 Verstege 指数，结果如表 3－21 所示。

表 3－21　1999—2011 年全国 31 个省（自治区、直辖市）城镇普通小学、初级中学及农村普通小学、初级中学生均预算内教育经费的 V 指数

年份	城镇普通小学	城镇初级中学	农村普通小学	农村初级中学
1999	1.4108	1.8157	1.6970	1.6703
2000	1.6642	1.7681	1.7339	1.7326
2001	1.7280	1.6521	1.8506	1.5930

续表

年份	城镇普通小学	城镇初级中学	农村普通小学	农村初级中学
2002	1.6718	1.5827	1.7963	1.6539
2003	1.8157	1.7031	1.7897	1.5942
2004	1.8398	1.7066	1.9419	1.6450
2005	1.9113	1.8378	1.8881	1.8108
2006	1.8560	1.8116	1.8724	1.8471
2007	1.8083	1.7296	1.7918	1.8353
2008	1.6707	1.6805	1.6980	1.6593
2009	1.7621	1.6245	1.6139	1.6230
2010	1.8193	1.6158	1.6633	1.6763
2011	1.7495	1.6109	1.5450	1.7745

根据威斯特根指数的定义，理想状态下分配公平状况需要该指数无限接近1。同样，综合表3－21和图3－5，可以看出：

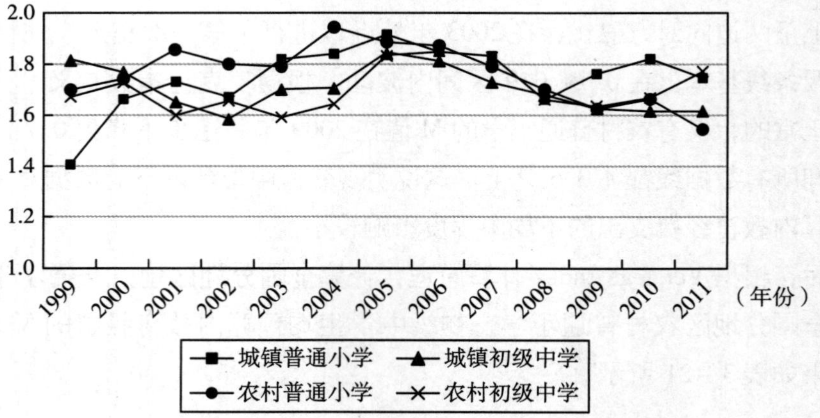

图3－5　1999—2011年全国31个省（自治区、直辖市）城镇普通小学、初级中学及农村普通小学、初级中学生均预算内教育经费的V指数分析图

城镇普通小学、城镇初级中学、农村普通小学和农村初级中学等四条数据线都离1有一定距离，基本上在1.4～2.0区间内。最低的为1999年城镇普通小学的指数1.4108，最高的为2004年农村普通小学的指数1.9419，这说明位于观察值中位数以上数据对全国义务教育生均预算内教育经费支出的不均衡程度影响较大，应该说主要由本部分数据引起的义务教育生均预算内教育经费支出的不公平一直存在，并没有随着财政教育投入的力度加大而得到彻底改变。

普通小学和初级中学两类数据线变化趋势不一致。其中，城镇普通小学和农村普通小学的指数先上升，从1999年的1.4108、1.6970上升到2005年的1.9113、1.8881；而城镇初级中学和农村初级中学的指数是先下降，从1999年的1.8157、1.6703分别下降到2002年的1.5827、1.6539。其后数据线的发展，又分为两种情形，农村普通小学和城镇初级中学在2005年后逐渐下降，而农村初级中学和城镇普通小学却在下降的过程中有小幅上升。观数据线的波动最多的是农村初级中学，而差距最大的是农村普通小学，这也说明了农村义务教育的不公平性趋势明显。

综上所述，本节以1999—2011年的全国31个省（自治区、直辖市）的义务教育生均预算内教育经费支出数据为基础，既对各年度义务教育生均教育经费进行了对比分析，又计算了全国分地区城镇普通小学、城镇初级中学、农村普通小学、农村初级中学生均预算内教育经费支出的变异系数、Mcloone指数、Vesterge指数，并分别对其进行了研究。考察了义务教育生均预算内教育经费支出的差异主要是哪部分数据引起的，横向公平程度如何。结果发现，变异系数的分析说明财政性教育资源分配确实存在不公平现象，并且农村初级中学生均预算内教育经费支出相对差距极其不稳定，有扩大趋势，这在对各年度义务教育生均教育经费分析中也证明了这一点；Mcloone指数表明观察值中位数以下的数据对义务教育生均预算内教育经费支出的不均衡程度影响较小；Vesterge指数说明位于观察值中位数以上数据对全国义务教育生均预算内教育经费支出的不均衡程度影响较大，反映了资源丰富地区运用资源的情况，正是这些教育资源丰富的地区（位于中位数以上）的分配差异正在扩大。同时也反映了农村义务教育经费整体分配的公平状态并没有得到好转，不符合横向公平原则。今后，需要从资金投入、分担细则、保障机制等方面出发，改善农村义务教育财政经费分配的公平性。

第二节　基于政策执行者视角评价农业支持政策体系的效果

一、对农业支持政策实施前后、有无实施政策的效果进行对比分析

（一）实施农业支持政策前后的效果评估：基于农业补贴政策的分析

从2004年起至2009年，党中央连续6个“一号文件”提出粮食增产、农民增收的目标。我国对农业进行支持已成为一种常态，大规模地对农业进行支持和保护既是当前我国经济新的增长点，也是农业现代化的迫切需要。针对这两个目标，政府出台了大量农业支持的政策和措施。这些政策措施有多大作用，在多大程度上与当期的经济效益或政策目标呈现因果关系？都是需要研究的问题。

本节使用前后对比分析法，将农业支持政策执行前后有关指标进行对比，来判断该政策的政策价值和政策效果，从而提出政策建议。

1. 前后对比分析法的原理。

（1）简单“前—后”对比分析。简单“前—后”对比分析方法简单明了，如图3-6。它等于将政策对象在接受政策作用后可以衡量出的变化值减去未接受政策作用可以衡量出的值。图中A_1表示政策实施前的值，A_2表示政策实施后的值，则A_2-A_1就表示政策效应。但这种方法忽略了政策对象自身面对的各种约束，如自身的发展因素、外界环境、偶然事件、不可抗力因素等所造成的效果，可信度低，并且该方法将政策对象整个看成是静止不变的，是政策的变化才引起了政策对象的变化，这种结论过于绝对。

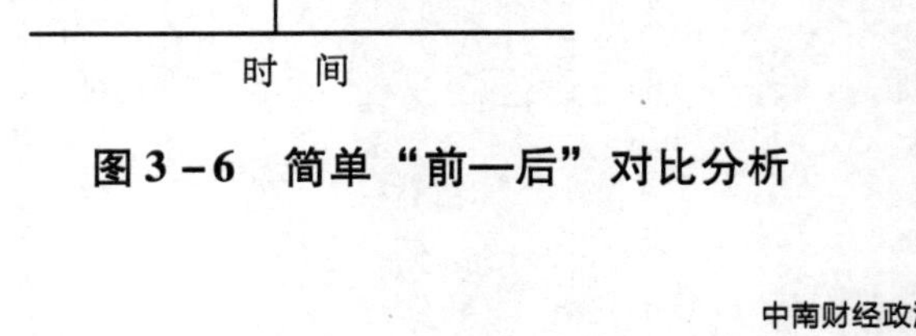

图3-6　简单“前—后”对比分析

（2）“投射—实施后”对比分析。“投射—实施后”对比分析方法充分考虑了简单“前—后”对比分析方法所忽略的非政策因素的影响结果更加精确，如图3－7所示。该方法将政策实施的趋势线Q_1Q_2投射到政策实施后的某一点A_1上，并将这一点同政策实施后的A_2点进行对比，以确定政策效应。这种方法可以根据过去、现在的大量数据预测出政策对象的发展趋势，当实施某一政策后，政策对象的发展与先前的预测有差别，这种差别就是政策效应，记为A_2-A_1。

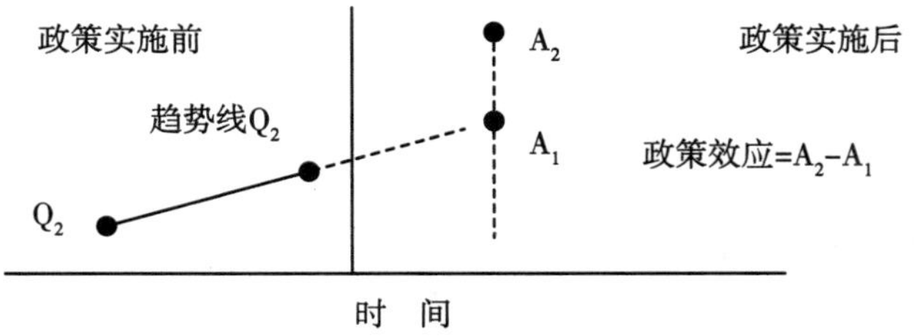

图3－7　“投射—实施后”对比分析

2. 应用灰色GM（1，1）模型评估农业补贴政策效果。根据以上分析方法，本节应用灰色系统理论来评估“投射—实施后”的政策效果。灰色系统理论以“部分信息已知，部分信息未知”的“小样本，贫信息”① 系统为研究对象，通过已知信息来找出数据发展规律，从而实现对未来行为的有效性预测②。具体来说，本文将基于一阶一元灰色模型GM（1，1），以农业补贴政策作为主要政策考察对象，以农业补贴政策的政策目标粮食增产、农民增收、农业经济发展作为衡量指标，以农业补贴政策实施前的数据（主要采用1997—2004年）初步分析相关水平的发展趋势，建立预测模型，并对2005—2012年（也是农业补贴政策实施后）的目标水平进行预测，然后将实际值和预测值进行对比分析政策效应。

（1）GM（1，1）模型建立。GM（1，1）模型主要用于对时间序列变量的预测和决策。模型如下：

设给定原始时间序列数据数列$X^{(0)}$有n个观测值：

$X^{(0)}=\{x^{(0)}(1),x^{(0)}(2),\cdots,x^{(0)}(n)\}$

将数列$X^{(0)}$经一次累加生成可建立GM（1，1）模型的一阶微分方程：

① 运用灰色系统理论进行预测研究一般以3—8个数据为最佳选择。
② 刘思峰：《灰色理论及其应用》，科学出版社，2000。

$$\frac{dX_{(k)}^{(1)}}{dt}+\alpha X^{(1)}=u \qquad (3-9)$$

式中：$X_{(k)}^{(1)}=\sum_{i=1}^{k}X^{(0)}(i),(k=1,2,\cdots,n)$，$\alpha$ 表示发展灰数，u 表示内生控制灰数。

通过待估参数向量 $\hat{\alpha}=\begin{bmatrix}\alpha\\u\end{bmatrix}$，利用最小二乘法求解可得 $\hat{\alpha}=(B^TB)^{-1}B^TY_n$，

其中，

$$B=\begin{bmatrix}-\frac{1}{2}(x^{(1)}(1)+x^{(1)}(2)) & 1\\ -\frac{1}{2}(x^{(1)}(2)+x^{(1)}(3)) & 1\\ \cdots & \cdots\\ -\frac{1}{2}(x^{(1)}(n-1)+x^{(1)}(n)) & 1\end{bmatrix},Yn=[X^{(0)}(2)\quad X^{(0)}(3)\quad\cdots\quad X^{(0)}(n)]^T$$

求解（3-9）式，即可得原始序列的预测模型为：

$$\hat{X}_{(k)}^{(1)}=(\hat{X}^{(0)}(1)-u/\alpha)e^{-\alpha(k-1)}+u/\alpha \qquad (3-10)$$

如果根据(3-10)式计算出了 $\hat{X}^{(1)}(k+1)$，再按下式

$$\hat{X}^{(0)}(k+1)=\hat{X}^{(1)}(k+1)-\hat{X}^{(1)}(k)$$
$$=(1-e^{a})[x^{(1)}(1)-u/\alpha]e^{-ak} \qquad (3-11)$$

进行累减，还可以还原得到 $k+1$ 时刻原始模拟数据。

（2）GM（1,）模型的精度检验。模型选定后，只有经过检验才能判定是否合理，也只有通过检验的模型才具有准确性和实用性，才能用于分析和预测。灰色模型的精度检验一般有相对残差大小检验法，后验差检验法和关联度检验法等三种。GM（1，1）模型多采用残差检验和后验差检验。

①残差检验。按GM（1，1）建模法求出原始数 据 $X^{(0)}$ 和预测值 $X^{(0)}(k)$ 的绝对误差和相对误差来检验。计算残差得：

$$E=[e(1),e(2),\cdots,e(n)]=X^{(0)}-\hat{X}^{(0)},e(k)=x_{(k)}^{(0)}-\hat{x}^{(0)}(k),k=1,2,\cdots,n$$

计算其绝对误差，得：

$$Q^{(0)}(k)=|X^{(0)}(k)-X^{(0)}(k)|=|e(k)|\ (k=1,2,\cdots,n) \qquad (3-12)$$

计算其相对误差，得：

$$M(k)=\frac{Q^{(0)}(k)}{X^{(0)}(k)}\times100\%\ (k=1,2,\cdots,n) \qquad (3-13)$$

②后验差检验。后验差检验用指标方差比 C① 和指标小误差概率 P② 进行检验，其公式为：

$$C = \frac{S_2}{S_1}, S_1^2 = \frac{1}{n}\sum_{k=1}^{n}[x^{(0)}(k) - \bar{x}]^2, S_2^2 = \frac{1}{n}\sum_{k=1}^{n}[e(k) - \bar{e}]^2 \quad (3-14)$$

式中：S_1^2 表示原始序列的方差，原始数据均值 $\bar{x} = \frac{1}{n}\sum_{k=1}^{n}x^{(0)}(k)$，$S_2^2$ 表示残差序列的方差，$e(k)$ 表示预测误差，误差均值 $\bar{e} = \frac{1}{n}\sum_{k=1}^{n}e(k)$。

计算小误差概率为：

$$p = P\{|e(k) - \bar{e}| < 0.6745S_1\} \quad (3-15)$$

模型的精度由后验差和小误差概率共同决定，一般，将模型的精度分为四级，见表 3－22。

表 3－22　　GM（1，1）模型精度等级

指标	精度等级			
	1（好）	2（合格）	3（勉强）	4（不合格）
小误差概率 P	>0.95	>0.80	>0.70	≤0.70
均方差比值 C	<0.35	<0.50	<0.65	≥0.65

所以，模型的精度级别 = Max{P 的级别，C 的级别}。

3. 我国的农业支持政策灰色 GM（1，1）模型。

（1）模型建立。以表 3－24 数据为原始序列分别建立模型，利用灰色系统理论建模软件 GTMS3.0，根据灰色算法可分别得如下 GM（1，1）模型。

表 3－23　　各指标的 GM（1，1）预测模型

考察指标	函数类别	时间响应函数
粮食产量	预测函数	$\hat{X}^{(1)}(k+1) = 828.76989e^{0.0054k} - 824.1481$
	模拟函数	$\hat{x}^{(0)}(k+1) = 4.3637e^{0.0054k}$

① 指标 C 越小越好，C 越小表示 S_1 大而 S_2 小，S_1 大表示原始数据方差大，即原始数据离散程度大。而 S_2 小表示残差方差小，也就是残差离散程度小，C 小就表明尽管原始数据很离散，但模型所得计算值与实际值之差并不太离散。

② P 越大越好，P 越大，表明残差与残差平均值之差小于给定值 0.6745，S_1 的点较多，也就是拟合值（或预测值）分布比较均匀。

续表

考察指标	函数类别	时间响应函数
农民纯收入	预测函数	$\hat{X}^{(1)}(k+1) = 37864.1e^{0.0725k} - 35610.68$
	模拟函数	$x^{(0)}(k+1) = 2160.8623e^{0.0725k}$
农业生产总值	预测函数	$X^{(1)}(k+1) = 1054944e^{0.0137k} - 1041070.839$
	模拟函数	$\hat{x}^{(0)}(k+1) = 14354.3191e^{0.0137k}$

并分别利用该模型进行残差检验和对粮食产量、农业纯收入、农业生产总值的增长水平值拟合，其结果如表 3－25 所示。

表 3－24　　我国 1995—2004 年粮食产量、农民纯收入及农业生产总值

年份	原始序列	粮食产量（亿吨）	农民纯收入（元/人）	农业生产总值（亿元）
2000	$x_{(1)}^{(0)}$	4.62175	2253.42	13873.6
2001	$x_{(2)}^{(0)}$	4.52637	2366.4	14462.8
2002	$x_{(3)}^{(0)}$	4.57058	2475.63	14931.5
2003	$x_{(4)}^{(0)}$	4.30695	2622.2	14870.1
2004	$x_{(5)}^{(0)}$	4.69469	2936.4	18138.4

从表 3－25 可以看出，根据残差检验法，模拟值和实际值比较接近，其中粮食产量平均相对误差为 2.5338%；农业纯收入平均相对误差为 1.7009%；农业生产总值平均相对误差为 0.8022%。从理论上来讲，这些模型可以用来分析这三个指标变化的一般趋势。

表 3－25　　实际值与模拟值误差比较

年份		2000	2001	2002	2003	2004
粮食产量	实际值（亿吨）	4.62175	4.52637	4.57058	4.30695	4.69469
	模拟值（亿吨）		4.4879	4.5123	4.5368	4.5615
	绝对误差（亿吨）		0.03847	0.05828	−0.22985	0.13319
	相对误差（%）		0.8499	1.2751	5.3367	2.8370

续表

年份		2000	2001	2002	2003	2004
农民纯收入	实际值（元）	2253.42	2366.4	2475.63	2622.2	2936.4
	模拟值（元）		2323.2747	2497.8942	2685.6382	2887.4933
	绝对误差（元）		43.1253	-22.2642	-63.4382	48.9067
	相对误差（%）		1.8224	0.8993	2.4193	1.6655
农业生产总值	实际值（亿元）	13873.6	14462.8	14931.5	14870.1	18138.4
	模拟值（亿元）		14552.6	14753.6	14957.5	15162.9
	绝对误差（亿元）		-89.9	177.9	-87.4	2975.5
	相对误差（%）		0.62	1.19	0.59	16.40

由于我们使用的是“投射—实施后”方法，农业补贴的基本政策是增加粮食产量、提高农民收入及促进农业经济增长，在政策实施前，按照考察指标水平的发展趋势使用 GM（1，1）模型预测未来几年的数据，相当于将按政策实施前该发展趋势投射到政策实施后的时间段上某些点上，再将政策实施后的实际数据与预测未实施政策的预测数据相比较，便可以得出政策实施后的政策效应。模型预测结果如表 3-26。

表 3-26　　GM（1，1）最终预测结果

年份	粮食产量				农民纯收入				农业生产总值			
	实际值（亿吨）	预测值（亿吨）	绝对误差（亿吨）	相对误差（%）	实际值（元）	预测值（元）	绝对误差（元）	相对误差（%）	实际值（亿元）	预测值（亿元）	绝对误差（亿元）	相对误差（%）
2000	4.62175				2253.42				13873.6			
2001	4.52637	4.5862	-0.060	1.322	2366.4	3104.52	-738.12	31.19	14462.8	15164.09	-701.29	4.85
2002	4.57058	4.6111	-0.041	0.887	2475.63	3337.86	-862.23	34.83	14931.5	15373.57	-442.07	2.96
2003	4.30695	4.6362	-0.329	7.645	2622.2	3588.74	-966.54	36.86	14870.1	15585.95	-715.85	4.81
2004	4.69469	4.6613	0.033	0.711	2936.4	3858.47	-922.07	31.40	18138.4	15801.26	2337.14	12.89
2005	4.84022	4.6867	0.154	3.172	3254.9	4148.47	-893.57	27.45	19613.4	16019.54	3593.86	18.32
2006	4.98042	4.7121	0.268	5.387	3587	4460.28	-873.28	24.35	21522.3	16240.84	5281.46	24.54
2007	5.01603	4.7377	0.278	5.549	4140.4	4795.52	-655.12	15.82	24658.1	16465.20	8192.9	33.23
2008	5.28709	4.7634	0.524	9.905	4760.6	5155.95	-395.35	8.30	28044.2	16692.65	11351.55	40.48
2009	5.30821	4.7893	0.519	9.776	5153.2	5543.48	-390.28	7.57	30777.5	16923.25	13854.25	45.01
2010	5.46477	4.8153	0.649	11.89	5919	5960.13	-41.13	0.69	36941.1	17157.03	19784.07	53.56
2011	5.71208	4.8414	0.871	15.24	6977.3	6408.10	569.20	8.16	41988.6	17394.05	24594.55	58.57
2012	5.8958	4.8677	1.028	17.44	7916.6	6889.74	1026.86	12.97	46940.5	17634.33	29306.17	62.43

（2）灰色 GM（1，1）模型结果分析。灰色系统理论模型预测是一种基于时间序列模型的预测，是一种简单、经济、可靠的方法。它利用过去时间段中一部分原始数据序列，从中抽象出序列的特征，对未来的发展趋势进行预测。这种预测依据过去的、现在的数据，使未来的数据有相同的发展趋势。在没有新的作用力（如政策）推动的情况下，数据的上下波动的幅度也不会有太大的偏差，预测值与实际值是基本接近的，此时的预测值刚好是政策没有实施时的投影；当有作用力进入（如政策），使用 GM（1，1）模型的预测值（投影）与政策实施后的实际值之间的差异，正好是本节要研究的政策实施效应。

由表 3－26 可以看出，在 2004 年前后的绝对误差和相对误差都发生了较大偏差。2004 年前，预测值与实际值的平均相对误差分别为：粮食产量误差 3.285%、农民纯收入误差 34.29%、农业总产值误差 4.21%，而 2004 年后，预测值与实际值的平均相对误差分别为：粮食产量误差 8.786%、农民纯收入误差 15.19%、农业总产值误差 38.78%。同时，也可以看到，2004 年前，实际值与预测值的绝对误差都为负，而 2004 年后，实际值与预测值的绝对误差除农民纯收入外，另两个序列都为正。这些变化与 2004 年开始全面实行农业补贴政策的时间段是相符合的。

总之，平均相对误差反映了实际数据与预测数据之间的波动幅度，波动幅度越大，两者之间的偏差越大，说明政策的效用越大。如图 3－8 所示。

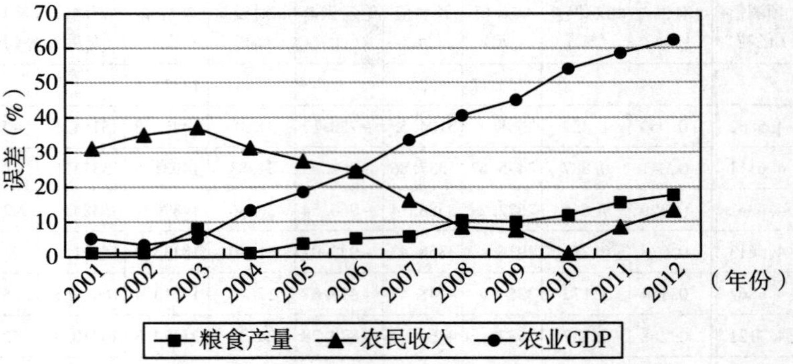

图 3－8　2000—2012 年三项指标相对误差变动趋势

从粮食增产方面看，在 2004 年前粮食产量的实际值和预测值两数据之间相对误差较小而绝对误差为负，波动幅度不大。到 2004 年后，绝对误差为正且相对误差的值在大幅增长，说明农业补贴的粮食增收作用效果明显。尽管预测值也是在不断增加，但与农业补贴实施后的实际值相比，还是有一定差距的，这一点从绝对误差的序列可以明显看出。

从农民收入指标来看，在2004年前，其实际值与预测值之间的相对误差较大，绝对误差也较大，两个误差序列的绝对值都呈增长态势，说明差距越来越大，农民没有获得对等的收入水平。由图3－8，可以看出，2004年后，尽管农民收入实际值和预测值的相对误差处于不断下降的趋势，但同时也说明，农业补贴政策实施后，政策对农民增收是有效果的，实际值的增长幅度越来越大，与预测值之间的从2010年开始，农民收入的相对误差开始出现正增长，农业补贴的农民增收效果已然达到。

从农业生产总值的相关数据来看，农业补贴对农业经济增长的效果比较明显。2004年以前，农业生产总值的实际值与预测值之间差异波动起伏不定。2004年后，农业补贴政策发挥了一定的作用，其实际值增长比较快，与预测值之间的差异越来越大，至2012年，其实际值与预测值的相对误差达到60%以上。

本研究所用的GM（1，1）模型所得的预测值是前一时间段的实际值的投射，主要作为农业补贴政策实施后的参照序列，以预测值和实际值之间的差异，来反映农业补贴政策实施后是否起到了促进粮食增产、农民增收、农业发展的作用。从整体预测结果来看，还是比较合理的，其基本数据与农业补贴实施的情况是相符合的，是符合我国农业补贴政策的政策目标的。但由于我国的农业经济发展本身是受很多因素影响的，粮食增产和农民增收的原因不可避免地与农业补贴政策有关，但也可能与其他农业支持政策、法律、措施相关，与国内外经济环境相关，而对模型的计算和具体项目数据统计也不可避免地会产生一定的系统误差。因此，本研究对农业补贴促进粮食增产、农民增收和农业经济发展的效果只能做一个定量化的描述，证明农业支持政策实施后存在相关的政策效应。

（二）有无实施农业支持政策的政策效果评价：以新农保政策为例

对于一个将要实施的政策方案，一般都希望其能够高效运行、确实有效。虽然政策制定者和执行者都有信心认为这些政策确实会起到一定作用，但因为各个地区的经济发展水平、政策对象的文化素质、周边环境及其影响都不相同，该政策投放到不同的区域后，是否最有效，施行是否值得，该政策引起了什么变化等问题值得关注。因而，一般在政策大范围推广之前，会选择某些地区进行试点，通过实验组的行为和效果来最终确定政策的实际效果，然后改善调整后再在大范围内实施。

由于我国的大多数农业支持政策在试点的样本期内是分层推进的，相当于一种“自然实验”。我们可以将已实施政策的地区和未实施政策地区同一种经济行为进行连续对比，用这两种差异来识别农业支持的政策效果①。双重差分法（Difference in Difference），也叫倍差法，在农业支持政策评估方法论方面具有一定的合理性。双重差分法是政策评价和工程评估中广为使用的、用于估计一项政策或工程给政策或工程作用对象所带来的净影响的一种计量经济方法。其基本思想为：如果一项公共政策的实施可被视为自然试验，此时将施加政策影响的组称为实验组，另一组未施加政策影响的组称为控制组，然后根据实验组和控制组在政策或工程实施前后的情况，可计算实验组或控制组在政策或工程实施前后所产生的效果。

1. 新型农村社会养老保险政策的简要回顾。当今社会正在步入老年人结构性社会。我国第六次人口普查数据显示，我国 60 岁及以上人口占总人口的 13.26%，其中 65 岁及以上人口占总人口的 8.87%。与第五次全国人口普查相比，60 岁及以上人口的比重上升 2.93 个百分点，65 岁及以上人口的比重上升 1.91 个百分点。老年化时代来临，农村居民的养老问题更加堪忧。

如何才能保障农村居民年老时的基本生活呢？国家为此进行了探索，新农保政策于 2009 年 9 月在全国开展试点。推出该政策就是为了应对我国农村日益严峻的养老问题，同时也是为了逐步推进我国城乡社会公共服务的均等化。作为新时期农村社会保障体制建设的一项重大举措，政府在 2009 年、2010 年、2011 年共分三批进行了全国试点推广，得到了社会各界的大力扶持，截至 2012 年底，中央财政总计投入新农保资金 2320 多亿元，地方财政也投入新农保 300 多亿元。

新农保制度建设的政策目标主要是缩小城乡差距、缓和社会矛盾、维护社会公平。新农保实施后，农村户籍年满 60 周岁、未参与城镇职工基本养老保险待遇的老年人，可以按月领取基础养老金。显然，新农保直接提高了老人的消费能力，降低了老年人的生活风险，提高了农民的消费信心。同时，新农保通过财政再分配的方式补贴农民，缩小城乡收入差距，提高农民的消费能力，使社会保障代替长久存在的土地保障。2011 年，国家开展城镇居民养老保险试点，

① 周晓艳、汪德华、李钧鹏：《新型农村合作医疗对中国农村居民储蓄行为影响的实证分析》，《经济科学》，2011 年第 2 期。

有意将新农保和城居保（城镇居民养老保险）合并实施，在全国范围内建立统一的城乡居民基本养老保险制度。这项制度打破了城乡二元结构的限制，使得社会保障机制城乡一体化发展，朝着社会公平迈出了重要一步。

这项政策是否实现了预期的效果？农民的生活状况是否得到促进？本节将通过新农保政策有无实施的不同效应，采用双重差分模型，使用湖北省县级面板数据对这一问题给出解答。

2. 对我国新农保政策的评价。

（1）样本数据基本情况。自 2009 年 9 月国家颁布新农保的《指导意见》后，湖北有 13 个县（市、区）纳入国家首批新农保试点，包括黄陂、宜都、竹溪、梁子湖、南漳、安陆、钟祥、石首、西塞山、赤壁、团风、来凤、曾都。2010 年的 10 月 1 日，湖北省的第二批新农保试点县（市、区）也已经确定并开始实施，这一次也是 13 个，包括江夏、掇刀区、丹江口、保康、大悟、华容区、大冶、黄梅、通山、秭归、巴东、洪湖、神农架林区。

在本节研究中，以这两批试点区域为基础，共选取了湖北省 51 个县（市、区）的 2008—2011 年的基本经济数据用于分析，由于试点才刚开始，试点区域的经济影响基本上可以忽略不计，因而将试点开始那一年看作非试点区域，在第二年作为受影响非试点区域参与分析。因而对于样本数据的选取如下：

表 3－27　　样本区域选择表

年份	试点区域	非试点区域
2008—2010	黄陂区、竹溪县、宜都市、南漳县、梁子湖区、钟祥市、安陆市、石首市、团风县、赤壁市、曾都区、来凤县	江夏区、丹江口市、保康县、大悟县、黄梅县、华容区、大冶市、通山县、洪湖县、秭归县、巴东县、蔡甸区、新洲区、阳新县、竹山县、夷陵区、远安县、当阳市、枝江市、谷城县、老河口市、枣阳市、宜城市、鄂城区、东宝区、京山县、孝南区、云梦县、汉川市、荆州区、黄州区、英山县、武穴市、咸安区、通城县、咸丰县、仙桃市、潜江市、天门市
2011	黄陂区、竹溪县、宜都市、南漳县、梁子湖区、钟祥市、安陆市、石首市、团风县、赤壁市、曾都区、来凤县、江夏区、丹江口市、保康县、大悟县、黄梅县、华容区、大冶市、通山县、洪湖县、秭归县、巴东县	蔡甸区、新洲区、阳新县、竹山县、夷陵区、远安县、当阳市、枝江市、谷城县、老河口市、枣阳市、宜城市、鄂城区、东宝区、京山县、孝南区、云梦县、汉川市、荆州区、黄州区、英山县、武穴市、咸安区、通城县、咸丰县、仙桃市、潜江市、天门市

2008—2011 年数据全部来自于各年《湖北统计年鉴》，其经济指标状况如表 3－28。从表中可以发现非试点区域在地区生产总值、农民人均纯收入、社会消费品零售总额等方面的均值远大于试点地区域，可以看出新农保政策试点的安排并非完全随机，和非试点区域相比，新农保试点区域往往比较贫穷，农村居民的收入水平和生活水平都相当低。当我们给定显著水平 0.05 时，试点和非试点区域各项指标在 2009—2010 年的统计上没有显著差异，但在 2011 年接近或有显著差异，这并不奇怪，因为 2011 年中有第二批试点区域加入，但没有去掉第一批加入受到政策影响的数据，与非试点区域的数据相比，有所差异是正常的。

表 3－28　　样本县（市、区）经济指标汇总

指标与项目	2009 年			2010 年			2011 年		
	GDP	API	TCON	GDP	API	TCON	GDP	API	TCON
试点区均值	91.43	5042.9	37.33	112.8	5898.5	46.47	142.76	6563.1	50.75
试点样本量	12	12	12	12	12	12	23	23	23
非试点区均值	108.72	5183.5	48.47	136.47	6026.9	54.9	191.65	7566.3	71.05
非试点样本量	39	39	39	39	39	39	28	28	28
总体均值	104.65	5150.4	45.85	130.7	5996.8	52.92	169.6	7113.9	61.7
总样本量	51	51	51	51	51	51	51	51	51
均值比较显著性	0.392	0.735	0.248	0.349	0.800	0.404	0.086	0.050	0.040

注：表中 GDP 表示地区生产总值，单位为亿元，API 表示农民纯收入，单位为元/人，TCON 表示社会消费品零售总额，单位为亿元。

（2）基本模型构建。新农保政策的试点具有典型的“自然实验”性质。假设我们要分析新农保政策对经济生活的影响：试点区域可以看处理组，考虑新农保对他们的影响；非试点区域可以看作控制组，不考虑新农保对他们的影响。以虚拟变量 D 来衡量某地区是否试点，试点区域则 D＝1，否则等于 0。以虚拟变量 T 来代表样本数据是否来自新农保实施后那个时期，T＝1 表示实施后，T＝0 表示实施前。u 为扰动项，代表其他无法控制、观察或影响因变量的因素。则简单的双倍差分模型如下：

$$Y = a_0 + a_1 T + a_2 D + \beta T \times D + u \tag{3-16}$$

新农保政策的影响如表 3－29 所示。

表 3-29 新农保政策的影响

Y	非试点区域（D=0）	试点区域（D=1）	差分（D_1-D_0）
实施前（T=0）	a_0+u	a_0+a_2+u	a_2
实施后（T=1）	a_0+a_1+u	$a_0+a_1+a_2+\beta+u$	$a_2+\beta$
差分（T_1-T_0）	a_1	$a_1+\beta$	β

对于非试点区域来说，新农保政策实施前后该区域经济指标的平均变动为：

$$dif_1=(a_0+a_1+u)-(a_0+u)=a_1$$

对于试点区域来说，新农保政策实施前后该区域经济指标的平均变动为：

$$dif_2=(a_0+a_1+a_2+\beta+u)-(a_0+a_2+u)=a_1+\beta$$

剔除试点和非试点区域之间的系统差异，那么新农保政策对试点区域的经济指标的净影响为β，它代表了新农保政策的效应。计算方法如下：

$$dif=dif_2-dif_1=(a_1+\beta)-a_1=\beta$$

根据上述概括性的描述，我们发现，新农保政策对消费的影响为正，这可以从β的符号上暂时确定，虽然观察到的效应只是表面现象，但是我们可以提出一个假设：新农保政策对农民的生活特别是消费有影响。围绕这个假设，我们把基本模型（3-16）扩展一下，加入一些控制变量，以求真实模拟现实中的政策机制，并对新农保影响消费的效果进行实证检验，扩展的模型如下：

$$Y_{it}=a_0+a_1T_t+a_2D_i+\beta T_t\times D_i+\delta X_{it}+u_{it} \tag{3-17}$$

式中：Y_{it}表示社会消费品零售总额，是被解释变量，a_0是观测前的初始状况，a_1、a_2都是待估参数，T_t、D_i是虚拟变量，X_{it}是一组影响消费的内生的控制变量，u_{it}是扰动项，代表没有观测到的对消费有影响的因素。

对于模型（3-17）来说，关键是怎么选择其控制变量。一般来说，收入是消费的前提和基础，在其他条件不变的情况下，可支配的收入越高，消费就越高，而收入低，消费就低，而且消费水平不仅取决于当前的收入，也受未来收入预期的影响。另一方面，地区或国家的经济发展水平也是影响消费的根本因素。因而本研究将容易观测的农民纯收入和地区生产总值纳入模型，采用不同方式对样本数据进行估算和检验，考察农民纯收入、地区生产总值对消费的影响程度，而其他因素，如消费预期、消费偏好、消费心理等难以测量，就不在本研究中讨论。

（3）模型估计分析。本研究首先采用手工计算双重差分法估计了双重差分估计量（方程1），考虑到本节研究样本数据可能存在截面异方差序列相关问题，采用对异方差和序列相关都稳健的可行广义最小二乘法（FGLS）进行参数估计（方程2）。为了证明回归结果的稳健性，本节还估算了使用固定效应模型（方程3）和随机效应模型（方程4）的估计结果，并将农民纯收入和地区生产总值分别加入模型（3－17）进行回归。回归结果见表3－30。

表3－30　双重差分回归结果

变量	加入农民纯收入为控制变量				加入地区生产总值为控制变量			
	（1）	（2）	（3）	（4）	（1）	（2）	（3）	（4）
D	-0.264*** (0.101)	-0.311*** (0.105)	-0.002 (0.043)	-0.026 (0.041)	-0.053 (0.051)	-0.063* (0.048)	0.031 (0.042)	-0.019 (0.038)
T	-0.158** (0.082)	-0.138** (0.077)	0.021 (0.027)	-0.008 (0.027)	-0.066 (0.044)	-0.078 (0.046)	0.074*** (0.025)	-0.008 (0.025)
$D \times T$	0.075 (0.139)	0.092 (0.124)	0.045 (0.036)	0.046 (0.036)	0.024 (0.078)	0.026 (0.075)	0.061** (0.031)	0.061** (0.031)
GDP					0.964*** (0.025)	0.952*** (0.028)	0.583*** (0.045)	0.788*** (0.043)
API	1.777*** (0.083)	1.863*** (0.109)	1.087*** (0.066)	1.197*** (0.062)				
_consant	-11.465*** (0.691)	-12.202*** (0.760)	-5.693*** (0.550)	-6.616*** (0.527)	-0.703*** (0.115)	-0.639*** (0.130)	0.944*** (0.193)	0.060 (0.194)
R^2	0.6056	0.7116	0.8677	0.8664	0.8736	0.8671	0.8567	0.8446

由表3－30可知，当农民纯收入作为控制变量加入模型后，使用双重差分估计方法估计，发现农民纯收入对消费有显著的影响，两者成正比，农民收入越多，消费额越高，这与消费的属性是相一致的，但解释力相对有限，一方面 R^2 比较小，另一方面 R^2 不稳定，在用固定效应模型消除地区差异影响后，可决系数才大幅提升。关键还是 $T \times D$ 的系数没有通过显著性检验，也就是说新农保的政策效应尽管为正，但与消费之间还不存在显著的关系，可能还有其他因素需要考虑进去，这些因素更强烈地影响着消费。新农保政策实施前后各两年时间，社会经济结构变化的程度不会很大，农民的消费观念、消费模式、消费偏好等因素的波动幅度很难影响模型本身的解释力。

由此，我们就要考虑其他因素，国民经济的发展水平也是影响消费的基础因素，而地区经济的发展水平可由地区生产总值来衡量，所以将地区生产总值作为控制变量引入模型（3－17），来考察地区生产总值对消费的解释力。由表

3－30 同样可知，地区生产总值对消费也具有显著影响，两者也呈正比关系，而模型的可决系数较高也比较稳定，拟合优度较好。尤其在采用固定效应和随机效应消除个体差异后，$T \times D$ 的系数也通过显著性检验，这说明地区生产总值与消费确实具有显著的关系，影响消费的因素都是在原有经济发展制度的主导下累积产生。现在去掉农民纯收入这个因子，将地区生产总值作为消费的唯一内生解释因子，可以修正模型（3－17）。修改后的模型如下：

$$Y_{it} = a_0 + a_1 Q_e + a_2 GDP + \varepsilon \qquad (3-18)$$

式中：Y_{it}表示社会消费品零售总额，是被解释变量，a_0 是观测前的初始状况，a_1、a_2 都是待估参数，Q_e 是新农保政策影响的虚拟变量，当 $Q_e = 1$ 时，表示试点地区在政策实施之后受到了该政策的影响；当 $Q_e = 0$ 时，表示非试点地区在政策实施前后都没有受到该政策的影响和试点地区在政策实施前也没有受到该政策的影响，其实质还是前文所分析的 $T \times D$ 这个序列，ε 是扰动项，代表没有观测到的对消费有影响的因素。

下面对模型（3－18）进行估计，通过检验政策虚拟变量 Q_e 的系数 a_1 来检验新农保政策的效应。在处理面板数据时，究竟使用固定效应还是随机效应，先进行 hausman 检验，由于 p 值为 0.0001，强烈拒绝原假设，应该使用固定效应模型，因而采用固定效应估计结果见表 3－31。

表 3－31 中 Q_e 的系数为 0.08729，$p = 0.000$，表明新农保的政策效应通过了显著检验，对比模型（3－17）的估计结果，发现该系数比 $T \times D$ 的系数还要大，说明了新农保实际政策效果比观测到的效果还要大。这从另一方面证明新农保政策可以在一定程度上增强农民的消费信心，只有农民对政策机制有了信心，才不会为了缴保费而压缩消费，进而促进家庭消费和减少老年人的劳动供给。

表 3－31　　　　模型的固定效应估计

Variable	Coef.	Std. Err.	t	P > |t|
GDP	0.7025654	0.0311975	22.52	0.000
Q_e	0.08729	0.024508	3.56	0.000
_cons	0.4367926	0.1412568	3.09	0.002

但同时，因为模型无法考虑新农保目前的政策先导效应，那就是新农保实施时，已年满 60 周岁的老人可以直接领取基础养老金，这有着很好的示范效应，

但这个效应会随着时间的流逝而降低，在新农保实施后期应该加大政府转移规模、提高保障标准、并完善激励设计，不然，将影响农村居民对该制度的信心。所以，尽管新农保提高了农村老年人的收入，减少了贫困并增加了消费水平，有扩大内需的效果，但因为考察期间，新农保政策试点范围有限，时间短，其滞后效应不明显，在整个国民经济中的作用并不凸显。

从总体上来看，新农保政策确实已经取得了初步成效，在提高农民收入、促进整体消费、保障农村老年人生活方面发挥了积极作用。但是，双重差分模型得到的是平均处理效应，至少哪个群体受到新农保的影响更大，需要进一步从微观数据的基础出发，纳入农户家庭的个体特征来做研究，这是下一步研究的重点和方向。从模型的估计结果中我们也应该看到，新农保政策对农民收入和家庭消费的影响程度有限，表明新农保的投入规模过小，覆盖面过小，就缩小城乡差距，缓解社会矛盾，维护社会公平这些目标而言，新农保政策未来的路还很长远。

二、基层执行者眼中的农业支持政策效果

任何政策措施，无论它在理论上是多么无懈可击，没有执行下去，就只是一纸空文。政策实施和执行是实现政策目标的基本途径。自从改革开放以来，惠农政策措施不断出台，针对农民的扶持力度持续加强。作为农业支持政策的实施者和执行者，他们肩负着贯彻落实中央政策文件的重任，也担当着为农民得实惠的责任，政策执行者的行为关系着农业政策的实施效果。同样，他们也了解这些政策在执行过程中所遇的困难、问题及需求。本部分立足政策的执行者角度，反映政策执行过程中的问题，分析和总结他们对于政策执行的思考，对于完善农业支持政策体系实施措施，有着更加重要的现实意义。

本部分利用2014年“中国农业支持政策及执行效果”农村社会调查，在分析政策执行者对政策效果的评价的基础上提出相关建议。本次调查利用座谈会的方法，参会人员有恩施州财政局、农业局、林业局、畜牧局、水利局和扶贫办、农发办等机构的十多名基层干部，此次调查内容包括：①政策执行情况，具体为各种农业支持政策执行现状；②农业支持政策评价，具体涉及农业补贴、农村金融、农村教育、农民专业合作社、新型农业合作社等政策；③农业支持政策建议，包括农业支持规模、方向、应对风险机制、政策实施差异化等。

（一）农业支持政策执行情况

1. 农业补贴。农业补贴的主要政策目标是增加种粮面积，从实施情况来看，补贴额的95%直接到农户，发放方式合理，实施主体明确，多个部门监督，统筹安排部分落实较好，仅有5%未能执行到位，初步达到政策目标，留守农民捡种土地现象增多，抛荒现象减少。

2. 农业农村基础设施。最近几年，国家采取了多种措施加大对农业和农村基础设施建设的投资建设力度，并取得了较大进展，如农村电网改造、"村村通"工程、安全饮水工程等。但在农田小水利方面治理效果不明显，水利基础设施差，多数仍是在20世纪六七十年代修建，保水能力差，防洪能力差。近几年没有大的水利项目，使水利设施与以前相比并没有什么改善，水稻种植数量明显减少，而经济作物种植数量增加。小流域治理效果有显著改善，农村居民安全饮水状况也随之有较大改善。但很多地方因为水源不足、自然环境恶劣和资金短缺等原因，仍然制约安全饮水工程建设的全面推广，目前仍然有80万人的改善饮水的资金没有落实。厕所改造工程关系到农村生活条件的改善，但目前在调研地区，该情况并没有得到实质的改善，尚有80%的农户厕所改造未完成。

3. 农业农村生态环境。以恩施州的地形地貌来看，退耕还林工程、天然林资源保护工程、生态公益林工程、生态经济林工程的完成率比较高，生态比以前更有看点，森林覆盖率达70%以上。生态林连续补助8年，经济林连续补助5年，补贴标准15年未变。生态公益林主体不明确，在调研地区，生态公益林为强制性，无退出机制，同时农户的生态补偿标准低，农民的收入和发展受到很大限制。另外，在全州有12个村纳入新农村建设范围，打造"美丽乡村"，实施新能源计划，全州5万多户居民建造了沼气池，有部分农户将节能灶、太阳能用于日常生活。

4. 农村扶贫。农村基础设施、生活环境的改变加快了农村扶贫的效果。农村低保政策、农村五保户供养政策作为我国社会保障体系的最后一道防线，有效解决了农村贫困问题。但在农村也存在着比较普遍的低保政策执行不到位的现象，主要的错位现象是低保户的确定有失公平，六成吃低保的农户不是贫困户，近八成的贫困户没有享受低保救助政策，在这六成已获得低保救助的非贫困户中，大多数是收入水平略高于扶贫标准的边缘贫困户，但有近八成的贫困户无法享受本应获得的低保救助。这种错位不仅使扶贫政策的初衷丧失，同时容易产生"寻租"等腐败问题，使农户对村干部产生意见，影响干群关系。

5. 农村教育。随着农民生活水平的提高，义务教育政策的实施，学校的硬件设施条件大大改善，学生入学率提高。但由于先天不足，再加上后天失调，所以农村的基础教育状况不容乐观。有大学生的家庭致贫率上升，初中毕业的农民反而容易致富。同时，存在师资力量不足，教师流动性大，上学普遍比较远（撤乡并村后许多小学合并），管理混乱等问题。此外，由于人员外流等原因，儿童数量减少，部分区域两年才招一次生，又有年龄限制，耽误了小孩受教育的时间。不仅如此，还有上学成本高（吃、住、行）、师资专业化程度低、教学质量不高等问题。

6. 农村金融。座谈会干部都提到目前实施了水稻保险政策、能繁母猪保险政策，但农户对农业保险不了解，没有从中受益，因而参与农业保险的农户屈指可数。另外农业贷款中真正得实惠的少，政策有其天然漏洞，如公司越大，贴息贷款的额度越大，而小公司根本得不到。农民由于没有抵押担保，贷款更难，在农忙时，只能向左邻右舍或亲朋好友借钱。

7. 新型农村合作医疗。新型农村合作医疗政策始于2002年，以国家支持、引导、农民自愿参与，个人、集体和政府集体筹资，以解决农民看病难问题而出台的一种农民医疗互助共济政策。从调查情况看，多数参与干部对新型农村合作医疗政策的效果持肯定态度。但也有的认为该项政策还需要改进，建议改进者认为，需要提高乡镇级别报销比例，另外要有效降低治疗检查价格，适当提高门诊报销，逐步增加报销病种等；也有部分干部建议从其他方面改善，如报销比例应该各级区域一致以增加患者信心，加大新农合的宣传力度，不断补充紧俏药品，提高医务人员的职业道德和技术水平等。

8. 新型农村社会养老保险。与新型农村合作医疗政策相比，新农保政策实施试点晚，推广慢而覆盖的范围比较窄，参保率也要低很多。参会干部认为未参保的原因如下：一是目前还年轻，等到了一定年龄再看；二是目前要供养老人、特别是孩子上学，没有钱去买；三是现在的老人没有买就直接享受这个政策了，认为自己不用买，到时也一样能享受；四是认为现在买了还不能享受每月补贴，不划算，等段时间再买；五是户口非农，已经买了城镇居民社会保险。宣传不得力，尚有许多农户对政策了解很少；缺乏安全感，害怕政策变化，交了钱打水漂；这些干部认为大多数农户都认同这个政策，但存在补助太低问题，对于农村老问题没有实质性的帮助，多数还是传统的观念，靠子女赡养或者自己存钱养老。

（二）基层执行者对农业支持政策体系的评价和建议

1. 农业支持的规模、结构和方向。尽管农业补贴政策深得人心，但农民增收的效果不明显，增加种粮面积的目标也受限于农村劳动力的不足，该项政策在政治上的意义比其实际意义的内涵要丰富得多。在补贴存量不能动的情况下，多数干部建议保持现有农民补贴的规模或增加规模，但是政策不能一刀切或撒胡椒面，而应根据区域情况不同使规模差异化，如减少对山区的农机具购置补贴，增加特色作物补贴规模。同时，将更多的资金投向农村基础设施建设、新农合及新农保等方向上去。

2. 农民专业合作社的扶持力度。在被调查区域，农民专业合作社的兴办和发展还处于起步阶段，90% 的农户不清楚新型农民专业合作社的情况，思维仍停留在 20 世纪七八十年代的合作社的运作情况上。但农民专业合作社的重要性却毋庸置疑，首先，农民专业合作社是对农村经营机制的创新，建立了农村新型经营组织，提高农业规模化和标准化程度，为农民增收和农业增效开辟了广阔的前景；其次，农民专业合作社提高了农民的组织化程度，成为维系政府和农民关系的桥梁，创造了一条农民利益诉求表达的通畅的渠道。因而，参加座谈会的干部认为这项政策有利于解决留守农民的增收致富问题，需大力扶持，加强管理。

3. 农村基础教育的公平性。教育公平是整个社会公平的重要内容。农村教育公平则是社会公平在农村教育领域的延伸，社会福利的增长很大程度上体现在农村问题上。2005 年后，中央和地方财政对农村义务教育经费提供保障，在一定程度上缩小了城乡之间的义务教育差距，但我国农村义务教育的公平状况依然不容不乐观。参与调查的干部认为，财政投入不足是当前农村基础教育质量区域分化的主要原因。当然也导致了教育资源配置不合理，校舍等硬件投入多，而教师等软件却跟不上的问题。提高全民素质，促进农村教育公平，需要从以下几方面着手：①加强农村小学的各方面管理工作；②降低学生上学的成本；③制订教师质量提升的激励机制。

4. 农业财政项目的风险机制。目前农业财政项目最被人关注的是其投资的规模和分配，但却忽视了政府农业财政项目投资的风险考评机制的建立。现行的农业综合开发政策，中央有意识地偏向财力状况好、资源配套能力稳定的区域，对于财力状况相对较差、资源配套能力弱的地区，配套比例作了相应降低，这样，地方政府的财政配套投入也随着中央的引导发挥着相应的作用，效果虽好，但却不能有效控制资金的使用效率和风险。任何一个项目没有涉及风险评估与项目实施初判，便不可避免地影响项目的发展。如近几年实行的生猪养殖补贴政策，没有规模限制，没有风险评判，不管市场供给情况，只要符合条件就补，结果市场波动幅度频繁，给养殖户造成风险，甚至对整个行业的发展都有影响。参与调查干部认为，对于农业财政项目的实施要有风险评估意识和风险管理意识。借鉴世界银行投资项目的管理经验和项目绩效评价方法，先对项目可以带来的初步效益进行评估，再对项目未来的经济社会效益进行预测，建立风险识别、预警、评价和处理机制，加大项目的管理力度，避免财政资金使用的低效和有风险农业项目的无谓扩张。

5. 农业支持政策的调整。从参与调查的干部整体认知来看，大部分农业支持政策和实施情况都比较好，给农民带来实惠的同时，也赢得了广大农民的赞扬。但政策的实施灵活性、区域性、基层性、精准性不强。首先，区域特色没有张显，山区与平原一个标准；其次，部分农业支持政策不符合地方实际情况，特别是有些地方基层人员少，实施能力不足，需要关注；再次，一些政策缺乏实施细则，操作性和灵活性不强；最后，农业引进项目实施难度大，管理部分多而杂乱，组织困难，随意性大，难以精准瞄准目标进行建设和发展。建议农业支持政策在下一步的调整和优化中能从以下方面着手：①差异化、差别化地制定农业支持政策，如区别山区和平原、发达地区和不发达地区，不能一刀切；②加强财政资金管理，保障基层人员工作经费；③加大公共政策服务基层体系的建设；④精准投入，投入应向农业小微企业、农民专业合作社、专业大户等组织化程度较高、与农户联系紧密的组织倾斜。

第三节　从政策受益者视角评价农业支持政策体系效果

一、我国农业支持政策的空间溢出效应评价

在我国农业支持力度不断加大的过程中，农业支持规模对农业经济增长的

影响在不同的省份是否产生空间依赖和空间异质性？针对这些问题展开定量研究，有利于制定相适应的支持政策，进一步消除不同省区间的贸易壁垒，加速我国区域性的农业经济一体化发展。

近年来，学者们关于农业支持政策与农业经济的研究多集中在关系、影响及收敛等方面（魏朗，2007；王擎等，2007；陈灿煌，2009；裴辉儒，2010；吴庆田，2012；黄黎平，2013）。这些研究主要采用动态面板或多元回归的方法，将研究区域作为一个整体来分析，其结果仅是对研究区域的整体拟合或平均水平的一种描述，无法全面反映地理空间内部的经济、社会变化情况。

面对这种研究困境，亟待学者从全新的研究视角、新颖的方法工具深入探讨和验证相关结论的正确性。从现有文献看，已有少量学者明确使用空间计量工具对我国不同省区农业经济的空间相关性、空间异质性和空间溢出效应进行了研究。

余成群等（2009）较早地利用 Theil 系数对西藏农业经济结构及区域差异的演变进行了定量分析发现，县与县之间畜牧业差异有所减缓，而县域内农业之间的差距拉大。吴玉鸣（2010）运用空间计量经济学模型分析认为中国省域农业产出存在明显的空间依赖性，空间分布表现为局域集聚的特征。曾国平等（2010）利用空间计量的方法，对中国 31 个省区 1985—2008 年农业经济发展的空间相关性、集聚特征及其空间动态演变趋势进行了研究，研究结果表明，中国省际农业经济活动存在显著的非随机性空间集聚特征。高远东（2011）构造了地区农业经济增长的空间协整方程与空间误差修正模型，采用中国省域面板数据定量研究了地方财政农业支出中农林水利气象等部门事业费支出与非部门事业费支出对地区农业经济增长的作用。贾兴梅（2014）利用空间基尼系数和区位熵等指标分析了我国农业集聚度时空变动态势，实证检验了农业集聚度与农业经济增长之间的关系。结果显示，1985—2011 年我国农业空间基尼系数、区位熵呈现波浪式上升趋势，表明农业产业集聚的提高带来了区域农业经济的增长，农业产业集群为农业和农村经济发展创造巨大的竞争优势。

很显然，上述学者们的研究证明了不同地区间的空间依赖与空间溢出效应对中国的区域农业经济发展有着不可忽视的影响力。然而这些研究主要证明了农业经济增长自身的空间效应，在农业支持规模对农业经济增长所带来的影响方面，两者之间的关系系统考察的比较少，并且多数忽略了两者之间在空间上的异质性效应。本节在吴玉鸣等学者研究基础上，采用能够分析测度空间相关性和异质性的空间计量经济方法，将农业支持规模和农业经济增长纳入一个整体框架，不再局限于区域农业经济空间格局的分布特征上的描述统计分析，而是对农业支持规模及农业经济增长之间的空间交互影响关系进行分析测算，从而得出两者之间的空间作用关系。

（一）研究方法

经济现象的产生不仅与时间这个维度有关系，而且在空间上也要考虑其影响。形成空间影响的因素有很多，产业聚集行为、截面个体的竞争合作、相互模仿行为、观测地理位置接近、观测有误差、经济溢出效应等都可能是其根源。经济学家 Tobler 认为任何事物都存在空间相关，距离越近的事务空间相关性越大。本文将采用空间计量经济方法对提出的问题进行研究，该方法在分析现实经济行为中考虑了个体之间在空间上的相互作用及表现的差异性（即空间效应 Spatial Effects），这可以更好地提示所研究问题的复杂关系。空间效应在模型中的度量主要通过引入空间权重矩阵及构造空间滞后因子来实现，而度量空间依赖性则通过全局空间自相关和局部空间自相关两种方法实现。如果空间存在自相关，则需要选择空间滞后模型或空间误差模型来进行回归处理分析。下面本节针对所研究问题，对空间计量分析部分进行简要的理论阐述和模型介绍。

1. 空间权重矩阵的设定。在进行空间经济现象探索时，必须清晰定义空间中所有对象的相互邻接关系，这是对空间数据进行分析的前提和基础。空间权重矩阵的引入既解决了空间的维度问题，又可将现实的地理空间和经济变量关联到模型中来，是空间统计的重要分析工具。其中，衡量地理联系的方式主要有两种：基于邻近概念的空间权重矩阵和基于距离的空间权重矩阵。而邻近空间权重矩阵因其对称性，适合于测算地理空间效应的影响，所以本节设定 W_{ij} 为基于邻近概念的空间权重矩阵。根据相邻标准，W_{ij} 为：

$$W_{ij}=\begin{cases}1 \text{ 当区域 } i \text{ 和区域 } j \text{ 相邻；}\\0 \text{ 当区域 } i \text{ 和区域 } j \text{ 不相邻；}\end{cases} \tag{3-19}$$

截面个体数量为 n 时，建立的空间权重矩阵为 $n\times n$，其元素为 $\{W_{ij}\}$。而 W_{ij} 依据（3－19）式规则自动生成，其值表示区域 i 和区域 j 在空间上邻接关系。

2. 全局空间自相关分析。全局空间自相关分析可以衡量区域之间整体上是否存在空间关联与空间差异度。莫兰指数（Moran's I）、吉尼尔指数（Geary's C）以及 Getis－Ord 指数这三个全局性指标是比较常用的用于全局空间自相关分析的工具。全局 Moran's I 指数反映的是空间邻接或空间邻近的区域单元的集聚效应，本节使用莫兰指数进行全局自相关分析，其表达式为：

$$Moran'I = \frac{\sum_{i=1}^{n}\sum_{j=1}^{n} W_{ij}(X_i - \overline{X})(X_j - \overline{X})}{S^2 \sum_{i=1}^{n}\sum_{j=1}^{n} W_{ij}}, 其中, S^2 = \frac{1}{n}\sum_{i=1}^{n}(X_i - \overline{X})^2 \quad (3-20)$$

式中：X_i 为第 i 个省区的经济变量值，这里为省际第一产业总产值的自然对数。W 是本文采用的基于邻接标准的 0－1 空间权重矩阵，W_{ij}表示第 i 个省区和第 j 个省区的空间邻近关系：若相邻，W_{ij}值为 1，否则为 0。Moran's I 取值范围一般为［1，－1］，莫兰指数大于 0 表示正相关，本文则指考察的经济变量（第一产业总产值）空间正相关；莫兰指数小于 0 表示空间负相关；等于 0 表示不相关。对于 Moran's I，也可以结合 Z 统计量来检验，其原假设为无空间自相关。Z 的计算公式为：

$$Z = (1 - E(I)) / \sqrt{VAR(I)}$$ ①

3. 局部空间自相关分析。全局空间自相关反映了研究区域内相似属性的平均聚集程度；而局部空间自相关在全局空间自相关的研究基础上，进一步具体分析研究区域内的具体情况。

Moran 散点图用四个象限对应空间单元与其邻居之间的四种类型的局部空间联系，以研究区域局部空间的内部稳定性：第一象限（HH 象限）反映了自身和周边的区域经济效应都高的空间联系形式，第二象限（LH 象限）代表了自身经济效应较低而周边区域经济效应较高的空间联系形式，第三象限（LL 象限）代表了自身和周边的区域经济效应都低的空间联系形式，第四象限（HL 象限）代表了自身经济效应高而周边区域经济效应低的空间联系形式。

Moran 散点图以（y，W_y）为坐标：y 为列向量，W 为权重矩阵。其优点是二维图像非常直观和易于理解，可以识别某一区域与其邻接区域之间的空间邻接形式，根据其在散点图中的象限位置，可以进一步判断该空间区域和其邻接区域之是属于高－高、低－低、高－低、低－高中的哪一种聚焦群体。

4. 基本研究模型。新古典增长经济学派认为，经济增长主要由资本、劳动这两个内生变量和技术进步这个外生变量引起。本节引入柯布—道格拉斯生产函数作为基本模型，其基本表达式为：

① 当 Z 值为正且显著时，表明 n 个省份存在正的空间自相关关系；当 Z 值为负且显著时，表明 n 个省份存在负的空间自相关关系。正相关时，相似属性的观测值趋于空间集聚；负相关时，相似属性的观测值趋于分散分布；当 Z 值为零时，观测值呈独立随机分布。

$$AGDP_i = AK_i^{\alpha} S_i^{\beta} L_i^{\delta} (TP)_i^{\zeta} (HF)_i^{\psi} \tag{3-21}$$

对两边取对数并引入随机误差项，得到所需要的基本计量模型：

$$\ln AGDP_i = \ln A_i + \alpha \ln K_i + \beta \ln S_i + \delta \ln L_i + \zeta \ln(TP)_i + \Psi \ln(HF)_i + U_i \tag{3-22}$$

5. 空间计量模型及估计。当考察到数据存在空间依赖性时，则需要使用空间计量方法，常见的空间计量经济模型主要有两种：

第一，空间滞后模型（Spatial Lag Model，SLM）。反映了因变量的影响因素会通过空间传导机制作用于其他地区，用于研究各经济变量在某地区的作用是否对相邻地区的经济行为产生影响。空间滞后模型表达式如下：

$$y = \rho W y + X\beta + \mu \tag{3-23}$$

式中：y 是因变量，x 是解释变量，W 是空间权重矩阵，ρ 是空间滞后项 Wy 的参数，β 是 X 的参数向量，μ 是随机误差干扰项。

则区域农业经济的空间滞后模型如下：

$$\ln AGDP_i = \ln A_i + \rho W \ln AGDP_i + \alpha \ln K_i + \beta \ln S_i + \delta \ln L_i + \zeta \ln(TP)_i + \Psi \ln(HF)_i + U_i \tag{3-24}$$

用式（3－24）可以分析在给定农业生产要素投入的情况下，某一区域的农业经济发展还因空间效应受到周边其他区域的投入产出水平的影响程度。

第二，空间误差模型（Spatial Error Model，SEM）。反映区域外溢是随机冲出的作用结果，用于研究相邻地区因相对位置不同而给本地区经济变量相互作用而带来差异的影响方向和程度。其表达式为：

$$Y = X\beta + \mu, \mu = \rho W \mu + \varepsilon \tag{3-25}$$

式中：W 为空间权重矩阵，ε 是回归残差向量，ρ 是自回归参数，衡量了数据的空间依赖性。

区域农业经济的空间误差模型如下：

$$\ln AGDP_i = \ln A_i + \alpha \ln K_i + \beta \ln S_i + \delta \ln L_i + \zeta \ln(TP)_i + \Psi \ln(HF)_i + U_i$$

$$U_i = \rho W U_i + \zeta_i \tag{3-26}$$

用式（3－26）可以分析某一区域如果受到误差项的影响（随机冲击），不仅影响本区域的农业经济产出，还可以通过空间效应影响周边的农业经济发展的程度。

空间计量模型采用 OLS 进行估计是有偏的，下文将采用极大似然法对 SLM

模型和 SEM 模型进行参数估计。

（二）指标的选取及数据来源

本节基于 30 个省份（不包括台湾、香港和澳门，为保证数据的一致性，将四川和重庆合并为一个省来考虑）统计数据进行研究，样本采用 1995—2012 年数据，为了解各个区域的农业支持与经济增长间的关系以及地区间的差异性，本文把我国划分东、中、西部三大地带进行研究①，分析指标主要为：

第一，农业经济增长指标。考虑到我国各省份的发展差异，为消除农林牧渔等产业结构的影响，以第一产业总产值来衡量各省农业经济增长情况，记为 AGDP，由于经过对数处理可以直接反映解释变量对被解释变量的弹性及数据波动的影响，本节对各省第一产业总产值取自然对数。

第二，农业支持效应指标。结合我国农业支持政策的实施情况，本节选取了五个指标反映农业支持的效应：财政对农业的投入规模（K，资本），即农业支持规模；第一产业从业人员（L，劳动）；农作物播种总面积（S，土地）；农机总动力（TP）；化肥投入（HF）。对其均取自然对数。因为各省财政对农业的投入规模数据统计多采用小口径，本文研究也选择小口径范围进行分析，以上各指标数据取自各省市相关年份统计年鉴及相关年份中国统计年鉴。其中，1995—1997 年的财政支农支出由农林水利气象部门事业费、支援农业生产支出、农业综合开发支出构成；1998—2002 年计算支援农业综合开发支出、农村生产支出和农林水利气象等部门事业费支出之和；2003—2006 年计算农林支出及农林水利气象等部门事业费支出之和；2007—2012 年则统称为农林水事务支出（实际包括农业支出、林业支出、水利支出、扶贫支出、农业综合开发支出等。）

第三，农业支持公平指标。对农业支持规模促使经济发展的地理集中度的测量可以用区位基尼系数进行初步判断，该判断也反映了农业支持政策的公平程度。本文采用 Krugman（1991）提出的方法将区位基尼系数定义为：

$$GINI = \frac{1}{2n\sum_{i=1}^{n} X_i}\sum_{i=1}^{n}\sum_{j=1}^{n} | x_i - x_j | \qquad (3-27)$$

式中：区位 GINI 系数取值范围为［0，1］，其中 n 为观测区域观察点总数，区位基尼系数越接近 1，农业支持投入政策导致的农业增长效果在区域上越趋于

① 东部包括北京、天津、河北、上海、辽宁、山东、江苏、浙江、福建、广东和海南 11 个省（市），中部地区包括山西、吉林、黑龙江、安徽、江西、河南、湖南、湖北八个省，西部地区包括内蒙古、广西、西藏、四川（含重庆）、贵州、云南、陕西、甘肃、青海、宁夏、新疆 11 个省（区、市）。

集中。

（三）空间计量实证分析

1. 农业经济增长的空间集中度。根据公式（3－27），计算1995—2012年30个省份和按东、中、西区域划分的农业经济增长区位GINI系数。结果如表3－32所示。

表3－32　　我国省际农业经济发展区位GINI系数

年份	E－GINI	C－GINI	W－GINI	T－GINI	年份	E－GINI	C－GINI	W－GINI	T－GINI
1995	0.0858	0.1172	0.1819	0.1813	2004	0.1266	0.0782	0.1472	0.1480
1996	0.0689	0.1214	0.1849	0.1694	2005	0.1267	0.0988	0.1514	0.1503
1997	0.0695	0.1166	0.1383	0.1512	2006	0.1419	0.1093	0.1508	0.1520
1998	0.0657	0.1195	0.1390	0.1573	2007	0.1602	0.1075	0.1465	0.1543
1999	0.0709	0.0751	0.1332	0.1487	2008	0.1714	0.1131	0.1358	0.1577
2000	0.0947	0.0756	0.1284	0.1445	2009	0.1833	0.0988	0.1412	0.1611
2001	0.1001	0.0825	0.1285	0.1473	2010	0.1909	0.0995	0.1658	0.1698
2002	0.1018	0.0754	0.1289	0.1443	2011	0.1897	0.1136	0.1575	0.1683
2003	0.1140	0.0754	0.1502	0.1496	2012	0.1962	0.1296	0.1504	0.1737

注：E－GINI表示东部农业经济发展区位基尼系数，C－GINI表示中部农业经济发展区位基尼系数，W－GINI表示西部农业经济发展区位基尼系数，T－GINI表示全国省际农业经济发展区位基尼系数。

表3－32表明：①1995—2012年我国省际农业增长活动空间集中度较平均，全国的农业经济活动区位基尼系数均处于0.1443—0.1883，说明我国的农业经济发展现状处于高度平均或者相对平均的状态。②虽然全国和东中西区位基尼系数大致都呈现小幅上升趋势，但东部的农业经济活动空间集中速度明显快于中西部，西部的区位基尼系数波动变化最大。③以上现象的原因在于：东部省区有天然的地理条件、资源经济优势，农业基础设施完备及市场体系完善，农业支持政策一旦实施，农业经济发展比较快，因而农业经济具有较强的空间溢出效应；中部省区虽然也有较好的区位、资源及基础设施优势，但自加工WTO以来，这些地区的农业结构稳健，支持政策对其影响不大，空间聚集效应增长较慢；西部省区因地理位置原因与中东部省区不具备空间互动交流关系，邻接省区对它的空间溢出效应有限，农业经济发展缓慢，农业经济增长主要依靠生产要素的投入、农业科技的发展及政府支持政策。

2. 农业经济增长的全局空间相关性检验和分析。尽管通过区位 GINI 系数可以形象地描绘农业经济活动的地理聚焦特征，但该特征是怎样表现的、有无规律可寻？空间效应是否发挥了作用？可以采取 Moran's I 在建立模型之前进行预检验，以确定是否需要将空间效应纳入模型分析框架之中，同时还需要使用 Moran's I 来检验省间农业经济发展是否存在空间相关性。

本节利用 stata12 软件，根据公式（3－14）来测算我国省际农业经济增长的 Moran's I，各年的莫兰指数见表 3－33。

表 3－33　　1995—2012 年我国省际农业 GDP 的全局 Moran 指数分析

年份	Moran's I	E（I）	SD（I）	Z	P	年份	Moran's I	E（I）	SD（I）	Z	P
1995	0. 243	－0. 034	0. 110	2. 512	0. 006	2004	0. 243	－0. 034	0. 110	2. 523	0. 006
1996	0. 254	－0. 034	0. 111	2. 607	0. 005	2005	0. 219	－0. 034	0. 110	2. 307	0. 011
1997	0. 253	－0. 034	0. 111	2. 591	0. 005	2006	0. 218	－0. 034	0. 109	2. 310	0. 010
1998	0. 233	－0. 034	0. 111	2. 42	0. 008	2007	0. 194	－0. 034	0. 110	2. 083	0. 019
1999	0. 263	－0. 034	0. 111	2. 683	0. 004	2008	0. 212	－0. 034	0. 110	2. 245	0. 012
2000	0. 267	－0. 034	0. 110	2. 724	0. 003	2009	0. 236	－0. 034	0. 109	2. 475	0. 007
2001	0. 264	－0. 034	0. 110	2. 706	0. 003	2010	0. 230	－0. 034	0. 110	2. 414	0. 008
2002	0. 263	－0. 034	0. 110	2. 697	0. 003	2011	0. 219	－0. 034	0. 110	2. 295	0. 011
2003	0. 233	－0. 034	0. 110	2. 442	0. 007	2012	0. 205	－0. 034	0. 111	2. 163	0. 015

从表 3－33 可以看出，Moran's I 指数值全为正值且在 1% 水平下显著，强烈拒绝“无空间自相关”的零假设，表现出显著的空间自相关性。这说明我国省际农业 GDP 在空间上呈现了聚集现象，任一省区的农业发展不仅受到自身资源、经济的影响，也更容易影响邻接省区农业发展水平或受到其影响，特别是农业支持投入规模的溢出效应，使农业经济增长较快的省周边的也会是农业发展水平渐高的省，农业支持的经济行为同时影响着本省区及邻接省区的农业经济增长和产业布局。

从时间序列上看，1995—2002 年我国区域间农业经济增长的差异是趋于扩大的，而 2003—2012 年区域间的差异则呈现缩小趋势。这说明 Moran's I 指数值从总体上来讲在有规律的小幅递减，同时也表明随着农业支持力度的加强，支持政策措施的不断实施，我国解决“三农”问题的工作卓有成效，农业经济在快速增长的同时，各省区域间的农业展差异越来越小，并有小幅收敛现象出现。

3. 农业经济增长的局部空间相关性检验。前面的分析结果说明，在研究区间，我国农业确实存在规律性的全局空间自相关，但没有具体说明哪些区域是如何聚集的，此时可用局部空间关联指标来检验观测值的空间属性及其与邻接区域的相关联程度。

本节根据表 3－33 显示的我国省份农业 GDP 全局 Moran I 指数值，在有显著变化趋势的 1995 年、2002 年、2003 年和 2012 年四个年份上，分别做出中国各省份农业发展的局域 Moran's I 散点图（图 3－9）。

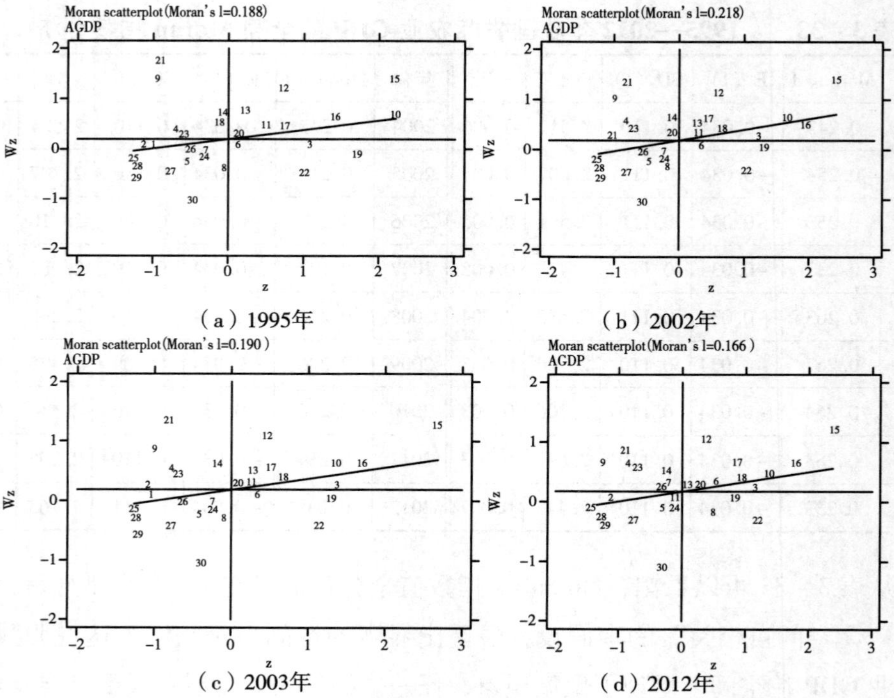

（a）1995年　（b）2002年　（c）2003年　（d）2012年

图 3－9　我国省际代表性年份农业总产值的 Moran 散点图

在图 3－9 中的四个图中，z 为标准化后的农业 GDP 指标变量，Wz 代表 *z* 的空间滞后变量。图中一个数字代表一个省（数字与《中国统计年鉴》的省份编码一致），其与拟合曲线距离的远近表示空间差异的大小。四个代表性年份的 Moran散点图中，多数省份的空间聚集效应在观察期间较为稳定，其中 85% 的省份集中在第一、第二和第三象限，近 70% 的省区集中有第一、第三象限，表现出显著正的空间相关性，这与上文得出的结论一致：我国省际农业经济的地理分布存在正相关及空间依赖。见表 3－34。

表 3－34　　　　中国区域农业经济发展水平演化路径

年份	HH 象限	LL 象限	LH 象限	HL 象限
1995	江苏、浙江、安徽、福建、江西、山东、河南、湖北、辽宁、广西	北京、天津、内蒙古、吉林、黑龙江、云南、西藏、陕西、甘肃、青海、宁夏、新疆	山西、上海、湖南、海南、贵州	河北、广东、四川
2002	江苏、浙江、安徽、福建、山东、河南、湖北、湖南、辽宁、广西、河北	北京、天津、内蒙古、吉林、黑龙江、云南、西藏、陕西、甘肃、青海、宁夏、新疆	江西、山西、上海、海南、贵州	广东、四川
2003	江苏、浙江、安徽、福建、山东、河南、湖北、湖南、辽宁、广西、河北	北京、内蒙古、吉林、黑龙江、云南、西藏、陕西、甘肃、青海、宁夏、新疆	天津、山西、上海、江西、海南、贵州	广东、四川
2012	江苏、安徽、福建、山东、河南、湖北、湖南、广西、辽宁、河北	北京、天津、内蒙古、浙江、云南、西藏、陕西、甘肃、青海、宁夏、新疆	山西、吉林、上海、江西、海南、贵州	黑龙江、广东、四川

注：HH 象限表示自身区域和周边区域的农业经济发展水平都较高，二者仅有较小差异；LH 象限表示自身区域的农业经济水平发展较低，而周边区域的水平较高，两者有较大差异；LL 象限表示自身区域和周边区域的农业经济发展水平都较低，二者有较小差异；HL 象限表示自身区域农业经济水平发展较高，周边区域发展水平低，二者有较大差异。

从各年份看四个象限，发现每个象限里的省份和数目比较平稳。其中，第一象限以东部和中部省份为主，第三象限以西部地区省份为主，北京、天津虽然经济发达，但农业发展空间不足，也落于这一象限，这验证了农业经济发展在空间上呈两极聚集的现状。黑龙江、广东、四川自身农业水平发展较高，但其周边的区域如内蒙古、广西、贵州等地农业经济发展较为落后，因此三省处于第四象限，其他同理。上表如实给出了中国区域农业经济发展水平一直存在着空间依赖性和空间异质性的证据，同时该格局已趋于稳定。

4. 基于空间计量模型的估计与分析。上面的计量结果证实我国省域农业支持确实存在空间异质性，下面我们采取空间计量经济模型进一步对各个投入指标的影响程度进行估计。考虑到数据的时效性，这里以 2012 年第一产业总产值（AGDP，亿元）为被解释变量，财政对农业的投入规模（K，亿元）、第一产业从业人员（L，万人）、农作物播种总面积（S，千公顷）、农机总动力（TP，万千瓦）、化肥投入（HF，万吨）等五个投入量为解释变量，均取自然对数。按照式（3－24）和式（3－26）对我国 2012 年全国 30 个省市区农业支持现代农业发展的空间计量模型进行估计和分析。

本节首先采用OLS进行参数估计，考察未引入空间因素情况下各变量对农业经济增长的影响，同时，为了考察回归方程的空间滞后性，对其进行了检验。结果如表3-35所示。

表3-35　　最小二乘法（OLS）回归结果

变量	回归系数	标准差	T检验值	P值	空间依赖性检验	统计值	P值
lnK	0.319**	0.1324	2.41	0.024	Moran' I（error）	1.225	0.221
lnL	0.099	0.1265	0.78	0.440	LM（error）	2.595	0.107
lnS	-0.154	0.1815	-0.85	0.406	R-LM（error）	2.988*	0.084
lnTP	-0.119	0.1213	-0.98	0.335	LM（lag）	2.186	0.139
lnHF	0.912***	0.1613	5.66	0.000	R-LM（lag）	2.579	0.108
_cons	2.905***	0.763	3.81	0.001			
R^2	0.9410						

注：*、**、***分别表示在10%、5%、1%概率水平下显著。

表3-35显示，模型的拟合优度为0.9410，模型整体上达到显著。但对拉格朗日的空间滞后、空间误差及聚类稳健检验结果中，不仅Moran'I指数在三个水平下都没有通过检验，而且针对空间误差（Spatial Error）的三个检验中，仅有R-LM（error）在10%的显著水平下拒绝了“无空间自相关”的原假设，LM（error）未通过10%水平的显著检验；针对空间滞后（Spatial Lag）的两个检验LM（lag）、R-LM（lag）均未在10%的水平下通过显著检验。根据Anselin对拉格朗日指数的模型判别规则，此时无法确认纳入空间因素后，本文SLM模型估计效果与SEM模型相比哪个更适用，为了便于对比分析本文将给出两个模型估计结果，以验证各变量对省域农业经济发展是否存在空间依赖性。见表3-36。

由表3-36发现，纳入空间因素后，SLM模型的空间自回归系数（rho）的估计值为-0.007，SEM模型的空间自回归系数（lambda）的估计值为-0.014，均未在10%的水平上通过显著检验，但空间滞后模型的拟合优度要高于OLS模型和空间误差模型，因此纳入空间因素的空间滞后模型要比另外两个模型更具解释力。对比SLM模型和SEM模型，SLM模型的对数似然函数值（Log L=-1.3467）大于SEM模型的（Log L=-1.9827），且SLM模型的赤池信息量准则值（AIC=0.0948）和施瓦茨准则值（SC=0.1255）均优于（小于）SEM模型的赤池信息量准则值（AIC=0.1263）和施瓦茨准则值（SC=0.1671），因此可以认为本文空间滞后模型（SLM）估计效果比空间误差模型（SEM）更适用。

表3-35、表3-36结果显示，基于OLS的空间计量模型、SLM模型和SEM模型的回归分析显著解释变量均一致，其中以修正后的SLM模型为最优。修正后的SLM模型表明，引入空间因素对我国省域农业支持效率的区域差异产生重要影响，依据研究结果，财政支农投入规模和化肥投入对农业经济发展水平有着显著的影响。具体来说，财政支农规模对省域农业经济增长具有正向影响，省域财政支农规模越大，相应的带来的农业经济增长越快，这在一定程度上说明财政对农业发展支持的重要性，资金仍然是拉动现代农业发展的重要动力；化肥投入对省域农业经济的增长也有着正向的促进作用，在耕地面积逐渐减少的情况下，通过增加化肥投入提高农作物单产是目前保障作物产量的重要途径。同时注意到无论是否纳入空间因素，劳动力投入、农作物播种面积、机械总动力都没有通过10%水平的显著检验，而且农作物播种面积和机械总动力呈现负的影响，这不仅说明农业从业人员的边际劳动生产率比较低，也说明这两个变量不是造成我国农业支持效率产生区域差异的主要成因。

表3-36　空间误差模型（SEM）及空间滞后模型（SLM）的估计结果

模型 变量	SLM				SEM			
	系数	标准差	Z值	P值	系数	标准差	Z值	P值
lnK	0.379***	0.1406	2.69	0.007	0.352**	0.1404	2.50	0.012
lnL	0.134	0.1441	0.93	0.353	0.123	0.1430	0.86	0.390
lnS	-0.149	0.1752	-0.85	0.394	-0.163	0.1737	-0.94	0.349
lnTP	-0.073	0.1271	-0.57	0.567	-0.094	0.1271	-0.74	0.458
lnHF	0.869***	0.1417	6.13	0.000	0.894***	0.1382	6.46	0.000
_cons	2.398***	0.7614	3.15	0.002	2.655***	0.7024	3.78	0.000
rho/lambda	-0.007	0.0046	-1.57	0.118	-0.014	0.0152	-0.92	0.357
R^2	0.9459				0.9280			
Log likelihood	-1.3467				-1.9827			
AIC	0.0948				0.1263			
SC	0.1255				0.1671			

注：*、**、*** 分别表示在10%、5%、1%概率水平下显著。

（四）结论及政策意义

本节从我国农业支持规模促进现代农业发展所表现出来的农业经济增长区域差异出发，采用空间计量模型对影响省际农业经济增长的因素进行分析。通过 Moran's I 指数与基于 OLS 的空间计量模型比较研究，指出空间滞后模型和空间误差模型是目前研究考虑空间效应经济现象较好的模型，在本节研究中 SLM 模型更加合理适用，并得到结论及政策建议如下：

第一，在整个实证分析过程中，区位 GINI 系数指明我国农业经济活动存在着显著的空间集聚特征，这种空间集聚现象具有正向空间相关性，且存在不断强化的趋势。Moran' I 指数也表明我国各省域存在明显的空间自相关关系，使空间计量模型在处理纳入空间效应的经济地理数据时更具有说服力和解释力。通过基于 OLS 的空间计量模型、SLM 模型、SEM 模型检验认为影响省域农业经济增长的主要因素包括财政支农投入规模（农业支持规模）、化肥投入，而农业从业人员、农作物播种面积、农业机械总动力不是影响省域农业经济增长差异的主要因素。

第二，实证研究的结论对我国省际农业经济发展有着重要的理论与实践指导意义。农业省际经济增长与当地及邻接区域的财政支农规模（弹性系数为 0. 379）、化肥投入（弹性系数为 0. 869）有着密不可分的关系，资本投入和农资的投入在地理空间上的非随机聚集会直接影响农业经济增长的空间格局。农业从业人员、农作物播种面积、农业机械总动力的空间影响作用不显著，原因可能与当前农业的生产特征有关，一是农业的劳动生产率不高，二是随着耕地的减少，农作物可播种面积逐步减少将成为一种常态，三是农业机械化水平仍然不高也使得其对农业经济的区域影响微乎其微。

第三，本项研究认为，要缩小省与省之间的农业经济发展的空间差异，实现区域农业经济的协调可持续发展，就必须在农业经济发展战略、政策、措施中体现以下内容：首先要重视农业生产要素中资本的作用，即重视财政支农规模（农业支持规模）的强度及其空间溢出效应；其次重视农业功能区域划分，突出主产区优势，统筹引导农业经济活动的空间集聚，才能有利于差异化扶持政策，充分发挥区域农业的比较优势和发展特色农业。最后，通过各项宏微观政策措施，或引导或强制农业落后地区与发达地区充分利用地理空间的聚集效应和溢出效应进行合理投入，促使农业生产要素优化配置，推动区域经济一体化的农业发展模式。

二、农业支持政策的回应性评价：以农业农村基础设施政策为例

（一）问题的提出

农村基础设施是为发展农业生产和保障农民生活而提供的公共服务设施的总称。是农村各项事务特别是农业生产发展的物质基础，也是实现现代农业发展、农民增收的前提条件。近年来，随着国家财政性建设资金的调整，公共财政体系的健全，各地为解决农村公共基础建设问题做了很多工作，并强调继续加大农业支持力度，重点实现“村村通”（广播、电视、通信、公路）、农村安全饮水、农村电网改造、农村基础教育等工程，极大改变了农村生产生活条件和整体面貌。数据显示，2013 年中央预算内投资用于农业农村的比重达 50.6%，投资总额超过 2200 亿元。

在如此大力度的投入下，我国农村基础设施建设取得了一定的成绩。作为农业支持政策的其中一部分，该政策实施过程中是否体现公平公正；农户对现有的基础设施是否满意；政策具体目标实现是否有差异；不同环境条件下，农户对该政策的效果评价是否一致？正是基于这些问题的考虑，本作者从农户满意度视角，也就是衡量政策回应性，从农户的不同特征出发，重点研究交通设施、水利灌溉、安全饮水工程、基础教育、农业技术、农产品市场条件等农村基础设施供给政策的效果评价。农户，作为农业支持政策的受益者，对政府提供的农村基础设施改善情况做出综合评价，不仅是农民真实需求的体现，也是政策进行调整和优化的主要依据。公共基础设施政策提供方从最需要对象的需求角度出发，充分考虑不同农户类型对农村基础设施的效果评价，对于调整和完善农业支持政策体系具有重要的意义。

（二）简要的文献综述

目前，学术界对我国农村基础设施供给效果主要从两个方面来进行研究：

一是从宏观方面、政府层面研究农村基础设施的供给效率问题。朱玉春（2010）[①] 运用数据包络分析法（DEA）实证研究了中国 28 个省的农村公共基础

① 朱玉春、唐娟莉、罗丹：《农村公共品供给效果评估：来自农户收入差距的响应》，《管理世界》2011 年第 9 期。

设施服务效率，并对其综合效率、技术效率和规模效率等进行了测算；周慧（2011）[①] 针对广南县农村基础设施供给现状分析了供给效率低下的原因并提出解决对策；曾福生等（2013）[②] 基于 DEA－Tobit 两步法的分析法测算中国省际农业基础设施供给效率并分析其影响因素，认为西部地区的供给效率明显低于中东部地区；何平均（2014）[③] 研究表明全国各地区农业基础设施供给效率均有较大提高。

二是从微观方面、农户层面来构建农户满意度指标体系及满意度模型对农村基础设施供给政策进行评价。李燕凌（2008）[④] 运用满意度（CSI）理论对农村公共品供给效率进行评价研究，认为农民满意度受多种因素的影响；彭代彦等（2008）[⑤] 采用计量分析显示新农合和村庄道路供给不足显著降低农民生活的满意度，而农田水利不足显著降低种粮专业户的生活满意度；樊丽明等（2009）[⑥] 根据山东省 214 个行政村 670 份调查问卷分析了农民对农村基础设施的满意度情况及其影响因素的作用力大小问题；朱玉春等（2010）[⑦] 运用主成分分析法将农民满意度因素归为五类，并进行了实证分析，表明除家庭收入外，其他农户个体特征对满意度影响不显著；方凯等（2012）将农村基础设施划分为物质性和精神性并设计农民满意度评价量化表，基于因子分析法对被调查地区的农村基础设施满意度进行了评价。此外，还有学者采用二元离散选择模型、Logit 模型、Probit 模型等方法分别对农田水利、饮水安全、新农合满意度、农村养老意愿等进行了定量研究（王红漫等，2009；张永梅，2010；肖云等，2011；刘辉，2012；张力等，2013）。

总体来说，目前农村基础设施供给政策效果的研究，多数基于其公共品性质，从宏观财政公共支出角度来进行分析供给效率问题；对农村基础设施供给政策效果评价方面的研究也不少，大多数都是基于公共品供给从微观角度出发来分析其满意度和影响因素，这些研究没能体现不同环境下农户满意度的差异，

---

① 周慧：《广南县农村公共基础设施供给效率研究》，《安徽农业科学》2011 年第 24 期。

② 曾福生、郭珍：《中国省际农业基础设施供给效率及影响因素研究—基于 DEA－Tobit 两步法的分析》，《求索》2013 年第 4 期。

③ 何平均：《我国农业基础设施供给效率的实证分析—基于 SBM 和 Malmquist 的计量解释》，《软科学》2014 年第 2 期。

④ 李燕凌：《农村公共品供给效率实证研究》，《公共管理学报》2008 年第 2 期。

⑤ 彭代彦、赖谦进：《农村基础设施建设的福利影响》，《管理世界》2008 年第 3 期。

⑥ 樊丽明、骆永民：《农民对农村基础设施满意度的影响因素分析——基于 670 份调查问卷的结构方程模型分析》，《农业经济问题》2009 年第 9 期。

⑦ 朱玉春、唐娟莉、刘春梅：《基于 DEA 方法的中国农村公共服务效率评价》，《软科学》2010 年第 3 期。

也就是不同农户特征是如何影响农户满意程度的。本节以民族贫困地区实地入户调研数据为依据，采用 Csi－Probit 模型从不同农户特征出发，分析贫困地区农村基础设施供给政策效果的满意度，并探索影响农村基础设施供给政策效果的主要因素，对于完善农村基础设施建设，促进农民增收具有支撑作用。

（三）研究方法、变量和数据

1. 研究方法。李燕凌（2007）提出应用满意度（CSI）方法对农户满意度调查需满足三个假设条件[①②]。农村基础设施是农村公共品的一部分，本部分在朱玉春、李燕凌等学者的研究基础上，从农户可以感知的角度出发，选取了农户所在范围内的具有代表性的公共基础设施 8 项和有可能影响农户对农村基础设施供给政策效果评价的 11 项因素。所选调查对象及定义如表 3－37、表 3－38 所示。

表 3－37　　被调查的农村基础设施供给项目

基础设施类型	大体内容
交通设施	有无公路、路面状况、方便程度
农田水利	基干道建设、小水库、渠道维修
安全饮水	饮用水来源、改水工程
电力设施	电网改造、生活能源
基础教育	义务教育、校舍改造、农村职业教育
农技推广	病虫害防治、农业技术服务及推广
农产品市场	市场条件、市场环境
农村生态环境	农村生活环境、生态补偿

表 3－38　农户对公共设施供给效果评价模型所用变量的定义

变量	变量代码	定　义
评价结果	y	满意＝1，比较满意＝2，不满意＝3
户主性别	sex	男＝1，女＝2
户主年龄	age	18～25 岁＝1，26～40 岁＝2，41～50 岁＝3，51～60 岁＝4，＞60 岁＝5
家庭规模	people	2 人以下＝1，3～5 人＝2，6～8 人＝3，8 人以上＝4

① 李燕凌、曾福生：《农村公共品供给农民满意度及其影响因素分析》，《数量经济技术经济研究》2008 年第 8 期。

② 三个条件：①农村公共品供给是农民能够感觉和感知的；②农民虽然享受种各种农村公共品，但只对所有这些公共品的供给做总的评价；③农民可以自由完整地表达自己的判断。

续表

变量	变量代码	定 义
劳动力数	lab	2 人以下 =1，3 ~5 人 =2，6 ~8 人 =3
专业技能	tech	2 人以下 =1，2 人以上 =2（含 2 人）
兼业情况	job	专业农户 =1，兼业农户 =2，非农户 =3
教育程度	edu	最高受教育程度，小学以下 =1，初中 =2，高中以上 =3
人均收入	income	≤3000 元 = 1，3001 ~ 5000 元 = 2，5001 ~ 10000 元 = 3，10001 ~ 20000 元 =4；>20000 元 =5
改善情况	imp	有改善 =1，无改善 =2，不清楚 =3

本部分的被解释变量为农户对农村基础设施供给效果的满意度，解释变量为影响农户评价农村基础设施供给效果的相关因素。考虑到被解释变量属于多元有序变量，解释变量也以离散数据为主，本文采用 Probit 模型研究农村公共基础设施的供给效率。其基本形式如下：

$$P(y = y_i \mid X,\beta) = P(y = y_i \mid x_0, x_1, x_2, \cdots, x_k) \qquad (3-28)$$

式中：y_i 为观测到的评价，在本文中其数量值分别为 1、2、3。x_0，x_1，x_2，…，x_k 是回归因子，β 是 Probit 一系列回归系数。本文将通过计算农户对农业公共基础设施供给评价结果发生概率的变化，来分析影响农户对公共设施供给效率的满意度程度。

2. 数据。调查对象的特征如下：样本户主以男性为主，占比 86. 15%；户主年龄以 41 ~50 岁为主，占 31. 22%，60 岁以上者仅次之（按农村种地农民现状，本研究没有剔除 65 岁以上者），占 30. 52%；家庭规模以 3 ~5 人的家庭为主，占 64. 79%；家庭劳动力以 2 ~4 人为多，占 85. 68%；大多数家庭没有掌握专业技能的劳动力，比例高达 67. 84%；家庭现有劳动力教育程度多以初中水平为主，占 36. 62%；农户以兼业农户为主，占 74. 88%；农户家庭人均收入多在 10001 ~20000 元，占 36. 38%，收入以工资性收入（即打工收入）为主，占 65. 26%。

3. 变量的描述性统计。根据以上分析及前人的研究，本文针对选取的变量进行统计性描述，以期取得预期作用方向。

（四）实证分析

1. 农业农村公共基础设施的供给效果评价。为了避免各变量的交互作用，在建模前，我们对数据进行一些处理，将模型中的 y 处理成二元变量，把“比较满意”和“满意”归为一类，取值为“1”，“不满意”取值为“0”。表 3－39 显示分别有 35.75%、28.63% 的被调查农户认为农田水利和农技推广的供给效果不好；饮水安全设施问题也不容忽视，19.8% 的农户满意；生态环境供给最好，96.72% 的农户满意；农产品市场条件次之，93.52% 的农户满意；用电设施、基础教育、交通设施也有较好的满意率。总的来说，农村公共基础设施供给效果较为理想。

2. 模型估计。由表 3－38 可以知道，解释变量 X 由一组影响农村公共基础设施供给效果评价的因素组成，$X = \{x_1, x_2, x_3, \cdots, x_k\}$。在模型当中，将用英文名称表示变量名 x_1，x_2，…，x_k。见表 3－39。

表 3－39　各项农村基础设施供给效果评价变量的描述统计

		交通设施	农田水利	饮水安全	用电设施	基础教育	农技推广	农产品市场	生态环境
样本量（n）		417	179	399	413	336	255	355	426
评价结果	y	1.5 (0.67)	2.1 (0.7)	1.7 (0.8)	1.4 (0.6)	1.5 (0.7)	1.9 (0.8)	1.5 (0.6)	1.4 (0.6)
农户特征	sex	1.14 (0.3)	1.09 (0.2)	1.13 (0.3)	1.14 (0.3)	1.14 (0.4)	1.1 (0.3)	1.14 (0.4)	1.14 (0.3)
	age	3.6 (1.1)	3.61 (1.1)	3.6 (1.09)	3.62 (1.08)	3.53 (1.08)	3.59 (1.11)	3.59 (1.08)	3.61 (1.08)
	people	1.99 (0.59)	2 (0.6)	1.98 (0.59)	1.98 (0.59)	2.02 (0.59)	2.01 (0.59)	2.0 (0.6)	1.99 (0.59)
	lab	1.55 (0.51)	1.59 (0.49)	1.53 (0.51)	1.55 (0.51)	1.57 (0.51)	1.56 (0.51)	1.56 (0.51)	1.55 (0.41)
	tech	1.07 (0.25)	1.08 (0.28)	1.07 (0.25)	1.07 (0.26)	1.06 (0.24)	1.07 (0.26)	1.07 (0.25)	1.07 (0.25)
	job	1.90 (0.49)	1.88 (0.51)	1.9 (0.5)	1.9 (0.4)	1.92 (0.5)	1.91 (0.49)	1.9 (0.48)	1.9 (0.49)
	edu	2.44 (0.95)	2.39 (0.93)	2.42 (0.96)	2.42 (0.95)	2.41 (0.93)	2.48 (0.94)	2.42 (0.95)	2.43 (0.95)
	income	3.26 (1.01)	3.44 (0.91)	3.25 (1.01)	3.25 (1.01)	3.31 (0.97)	3.37 (0.93)	3.25 (0.99)	3.25 (1.01)
	imp	1.11 (0.31)	1.59 (0.50)	1.22 (0.41)	1.09 (0.3)	1.12 (0.34)	1.45 (0.51)	1.12 (0.35)	1.21 (0.46)

注：表中数字为样本均值，括号中数据为标准差。

表 3 - 40　　农户对农村公共基础设施供给的评价

类型	评价	交通设施	农田水利	饮水安全	用电设施	基础教育	农技推广	农产品市场	生态环境
总评价	满意	89.45	64.25	80.2	93.22	90.48	71.37	93.52	96.72
	不满意	10.55	35.75	19.80	6.78	9.52	28.63	6.48	3.28

根据定义和假设，被处理后的被解释变量 Y 为非连续随机二元变量，n 表示农村公共基础设施供给政策的项数，由此建立农户对各项农村公共基础设施的供给满意度评价的 Probit 模型一：

$$Y(y=1\mid X_{nk})=\alpha_n+\beta_{1n}sex_n+\beta_{2n}age_n+\beta_{3n}people_n+\beta_{4n}lab_n+\beta_{5n}tech_n+\beta_{6n}job_n+\beta_{7n}edu_n+\beta_{8n}income_n+\beta_{9n}imp_n+\varepsilon_n \quad (3-29)$$

式中：Y 表示在 X_{nk} 影响下，农户对农村公共基础设施供给"满意"（$y=1$）的概率，β_{kn} 表示第 k 个影响因素的 Probit 回归系数，ε_n 是残差项。

收入差距的长期趋势对农户满意度评价是否也有影响呢？我们在模型 I 的基础上引入"家庭人均收入"的平方项（$income^2$），建立 Probit 模型二进行考察：

$$Y(y=1\mid X_{nk})=\alpha_n+\beta_{1n}sex_n+\beta_{2n}age_n+\beta_{3n}people_n+\beta_{4n}lab_n+\beta_{5n}tech_n+\beta_{6n}job_n+\beta_{7n}edu_n+\beta_{8n}income_n+\beta_{9n}income^2+\beta_{10n}imp_n+\varepsilon_n$$

使用 stata 剔除模型一与模型二统计不显著的变量，从而得到最终的稳定型的模型三，这里只对模型三进行 Probit 回归分析，模型中参与回归方程的农村公共基础设施政策项目有 8 个，不同政策项目稳定模型中变量和个数不一样。对调查数据进行的 Probit 回归分析结果如表 3 - 41 所示。

表 3 - 41　　调研区域农村公共基础设施供给效果
农户评价 Probit 回归结果

	交通设施	农田水利	饮水安全	用电设施	基础教育	农技推广	农产品市场	生态环境
n	417	179	399	413	336	255	355	426
sex	-0.2295 (0.447)	1.2640** (0.016)	0.6309** (0.018)		0.2246 (0.484)		0.0899 (0.777)	-0.2805 (0.366)
age	-0.1781* (0.097)	0.0564 (0.553)	0.0173 (0.802)	-0.0462 (0.637)	-0.1235 (0.183)	-0.2652*** (0.003)	0.1516 (0.149)	-0.0303 (0.803)
people	0.194 (0.388)	-0.1779 (0.396)	-0.1336 (0.360)	-0.1961 (0.315)	-0.2774 (0.145)	-0.4335** (0.022)	0.4906** (0.059)	-0.2467 (0.320)

续表

	交通设施	农田水利	饮水安全	用电设施	基础教育	农技推广	农产品市场	生态环境
lab	0.2013 (0.455)	0.0638 (0.811)	0.2759 (0.111)	0.2086 (0.374)	0.3232 (0.167)	0.7068*** (0.002)	-0.5840** (0.034)	0.3801 (0.197)
tech	-0.2602 (0.579)	-0.1483 (0.692)	-0.1181 (0.700)	0.2555 (0.598)		0.6862 (0.122)	-0.1819 (0.653)	-0.4665 (0.249)
job	0.0105 (0.966)	0.3272 (0.164)	0.0024 (0.989)	-0.04474 (0.847)	0.3021 (0.166)	0.7079*** (0.003)	-0.01245 (0.960)	0.10599 (0.700)
edu	0.225 (0.859)	0.1258 (0.316)	0.0454 (0.594)	0.02472 (0.832)	0.0302 (0.803)	-0.06986 (0.532)	0.1168 (0.349)	0.0506 (0.732)
income	-0.3011 (0.531)	0.3451 (0.454)	-0.4816* (0.130)	-0.2535 (0.553)	-0.0877 (0.836)	-0.5154 (0.213)	-0.1776 (0.695)	0.1026 (0.849)
$Income^2$	0.0478 (0.528)	-0.068 (0.341)	0.0822* (0.100)	0.0426 (0.538)	0.01889 (0.779)	0.07865 (0.213)	0.0311 (0.662)	-0.0311 (0.708)
imp	-2.465*** (0.000)	-0.4848* (0.072)	-0.4101** (0.044)	-0.7242*** (0.003)	-0.1772 (0.536)	0.0066 (0.979)	-0.7115*** (0.004)	-0.0603 (0.865)
constant	5.173 (0.000)	-1.3933 (0.227)	0.9922 (0.213)	2.5794 (0.017)	1.1659 (0.204)	0.0962 (0.922)	1.9481 (0.079)	2.5347 (0.052)
Log likelihood	-78.8175	-108.196	-189.627	-92.5176	-98.7936	-123.725	-81.35	-59.37
Pseudo R^2	0.4392	0.0729	0.0449	0.0558	0.0454	0.1368	0.0911	0.0359

注：表格中数字为回归系数，括号中数字为检验统计量。*、**、*** 分别表示在 10%、5%、1% 水平下显著。

在此，需要说明的是，与其他函数回归结果不一样的是，本模型的偏回归系数 β_{kn} 原义是其他自变量保持不变时，自变量每改变一个单位，出现正向符号结果的概率密度函数值的改变量，这种解释没有其他回归模型中系数的解释直观和有意义，但可以通过回归系数的符号正负和显著性，来解释模型的整体拟合效果。

由表 3-41 可知，八个农村公共基础设施政策回归方程的对数似然比统计量除农村生态环境政策为 -59.37 外，其他均小于 -78，8 组模型的回归方程整体拟合效果较为理想。

3. 回归结果分析。本部分以恩施调研区域农户对农业基础设施供给政策效果的评价调研数据为基础，按上述步骤建模，并利用 stata12 进行回归分析。表 3-40 显示，从整体上来看，样本农户户主性别（sex）、年龄（age）、家庭规模（people）、劳动力数量（lab）、基础设施的改善状况（imp）是影响农户评价农村基础设施供给效果的重要因素，农户的兼业行为（job）、农户家庭人均收入（income）两个变量对农户的评价结果也有一定程度的影响。但家庭劳动力掌握手艺技能的数量（tech）和样本农户教育程度高低（edu）两个因素对农户的政策评价结果的影响很小。

各变量在各个农村公共基础设施政策的评价回归模型中系数符号大体保持了一致性。户主性别在交通设施、农田水利、安全饮水、基础教育、农产品市场条件、农村生态环境等组别的系数分别为－0.229、1.264、0.631、0.224、0.09、－0.281。农户性别显著影响农户对农田水利、安全饮水政策供给的评价，具有重要的正影响，对其他组别政策的评价结果影响不大，也就是说女性户主的评价普通高。

样本农户户主年龄系数，在8个供给政策的组别中，分别为－0.178、0.056、0.017、－0.046、－0.124、－0.265、0.152、－0.03，农户户主年龄显著影响农户对交通设施、农技推广政策的供给，而且都是负相关关系。这说明交通设施、农技推广等供给政策首先满足了年龄较小的农民的需求，其他组的负系数也反映了该偏向。户主年龄除对农田水利、安全饮水和农产品市场条件供给政策评价有较小正的影响，说明这三种政策的供给具有轻微“老年龄化”倾向，因调研区域属山区，农田水利、安全饮水供给情况不理想，老年人对此习已为常，容易满足。

农户家庭人口规模的系数，在以上政策组别分别为0.194、－0.178、－0.134、－0.196、－0.277、－0.434、0.491、－0.247。家庭人口规模在各个政策供给组别的评价影响上具有一定平衡性。除家庭人口规模对交通设施、农产品市场供给政策评价的影响为正，其他政策组别的系数几乎为负。农户家庭规模对农技推广和农产品市场供给效果有显著影响，符号相反正好一正一负，这证明家庭人口少的农户需要农技推广服务以增加收入，反而凸显农技推广服务令人担忧的状况。

农户劳动力数量的系数，在以上政策组别分别为0.201、0.064、0.276、0.209、0.323、0.707、－0.584、0.38。系数几乎一致为正，表现出很强的稳定性。农户劳动力数量对农技推广供给政策评价的影响显著为正，同时对农产品市场条件供给政策评价的影响显著为负。这一结果说明农村劳动力的重要性，也反映了近年来农村劳动力缺失对农村生活生产的影响。

掌握手艺技能的劳动力数量系数，在以上供给政策组别分别为 -0.26、-0.148、-0.118、0.256、0.686、-0.181、-0.467。该因素对供给政策各组别评价的影响不显著，系数大多为负，对此，在本节中作者给出的解释是农村中只有极少农民掌握手艺技能，大多数的劳动力并没有得到职业培训的机会，这部分农户对政策满意度的评价结果只是一个感觉问题，他们还没有得到技能、技术带来的好处，同时也间接说明了农村职业培训、技术推广的重要性。

农户兼业状况的系数，在以上供给政策组别分别为 0.011、0.327、0.002、-0.045、0.302、0.708、-0.013、0.106。农业兼业状况对 6 组农村基础设施供给政策产生了正的影响，特别是对农技推广供给政策评价影响显著。兼业户和非农户家庭收入高，受益于农村基础设施改善程度的机会比纯农户多，对政策自然是高评价。兼业状况对农技推广政策评价正相关统计显著，昭示着农技推广在农民增收进程中所起的重要作用。

劳动力受教育程度系数，在以上供给政策组别分别为 0.225、0.126、0.045、0.025、0.03、-0.07、0.117、0.051。劳动力受教育程度虽然没有显著影响农户对各个组别的供给政策效果评价，除对农技推广政策评价有负向作用外，对组别中其他政策评价还是存在正的影响，并且具有一定稳定性。之所以不显著，说明近些年农村义务教育的效果不错，劳动力受教育年限越高，对农村公共基础设施供给效果的满意度也越来越高。

农户人均收入系数，在以上供给政策组别分别为 -0.301、0.345、-0.482、-0.254、-0.088、-0.515、-0.178、0.103。从较短时期来看，说明收入越低的农户对政策的评价越高，这是因为农村公共基础设施的供给首先会带给弱势群体安全感，低收入者最先得到实惠，相对中高收入者来说，扶贫、低保、用电、交通等政策可以明显提高他们的生活水平和质量。

人均收入平方的系数，在以上供给政策组别分别为 0.048、-0.068、0.082、0.043、0.019、0.079、0.031、-0.031。“家庭人均收入的平方”表现出极高的稳定性，这说明从短期看，家庭人均收入对政策满意度评价的影响比较弱，且大多数可及系数的符号为负。与之相反的是，从较长时期来看，农户收入水平与农户满意度评价之间存在正相关关系。这表明，随着农村基础设施的供给政策趋于稳定，新的支农政策力度不断加大，高收入农户对政策的满意度上升。

基础设施改善情况系数，在以上供给政策组别分别为 -2.465、-0.485、

-0.41、-0.724、-0.178、0.007、-0.712、-0.060。从表3-40中可以看出，基础设施改善程度系数显著影响各个供给政策组别效果评价，尽管几乎都是负相关，但由上文该因素初始值的定义可知，这其实反映的是基础设施的改善对农户评价现有供给政策供给效果有重要影响，这种改变得到大部分农户的认可。与农技推广政策的满意度正相关，这与现实中调研区域农技推广服务体系欠缺、农技推广服务没有改善有关。

总之，表3-40中各个影响因素的回归系数无论是正是负，甚至一些变量尽管对政策供给效果评价影响不具备统计显著的意义，但在对照其初始值时，基本上反映了这些变量影响的方向，凸显了农村基础设施供给政策的偏向及供给效率的不足。

（五）政策建议

本节基于农户视角，以恩施农户调研数据为例，以农户对农村公共基础设施的供给政策效果评价为被解释变量，农户10个基本特征作为影响农户评价的解释变量，进行建模回归，估计了农户对农村基础设施供给政策效果满意度评价结果有影响的内生变量。因为满意度属于主观感知和感觉的评价，所以农户在有针对性地对某项政策进行效果评价时，不可避免地受到主观感知范围内的事务和外界环境因素的影响，但正因为这样，才可以反映或体现当地的地理环境特点、农村经济发展水平、城市化进程、农户对政策的需求及国家对农业支持的力度等，并为调整或优化当前的农业支持政策的优先序、结构、方向和规模提供参考。

调查数据和回归分析表明，调研区域的农村基础设施供给呈现新的特点。本次调研的问卷既有结构式的问题也有开放式的题目，从结构式问题中我们可以对政策效果进行测度，从开放式问卷中我们可以发现贫困地区现有的农村基础设施供给的新特点。一是主要农村基础设施质量差已经取代数量供给不足成为新农村建设面临的新问题；二是农村基础设施硬件普通建设良好，但软件建设有待加强，如基础教育设施建设的都很完善，但师资力量欠缺、教育质量有待提高；三是农村基础设施的现有供给水平大体上已满足农民的基本需求，但提升空间有限。这也有多种原因，首先是受限于自然条件，其次受限于地方财政，最后受限于农村基础设施的供给参与模式。在政策实施初期应以政府主导模式为主，现阶段应以市场需求为导向，形成混合供给（政府、农户、企业三位一体）模式，充分发挥各主体的主观能动性，促使农村基础设施的供给政策更加有效。

针对以上分析结论，我们提出以下政策建议：

一是加大农村基础设施供给政策的力度。随着投入力度的加大，农村交通、农田水利、安全饮水、用电、基础教育、农产品市场等农村基础设施和医疗卫生、农村低保、农村养老等农村公共品发展迅速，农民得到的实惠越来越多，农民对国家政策的评价越来越好，显著影响了农户对农村基础设施供给的效果，农户对农村基础设施供给效果评价结果为满意的概率都在70%以上。但也要看到，评价为不满意的比重也高达三成，说明农村基础设施供给水平需进一步加强。特别是农田水利和农技推广，为评价最低的两个政策，这正好反映了当地典型的经济地理特征。恩施属于山区，水源缺乏，由于水利设施年久失修，水田的数量更是急剧减少，同时随着种植收入的减少，农技推广体系形同虚设，这些都对农户评价农村基础设施供给效果产生反向的影响。另外，公路发展不平衡、饮水安全堪忧、基础教育水平差等问题也是阻碍农民增收、农民生活水平提高的因素。为此，要继续加大“三农”支持力度，普及农村基础设施的供给水平，提高农村基础设施的供给能力，加快城乡一体化发展。

二是根据不同需求层次建立农村基础设施供给机制。本节研究基于农户的特征进行，不同类型的农户需求差异大，对农村基础设施的需求优先序和重视程度差异比较明显，对农村基础设施的供给效果评价各不相同。年龄、性别、家庭规模、劳动力数量、兼业状况、受教育状况、收入水平等因素都对农户的评价有影响。农户是农村公共基础设施的使用者，尽管政策实行的是自上而下的执行措施，但农村公共基础设施能否满足自下而上的农户实际需求，是衡量农村基础设施有效供给的基本标志。今后，完善农村基础设施供给机制，需以农户的需求情况、不同基础设施的建设情况、不同农户的收入水平和不同类型的农户影响状况出发，明确农村基础设施供给的重点、优先序，调整供给方式，提高针对性，并加强政策宣传，做好政策示范，加强政策创新，让更多的农户理解国家的农业支持政策背景和政策意图，提高农户的生活水平和满意度。

第四节　我国现行农业支持政策体系评价结果检视

前面的现状调查及计量分析从农业支持政策的不同利益相关者视角对政策

的效率、效果、公平性和回应性进行评价，分析了农业支持政策体系影响现代农业经济、农民收入、粮食增收等方面的现实结果，确认了这些状况的产生与农业支持政策体系紧密关联，也就是说，是现有农业支持政策体系的结构和绩效决定了这些结果的出现。

不可否认，农业支持政策体系对于现代农业的发展发挥了重要作用。通过前文进行政策有无和实施前后对比分析评价，我们可以很明白地看到，农业补贴实施后对农业经济增长、农民增收及粮食增产的效果比较明显，实施的新农保政策确实已经取得了初步成效，在提高农民收入、促进整体消费、保障农村老年人生活方面发挥了积极作用。并且农业支持政策的空间效应评价也很好地证明了当前的农业支持政策的空间溢出效应对区域经济一体化的发展有重要作用。但是，评价结果也显示现行的农业支持政策体系还存在一些问题，主要如下：

一、农业支持政策区域效应的非对称性

根据前述评价模型，过去20年我国的区域基尼系数尽管一直处于较平均的状态，但东中西三个区域的基尼系数整体处于上升态势，而东部的上升幅度快于中西部省份，西部的基尼系数波动变化最大。从时间序列上看，1995—2002年我国区域之间农业经济增长的差异是趋于扩大的，而2003—2012年区域间的差异则呈现缩小趋势。说明农业区域一体化的程度越来越高，区域间的差距在逐步缩小，农业区域经济的溢出效应比较明显。

目前，我国的农业支持政策以保障国家粮食安全、农业经济持续发展为目标，国家较多关注农业经济的整体运行情况，因而制定和实施了统一的农业公共政策。实施统一的农业公共政策的最好前提是政策实施的各地区农业禀赋、自然资源、农村经济的发展具有同质性，这样，农业支持政策的实施才会对各区域产生一致的影响。如果各地区的农业、农村和农民的发展不均衡，地区间的差异较大，各地区对统一实施的农业支持政策将产生非对称反应。农业支持政策区域效应的非对称反应，一方面使农业支持政策难以实现既定的宏观政策目标，也对一部分地区的农业发展造成较大抑制作用，加大了地区之间的农业发展差距。

近年来，尽管针对区域农业发展的政策有所增强，如我国“十二五”规划

中的“七区二十三带”农业战略新格局，但缺乏具体的措施，部分地区认为“规划规划、墙上挂挂”，使东中西部区域发展的差距在不断加大。不过尽管东部沿海地区的区位优势得到了发挥，但同时东部地区也面临着产业结构转型升级的压力；中西部地区的经济基础薄弱，更面临“赶超”与“转方式”的双重任务。种种问题，使区域政策与国家相关政策的协调不够，区域特色无法体现。

二、财政支农规模、结构和水平的约束性

财政支农政策是我国农业支持政策体系的重要组成部分，不仅具有一般系统的整体性、协调性、目的性和适应性，而且也具有一般社会经济系统的地域性、层次性和复杂性。黄小舟①认为，我国财政支农规模数据是以指数曲线形式增加的，财政实际支农规模和最优支农规模量十分巨大，二者之间差距更大。近几年的实际财政支农数额都无法满足最优财政支农规模量。而本节前面从政策制定者角度评价了财政农业支持的规模、结构和水平，也证明财政支农增长的约束性比较多。

我国的财政支农规模扩大直接受到国家经济和财政实力的约束。通常，当国家财力有限时，财政会优先保障生活和行政部门的正常运转，仅有少量财力用于支持农业生产；当国家财力增强时，用于农业生产的支出就会相应增加。新中国成立以来，从“一五”到“十二五”，国家财政农业投入总体上快于国家财政农业收入的增长幅度。但是改革开放以后，1978 年、2008 年的国家财政收入分别为 1132.26 亿元和 61330.35 亿元，增长了 53.2 倍，而同期国家财政对农业投入分别为 150.7 亿元和 4502.8 亿元，增长了 28.9 倍。国家财政对农业投入的增长幅度大大慢于国家财政收入的增长幅度，由此可以看出国家财政农业投入严重不足。

财政支农的体制也影响着财政支农的结构及水平，如美国和日本的国家财政支出中，中央政府的财政支农比重一直较高，1985 年和 2001 年，中央政府财政支出占国家财政支出的比重和中央政府的财政支农比重分别为：美国 63.19% 与 64.5%、日本 68.7% 与 62.65%。并且法律明确规定，对农业进行管理的职责

① 黄小舟：《财政支农支出绩效研究》，华中农业大学博士学位论文，2010 年。

属于中央政府。正因为这样，这些国家的财政支农系统一直以中央政府为主导或处于主体地位。而我国农户规模小、分布比较分散，各个地区农业的自然条件与经济条件差异很大，根本无法像国外那些发达国家一样，由中央政府直接面向农户实施财政支农事务，而是以地方政府为主体。我国的地方政府一直承担着过高的公共服务，包括70%的预算内教育支出和60%的医疗支出，有的地方还得承担失业、养老保险和救济，极少有资金顾及本地区农业建设的支出，财政农业投入总量总是达不到平稳合理的目标。

三、我国农村金融支持的自抑性

国内学者研究认为，我国农村金融的发展并不是内生于农村经济，不是源于农村金融经济的自身内在需求，而是服从于我国经济发展的总体战略，目的是为了有效动员“三农”的经济资源和经济剩余①，从而使农村金融的支持效率大大降低，对农村经济的拉动效应也大打折扣，甚至在一定程度上对农村经济的发展产生了抑制作用。

前述以调查的方式分析了我国农村的借贷需求与金融支农现状。相关数据显示，由于投资产品和服务方式的限制及缺乏，存款成为农村投资者被动选择的主要产品，一方面农村金融机构在利益的驱动下，将资金转移到城市，农村金融资产流失严重，供给缺口巨大；另一方面农村经济发展中的金融需求在不断增多，这使得农村金融的需求和供给之间存在着巨大的差距，有效供给不足。

农村金融市场还存在体制瓶颈。首先，农村的金融体系不完善。农村形成了农村信用合作社一家独大的金融市场，其他的商业金融机构如农业银行和农业发展银行演化为补充机构，服务的水平和功能远不能与城市的网点相比，金融服务能力不足，不能满足农村日益增长的金融需求。其次，农村金融服务工具类型单一。信贷是主要的农村金融工具，但手续烦琐、利息高、需要担保等原因，影响了真正有需求的农户的贷款行为。这中间一个问题非常突出，那就是农村金融市场的资金自由流动困难，利率结构单一，缺乏动态的利率管控手段。在目前的农村金融市场中，无论是资金供给市场还是资金需求市场，因为利率市场化的问题不能解决，金融资源的市场均衡就无法实现。最后，金融制

① 林毅夫：《90年代中国农村改革的主要问题与展望》，《管理世界》1994年第3期。

度的供应者和农村经济主体间信息不对称，抑制了经济主体的发展程度。在我国农村，信息不对称现象一直存在，由于信息通道、基础教育和法律法规的不完善和宣传的不到位，使得大部分的农村经营主体，对政府出台的与切身利益有关的农业支持政策不知情。同时，由于我国农民整体组织化程度比较低，农民的经济利益诉求传达效率低，对于农村经济主体对金融政策和措施的需求，政府无法精准把握，当然也无法掌握其满足程度，最终降低了农村金融支持的效率。

四、政策支农优先顺序的不确定性

前面从政策实施前后角度对农业支持政策体系中的农业补贴政策进行了评价。就农业补贴政策的目标而言，粮食产量、农民收入和农业 GDP 的增长基本是同向的，也就是说，农业支持政策的这三个政策目标可以同时兼顾，唯一不同的是，这三个目标的增长幅度不一样，其中农业 GDP 的增长最为显著，其次是粮食产量，增长幅度最慢的是农民收入，农业补贴政策对农民收入的影响程度及方向具有一定的不确性。增产增收本是农业补贴政策出台的初衷，但效果却不甚明显。

同时，我们也从政策制定者角度对财政农业支持结构影响农民收入的情况进行了考察，分析发现，在考察期内，财政农业支出对农民纯收入影响从大到小的顺序为：农业生产支出、农业科技三项费、农业救济费、农业基本建设支出，可以以此确定政策支持的优先顺序。

再者，从政策受益者视角对农业支持政策进行了评价。结果发现按照农户对政策效果的评价值依次从大到小排序，满意度次序为农资综合补贴、良种补贴、用电条件、农产品市场条件、基础教育、新农合、交通条件、种粮直补、安全饮水、农村土地流转政策、农村生态环境、农村扶贫、农技推广、农田水利政策。农户满意度直接关系到这些政策的执行效率及实施效果，其满意的优先序在一定程度上反映了国家支农政策的重视方向，但不能反映农户的需求优先序，也就是无法确定农业支持政策的优先序。

五、以法治农的非系统性

农业立法是农业法治的基础。改革开放以来，我国制定了农业、农村工作相关的一系列法律法规和地方性法规[①]。依法治农的框架已初步形成，在一些重要方面做到了有法可依。但也必须清醒地看到，我国农业立法尚不完善，还存在非系统化问题，正是这个问题制约了我国农业和农村的进一步发展。

农业政策是一个复杂的系统。国家和各级政府不同主体或同一主体同一时期或先后阶段制定的不同农业政策之间，以及与其他政策之间都存在密切的联系，其实质就是一个相互补充、协同发力的政策系统[②]。农业立法的根本目的是保障农业政策的实行，也应紧随农业政策系统的运行而进行规划，缠清部分与部分之间、部分与整体之间的相互关系，适时立法，从而实现农业政策和农业法律的相辅相成、相互作用。

目前，我国农业政策与农业立法并没有相互配合，反而是割裂开来，农业政策的制定不受农业立法的制约，农业立法被虚置。同时，农业政策的法律保障机制规划明显缺乏，又使得我国现有的农业立法系统性不强，不可避免地会使农业立法带有明显的临时性和应急性的特点。

① 岳海龙：《论新农村建设中的农业立法完善》，《湖北经济学院学报（人文社会科学版）》2007 年第 9 期。
② 王惠：《农业政策与农业立法关系辩析》，《南昌大学学报（人文社会科学版）》2010 年第 1 期。

第四章 农业支持政策体系的国际经验

农业支持政策自新中国成立以来即已有之。但过去的政策不成体系，主要是为了当时的政策经济环境而生，针对性强，可持续性差，一直到我国加入世贸组织，农业支持政策方成框架。然而，我国农业由传统生产方式向现代农业转变的时日尚短，农业支持政策体系只有框架和理念，主体内容尚须完善。借鉴国外农业发展及政府支持实践经验，尤其是发达国家的现代农业支持政策的运行机制和发展的一般规律，不仅有助于把握世界农业的发展趋势，而且对我国的农业支持政策体系的调整和优化有着重要的启示意义。

第一节 国外农业支持政策体系的实践

一、财政农业投入支持

无论出于什么目的，对农业进行支持和保护是国际农业发展进程中的通行做法。其中对农业实行财政税收政策支持是许多国家支持农业发展的核心政策和措施。长期以来，无论是发达国家还是发展中国家，所采取的农业财政税收政策在推动农业发展方面起到了至关重要的作用。自20世纪七八十年代起，大多数国家在财政农业投入支持下，不仅出台与农业直接相关的政策措施，也在与农业间接相关领域投入大量精力，取得了不菲的成绩，包括农业科技、科技推广与咨询、农业农村基础设施建设、农业自然灾害救助、病虫害防治、检验检疫、培训服务、营销和促销等政策。

（一）财政农业投入方式

1. 农产品价格支持。几乎所有的国家都经历过农民的非农化过程，以至于到最后农村居民的比例远远小于城镇居民的比例。虽然这是城乡一体化必经的步骤，但在国家粮食安全这个大背景下，农村空心化现象越来越严重，如何提高农民的生产积极性，维护农民的利益，解决“农民接班人”的问题是一个现实的考验。

农产品价格支持政策是多数发达国家主要采用的方式之一。如美国通过设立商品信贷公司进行价格支持。为了稳定农产品价格，商品信贷公司向农场主发放的贷款是用农产品作抵押的。如果当期市场价格高于贷款价格，农场主出售产品后偿还贷款；但当市场价格低于贷款价格时，政府须以平价的一定比率（一般高于市场水平）购买农场主的产品。日本也曾对农产品使用价格支持制度，大幅提高农产品价格，使其上涨的幅度远大于工业品上涨的幅度。英国最初对农产品实施的是全面价格保护，进入欧盟后，实行的是完整的农业价格保护体系，并实行粮食流通的共同体垄断。①②

2. 农民直接收入补贴。价格支持政策有效稳定了农民的收入，但也因此干扰了国际贸易市场的价格，产生农产品国际贸易争端，甚至导致了本国农产品生产过剩。因而，在世界贸易组织农业规则约束下，各国不断寻求新的农业支持方式，由于工业基础好财力雄厚，一些主要的发达国家的价格支持政策逐渐转向对市场毫无影响的农民直接收入补贴，如在 2003 年欧盟就取消了价格补贴措施转入对农民直接进行补贴。目前，发达国家的农民收入的 70% 以上来自政府财政补贴。

（二）财政农业投入的重点领域

1. 农业农村公共服务。农业的基本公共服务水平影响着财政农业投入资金的使用效率，只有提高政府的公共服务水平，才有利于财政农业支持政策执行的均等化。为此，欧盟和日本分别在交通基础设施、通信设施、农业技术研究、农民培训和咨询等服务上投入大量精力。由于基础公平服务涉及农业的方方面面，范围广，且多数是农业基础设施的建设，有利于农业发展，不会对市场产生扭曲，因此，很多发达国家在财力许可的情况下都会优先提升农业公共服务

① 周万阜：《美国、日本、印度对农业财政投资之比较》，《农村经济与社会》1988 年第 5 期。
② 王乐君：《市场经济体制下的国外农业财政投资——美、日、法农业财政投资考察》，《农业经济问题》1993 年第 1 期。

水平。

2. 增加“绿箱”支持总量。随着越来越多的国家加入 WTO，其设置的“绿箱”政策不仅直接增加了农民收入，而且重视基础设施建设，在缓解自然灾害、环境保护和生态平衡方面具有一定的灵活性和实用性。相对于价格支持等其他农业支持政策给消费者和纳税人带来的沉重负担来讲，“绿箱”政策措施种类丰富、透明度高、不对市场和贸易产生干扰，是最为合理的农业支持政策。在财力允许的情况下，适当加大该政策的实施力度，可以最大化地改善本国农业生产环境，提高本国农业的实力和国际竞争力。从各国提供的“绿箱”政策总量来看，欧盟和日本、美国都对农业提供了大量的政策支持，而且调整方式有一定的趋同性，尤其强调农业的多功能性。

（三）财政支农资金的管理

财政农业资金的投入对于现代农业发展相当重要，也是一个国家财政支出的重要组成部分，许多国家对该资金的使用建立了相对严格的管理框架，从预算、支出到监督，都有一套完整的流程。分析别国的财政投入管理，可以看出其中的一些规律和特征。

1. 预算管理。大多数的人都会认为财政农业投入中资金是最大的问题，其实对于某个政策来说，成本才是关键问题，成本管理和控制是预算管理的精髓。预算管理以国家的财力、发展战略为基本出发点的，是资金投入计划量化的表现。在这个基础上，预算管理促进了政策实施计划的目标明确且成为保证资金优化使用的有效手段。欧盟和德国就将农业预算程序分为了编制、审计、执行前和执行后的检查、考评等四个阶段①。

2. 财政农业支出执行管理。财政农业支出执行管理非常重要，也是提高支农资金有效使用的办法。规范财政农业支出资金管理，提高资金的使用效益，用好财政预算资金，保证农业各项投入工作的正常运转是保障农业支持政策顺利实施的前提。如日本和美国的财政农业支出管理都是以法律的形式规定下来的，具有全面管理、经常性管理和实行财政公开等特点。

3. 财政支出监督。国际上的财政监督体系主要为四种：立法监督制度、行政监督制度、司法监督制度和日本型的财政监督制度②。财政监督也是财政管理工作的重要组成部分，该工作与预算、执行相互制衡，有利于对财政农业的投

---

① 财政部国际司：《2008 国外财政考察与借鉴》（内部资料）。
② 罗剑朝等：《中国政府财政对农业投资的增长方式与监督研究》，中国农业出版社，2004，第 59 页。

入绩效进行评价，确保财政支出工作的成效。

二、农业补贴支持

（一）主要政策工具

农业补贴政策在发达国家通常称为收入支付政策，补贴范围和力度与农业发展和市场化水平密切相关。发达国家在实施农业补贴政策的过程中，采取了多样化的补贴工具与手段，建立了相对完善的农业补贴政策体系。如表4－1。

表4－1　部分发达国家主要农业补贴工具

国名	农业补贴工具	内　容
美国	价格补贴	无追索权贷款、标价格补贴、贷款差额补贴、反周期支付
	收入补贴	农业保险与灾害补贴、生产灵活性合同补贴、市场损失援助、固定直接补贴
	出口补贴	鼓励市场进入和出口信贷
	其他补贴	信息服务、基础设施建设、农业科技推广、农产品储备和土地休耕补贴
欧盟	农产品价格支持	标价格、干预价格和门槛价格
	直接收入支持	挂钩的直接补贴、不挂钩的农场补贴
	其他农业补贴	农业发展补贴、信贷与税收支持、农业保险补贴、农业投资补贴、咨询补贴
日本	价格支持	成本与收入补偿、价格差额补贴、最低保护价格、价格稳定、价格平准基金
	收入补贴	直接补贴、农业保险、灾害补贴
	其他农业补贴	农田水利基本建设、农业结构调整补贴、农业生产资料购置

（二）农业补贴的特点

农业补贴的特点有：第一，数额巨大。据经合组织估计，仅2008年美国对农业的补贴达700亿美元，每100美元的农业产值中有20%～30%来自政府补贴。欧盟共同农业政策支持动用大部分的资金投入农业，仅农业补贴支出一项曾占到其财政预算的2/3。日本也是世界上少有的几个“高农业补贴”国家之一。2000年日本对农业的补贴已达其GDP的1.4%，同期的农业GDP仅占1.1%，农业补贴超过农业GDP。

第二，常态化。长期以来，美国、欧盟和日本等发达国家基于本国的强大财力对农业实施高额补贴政策，大大促进了国内农业的发展，提高了农产品的国际竞争力。对农业进行各种补贴已成为各国政府对农业进行支持和保护的一种新常态。

三、农业金融支持

发展现代农业最不可或缺的投入要素就是资金，但是仅仅依靠农业发展中的自身资本积累是无法满足现代农业发展要求的。农业自身的特点要求必须有大量的资金进入这个领域，除了政府的财政资金支持外，也需要有其他资金投入主体的参与。目前，发达国家在农业金融方面的支持措施主要包括信贷支持、保险支持和税收支持三方面，并将这三方面结合起来组成了完善的农业金融支持体系。

（一）农业金融支持体系

发达国家是这个世界上最早完成工业革命的，这些国家完成工业化革命后积累了雄厚的经济与科技实力，可以游刃有余地建立完善的农业发展金融支持体系，成功解决本国的“三农”问题。美国、法国、日本和德国根据本国农业的发展情况、地方发展特色和政府财力状况建立了灵活的农村金融支持体系。见表4－2。

表4－2　　部分发达国家农业金融支持体系构成

国家	农业金融支持体系
美国	私营金融机构、合作金融机构以及政府的农村信贷机构
法国（欧盟）	农业信贷互助银行、互助信贷联合银行、大众银行、法国土地信贷银行
日本	合作金融体系、政府金融体系
德国	中央合作银行、地区性合作银行、地方性的基层信用合作社、德意志土地垦殖银行、土地改良银行、土地抵押信用协会、农业地租银行

（二）农村金融支持和保护程度

越是发达的国家，政府对农村金融支持和保护程度越高。美国以市场经济自由体制为传统，但却积极干预农村金融，成为对农村金融进行强力支持和保护的典范。其最大的特色是动用巨额资金建立了农业信贷和农业信用机构以及将政策金融体系与金融管理体系融为一体，并由政府主导建立多元化的激励优惠政策。日本的典型特征是政策导向型农村金融模式，不仅建立了“制度金融”，而且对农业政策性金融进行大量的财政补贴。法国和德国农村金融的政策性虽不及美国和日本，但法国是世界上第一个建立农业政策性银行的国家，德国也设立了几个农业政策性金融服务机构，扶持、发展合作金融组织成为两国实施农村金融支持和保护的切入点。

（三）农村金融改革和发展的重点

农村金融支持重点是农村合作金融组织。美国、日本的合作金融组织初期都是在政府的资助和支持下建立起来的，即使在合作金融组织进入平稳发展期后，也还继续提供大量财政拨款、信贷贴息、税收减免、政策性保险以及行业运行的特殊优惠政策。相反，法国、德国的基层金融合作组织初期的建立是自发性的，后期有政府为其发展提供支持和保护。

（四）政策性金融、合作金融及商业金融的作用

发达国家的农村金融体系融政策性金融、合作性金融和商业金融三位一体，三者有机配合。政策性金融与合作金融互为有益支撑，合作金融组织可以配合政策性金融机构积极贯彻国家的农业支持政策；合作金融组织是实施国家扶持政策的重要载体，并在国家政策性金融的支持和保护下壮大与完善。政策性金融与合作金融有机配合，为农业发展提供了强有力的金融支持。商业金融在发达国家的农村金融体系中也起着重要作用，但与前两者相比，占比份额很少，只能起到补充作用，这与农业的天然弱质性及农村信贷的高成本风险性是分不开的。即使在农业非常发达的美国和日本也一样，尽管有90%的商业银行参与了农村金融服务，但服务的覆盖率仍然只有很小的比例。法国、德国及其他发达国家情况亦大体如此。只有英国是个例外。工业革命最早在英国进行，所以，其银行制度建立较早，并且大商业银行机构深入农村，在英国农村的金融服务中居于特别重要的地位。

四、农业法律支持

依法治农是对农业支持政策的一种必要和有效的保障手段，已受到世界各国的普遍重视。为了巩固和加强农业的基础地位，促进农业发展，许多国家已经或开始走上依法治农、依法建农和依法护农的轨道，制定了大量的农业法律、

法规，保证农业发展。

（一）部分发达国家农业法制支持实践

世界上大多数国家都制定了相应的农业法律法规来对农业进行支持和保护，发达国家的农业法律支持体系更为完善。20 世纪 30 年代，美国国会出台了《农业调整法》（此后，每四至五年调整一次），是美国新时期最重要的方法之一。其最初目的是提高农村购买力以解决全国经济危机，但也进入了以法律手段促进农业发展的历史新阶段。后来陆续又制定了《农业法》《荒地法》《新地开垦法》《联邦农业贷款法》《联邦土地管理法》《联邦农作物保险委员会法》等 80 多部法律，构建了以《农业调整法》为核心的一个比较完善的农业法律体系。

法国在二战后，为保障农业生产者利益，在 20 世纪 60 年代制定了《农业指导法》及《农业补充法》和《农业合作社调整法》，后在 90 年代制定了《农业现代法》，通过农业立法，法国逐步实现了依法治农，振兴了农业。目前，法国已成为欧洲第一农业大国，其农产品出口额仅次于美国，位居世界第二。

20 世纪 60 年代，日本工业经济开始起步，轻重工业高速发展。而农业受其自然条件和资源约束与工业的差距大幅拉大，发展十分缓慢。在此背景下，日本于 1961 年颁布实施《农业基本法》，开始重视和加强农业立法，为与《农业基本法》相配套，日本又出台 200 多部部门农业法律，主要涉及农业投入、粮食安全、耕地保护、农技推广、农产品市场、农民权益保护、农业保险和灾害救济等方面。

（二）发达国家农业法律支持的特点

1. 农业法律支持体系完善。到目前为止，几乎所有的发达国家都已建成较为完善的农业法律体系。不仅涉及种植业、畜牧业、渔业等农业生产的各个部门，而且涵盖到产前、产中、产后等农业生产的各个环节；既从数量上保证了农业法律支持体系的完整性，也从系统上形成了以农业基本法为核心、以农业部门法为支柱、农业特别法为补充的完整体系。

2. 农业法律支持作用强大。

（1）促进农业发展。尽管世界各国农业发展的内外部情况各不相同，立法的背景、出发点、侧重面也相异，但促进农业发展是农业立法的共同目标。美、法等国的农业立法侧重于减轻国内消费者和纳税人负担，主要通过保障补贴促进农产品出口，从而促进农业的发展。而日本、韩国等国的立法则侧重保障国内的农产品供给、增加农业生产，促进农业发展。

（2）保护农业生产者利益。由于工农业的基础条件不一致，在科技高速发展的带动下，工业生产力迅速发展，而农业发展相对缓慢，工农业的比较效益差距拉大。很多工业发达国家都出现了农业资金和剩余劳动力向工业领域转移的浪潮，对农业投资者和生产者造成了极大损害。在该背景下，各国农业立法都将保护农业生产者的利益作为立法宗旨，以提高农业生产者的积极性。

（3）强调依法治农，弱化政策作用。法律和政策是国家调整、管理社会的两种基本手段，两者各有所长，各有所短。前者优点是稳定、具体、责任明确，可操作性强，具备长期效应，缺点是应变迟缓、刚性过强；后者的优势是灵活，可适时做出补充和调整，短期效力强，缺陷是责任模糊、可操作性差。各国在具体运用这两种调整手段时，根据本国的国情和历史传各有其侧重。从发达国家历史经验来看，大都强调依法治农，淡化政策的作用。一种是完全依赖法律手段，不用或者少用政策手段，如日本。另一种情况则是政策的法律化，即将政策经法律的形式表现出来，如美国，美国的《农业调整法》实际上就是美国历届政府的一揽子农业政策。

五、农业科技体系

（一）各国农业科技体系内容

美国是当代世界上农业科技应用最为发达、最为普遍的国家。早在20世纪，美国农业科技进步贡献率和农业科研成果转化率都已经超过80%。美国农业总资产达11000亿美元，相当于工业总资产的70%。美国、法国和日本的农业科技体系都是由三个部分组成：农业科研体系、农业教育体系和农业推广体系，具体组成见表4-3。这些国家的农业科技体系各具特色，产学研结合都发展的极为成熟。美国将科研、教育和推广三者相结合，保障了农业科技成果的快速和顺利转化。法国实行开放性的农业科技研究，产研结合，强化政府的激励作用，使法国农业科技体系更加完善。日本的政府在农业科技创新体系中的作用尤为突出，产、学、官三位一体的研究开发机制最大限度集中了人力、物力和财力加快了农业技术的应用和转化，对农业研究开发的综合能力及农业技术的推广和农民培养的重视，使日本在战后很快成为农业技术大国。

表 4-3　　部分国家的农业科技体系组成

国别	农业科研体系	农业教育体系	农业推广体系
美国	公共研究机构、私人研究机构	普通大学、州立大学和社区学院	联邦的农业推广处、州的农业推广局和县的农业推广办公室及志愿人员
法国	国立农业研究院、农业机械、乡村和环境工程研究	高等学校、农业技术教育（公立和私立）、在职培训、农民培训	行会、INRA 的推广机构、其他推广机构
日本	国立与公立科研机构、大学、企业（民间）	全日制的正规农业教育和农村青少年培养教育	农业改良和技术普及推广所站，全国有 600 多个，人员 1.12 万人

（二）农业科技体系的特点

1. 体系设置科学合理、功能完备、责任明确。无论是农业高度发达的美国、法国和日本，还是相对较为落后的印度，都非常注重农业科技方面的研究、创新和应用，农业生产率的提高明显。这些国家的农业科技体系的突出特点之一就是，公共农业科研机构设置科学合理、功能完备，体系中各方的责任划分明确。

2. 政府在农业科技创新中起主导作用。政府在农业技术研发中的方向、协调方面充分发挥主导作用。首先，政府投入是农业科技投入的主要资金来源。在农业基础性和应用性研究经费方面，美国政府投入分别占 41% 和 56% 的份额；法国农业研究院 97% 的资金来源于国家研究技术部、农林部；日本国立农业研究机构经费的 98% 来自政府，地方公立农业研究机构经费的 80% 来自当地政府，大学的研究经费也有 70% ~80% 来自政府投入。

其次，政府的农业技术推广机构在农业科技体系中具有不可替代作用，农业技术成果推广属于政府公益性职能之一。尽管私人农业科研机构也加强了自有成果的推广，但政府在农业科技推广方面居于主导地位。这主要是因为一是国家有强大的农业推广机构和网络；二是农技推广经费以政府投资为主。

3. 私人企业的科技创新能力不断增强。与我国情况不一样的是，多数发达国家的农业私人企业都有自己的农业科研机构和实验平台，由于具有针对性强、灵活性好、报酬率高的特点，目前这种机构的数量在不断增长，科研投入的后劲也很强。美国农业科研投资中，企业投入的比重在 2003 年已经达到 53.7%。法国在 1998 年的比重已超过一半。实践证明，私人企业的科技创新能力以及期促进科研成果的转化速度都在不断增强，对农业起着巨大的推动作用。

4. 通过法律和政策双向激励农业科技的发展。一方面，政府通过立法保障农业科技进步。以美国、日本等国为代表，政府通过立法的形式加强了对农业科研机构的管理，提高了农业科研效率。另一方面，政府加大了对农业科技发展的政策支持和激励，如通过金融支持政策增加对农业科研的投入量，增加经费开支和减负税收也是政策支持之一。

第二节　国外农业支持政策体系的经验和借鉴

无论是发达国家还是发展中国家，其加强在财政、金融、法律、科技、人才方面的保障，为农业的可持续发展、农民收入的增长提供支撑的经验都是宝贵财富。虽然各个国家的具体国情存在着一定的差异，农业支持的侧重点、农业发展经验教训也各不相同，但“他山之石，可以攻玉”，这些国家的经验或具体做法对我国农业支持政策体系建设有很多重要启示。

一、农业支持目标与经济环境契合

大多数国家在农业发展的各个阶段都制定有明确的发展目标，在这方面，欧盟的共同农业政策堪称各类农业支持政策的典范，它不仅有明显的发展目标，也有与时俱进的农业支持措施。目前，欧盟的 CAP 已从单纯关注农业发展转移到“三农”发展，对农业的支持和保护也从单一的价格支持转为直接补贴和加强农村基本建设。借鉴欧盟的农业支持政策发展经验，为保障国家粮食安全，2004 年开始，我国开始实施种粮食直补、良种补贴等在内的“农业四补贴”，随后出现了粮食“十连增”的局面，此时，我国的农业支持目标也应进行相应调整，要更多地考虑农业的可持续发展问题。

二、依据本国的实际情况制定可行的农业支持政策

不同的国家自然条件、经济程度、社会和历史环境不一样，其制定的农业

支持政策的差异性也比较大，但其核心政策的目标一致，基本上都以促进本国农业发展、农民增收为首要目标，再据此制定有针对性的政策，同时根据本国财力等国情，以生态区域、产业对象为标准区别先后发展。我国虽然是农业大国，但不是农业强国，财力与发达国家相比，劣势明显，直接补贴成本高，但也可因地制宜，根据国家社会、经济和财政发展水平，制定多样化的农业支持政策。

三、农业支持政策以项目形式法律化

美国农业支持政策体系之所以如此完善并能顺利运转是因为美国将政策项目化，并采用一套连续稳定、详细完整的法律支持系统对其进行了保障。美国的《农业法》分别于1996年、2002年和2008年被制定和修订，特别是新农业法，长达400多页，政策项目细化量化落实到具体的人、财、物上，保障了农业支持政策的透彻执行。这种将政策变为可操作项目，并采用项目管理的方式得到了世界各国的效仿，时至今日，许多国家的农业支持政策一般都将政策项目化，项目法律化了。我国的农业支持政策虽多，但法律化的进程比较慢，法律保障作用不明显，应以美国为学习对象，形成依法治农，有法可依的时间和空间上完整连续的法律环境。

四、农业支持政策关注农村社会全面发展

“三农”问题是各国各个发展阶段都会遇到的问题，只不过不同时期问题的焦点不同而已，但农村社会全面发展问题是这些焦点中的焦点，各国都对该问题给予了足够的重视。如欧盟1975年就向一些恶劣条件下从事农业生产的农民提供补贴、扶持山区和条件差的地区发展农业，增加农民收入。后于2000年改革提前退休制度、促进青年农民安置、农民养老和医疗保障制度，其目标之一也是保障农村社会的稳定。美国政府向符合条件的当地居住者免费提供一定公有土地，还有农场担保贷款等，以促进农村地区的稳定。日本实施的山区、半山区直接支付制度及休闲农业措施，也具有相同的目标。这些措施对解决我国“三农”问题、保持农村社会稳定有重要启示。

五、农业支持政策注重农业可持续发展

农业的弱质性和多功能性并存。特别是农业的生态平衡功能对于农业可持续发展起着不可估量的作用，各国基于农业的该功能，重视生态保护和农村环境发展，加大了对生态补偿的研究和规划。无论是发达国家还是发展中国家，无论是农产品进口国还是出口国，都从中受益（秦富，2003）。美、欧、日对生态支持计划都有较大的投入。如欧盟的最新共同农业政策对农民提出了环境保护要求。我国的退耕还林、退牧还草、生态林补偿等措施在一定程度上就是重视农业可持续发展的做法。

六、农业支持政策注重提高农民收入

要保证农产品的有效供给，粮食的稳定安全，把农业的基础打牢，归根到底，是要提高农民的生产积极性，增加农民收入对于种粮农民的意义重大。综合分析各国农民收入来源，农民收入中来自政府支持部分仍然占有很大比例，这还是自 20 世纪 90 年代逐步进行削减贸易壁垒、以市场导向改革后的结果。美国农业劳动力为 252 万人，但农业自给率高达 132%，是世界上最大的农产品出口国，其农产品出口额是我国的四至五倍，农民收入水平很高。相比之下，我国对农民增收的手段太少，源于国家财力的原因，直接收入补贴的增量也比较低，因此，今后的农业支持政策应该重点关注千方百计提高农民收入的措施。

七、建立固定完善的政策执行主体

农业支持政策一般都有固定的执行主体，由该机构或部门负责管理和协调各项农业政策的实行。如美国的农业补贴政策的执行部门是隶属于联邦政府的农产品信贷公司。该公司除了直接向农民支持补贴外，也可以向农民收购农产品，也可以向农民直接支付补贴。与此相比，我国的农业政策执行主体多而杂，效率比较低，一旦出了问题，农民也不知道找哪个部门投诉。因此，给农民一个相对稳定的组织或单位，有利于提高农业支持效率，获得农民的认可度。

八、农村金融支持体系以农业保险为核心

农业保险制度能以最有效的方式减轻自然灾害给农民可能造成的风险损失，稳定农民收入，是实施农业支持的重要手段和措施。目前，由于我国农村金融保障体制尚不完善，农村的自然灾害补救渠道主要依赖国家财政转移支付，商业保险尚未大量进入农业领域。在经济欠发达地区，农村商业保险根本没有涉入，主要以政策性保险为主。这是与发达国家农业支持政策体系中最大的不同。我国农业保险在这方面的适应性改革必将提上日程。

第五章　农业支持政策体系调整与优化

本书第三章分析了支持体系的效率、效果、公平性、回应性，分析显示，我国现在的农业支持政策体系尚存在许多问题，迫切需要调整和优化，以提高和扩大整体效果，使农业支持政策体系不断完善。所以本章主要讨论农业支持政策体系调整和优化的理论框架、需要处理的关系及调整优化的内容和方向。

第一节　调整优化的理论依据

一、构建农业支持政策体系调整优化的理论框架

农业支持政策体系在农业经济和现代农业发展的进程中起着重要作用，本节在前文研究的基础上，尝试提出一些调整优化的方案，以供理论界参考。其理论框架如图5－1。

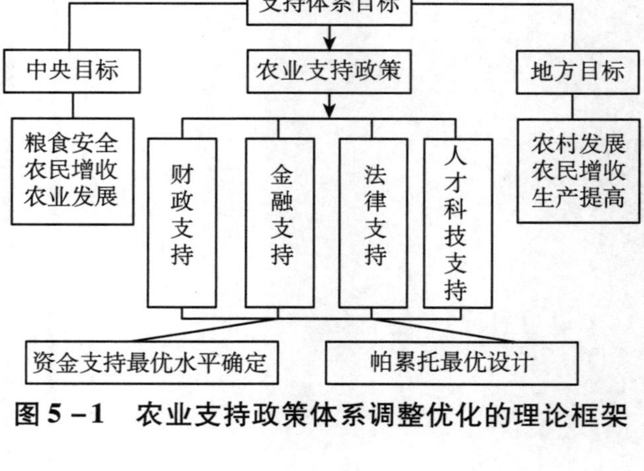

图5－1　农业支持政策体系调整优化的理论框架

首先，从目标上进行优化设计，农业支持政策体系的总目标应该是中央政府和地方政府扶持农业发展各自目标的融合。

对于中央政府农业支持目标来说，中央政府主要关注粮食安全和农民增收这个问题。粮食对于国家安全的重要性不言而喻，纯依赖进口的粮食安全是脆弱的，而自给自足又面临资源约束，再加上粮食需求弹性低，尽管粮食产量增加也使农民增收困难，因而中央政府也需要考虑如何有效理顺粮食安全和农民增收之间的关系。一些学者的观点也证明了提高粮食产量和农民增收是不矛盾的。牛若峰（2000）认为农业支持政策体系的最终目标是通过促进粮食生产、增加农民收入进而促进现代农业发展。

对于地方政府农业支持目标而言，地方政府更偏重于立足农村经济发展这个社会主题，如地方政府绩效考核将地方 GDP 增长作为一项重要的考核指标就是一个证明。从而地方政府会出台更多促进农村经济发展的政策措施，以增加农村 GDP 和农民收入，继而促进现代农业发展。

总之，中央政府和地方政府农业支持政策的目标会自动融合，如从粮食安全目标出发，首先是从播种面积和农业技术着手增加产量，进而围绕粮食的附加值做文章，拉长产业链，带动粮食上下游和周边产业的发展，最终带动农村经济的繁荣，达到促进农民增收的目标。从这个角度来说，中央和地方两个层次的目标是一致的。当然也有冲突的时候，如中央为追求现代农业发展的环境目标时，一些保护农田、维护农业生态的基本措施会延缓地方农村非农产业发展速度，影响地方 GDP 的增长，地方政府的经济目标无法实现，两者就会产生抵触。因此，对于不同区域，政策不能一刀切，需要因地制宜，从政策设计到政策实施，协调好中央和地方的多样化目标。

其次，从政策内容上看，着重从财政、金融、法律和人才科技四个方面着手优化，从前文的分析中可以看出，我国的财政支农规模虽然在不断增加，但总量相对于其他支出属于较低的，不仅低于发达国家，还低于一些发展中国家。财政支农的结构也需要优化，农业支持结构随着国家战略、经济环境的变动而发生改变，从广义的六项支农政策到如今的财政农业支出三项政策，农业政策工具之种类繁多、管理部门之频繁交叉，都导致了农业支持政策体系庞杂不堪，项目管理效率低下，由此需对多项政策工具进行优化调整。

最后，从优化方法来看，主要采用两种方法，即确定资金支持的最优水平的最优规模法和帕累托最优设计法。下面将对两种方法进行详细介绍。这是整个农业支持政策体系调整优化的框架。

二、农业支持政策体系调整优化的理论方法

（一）财政农业支出最优规模测定

前面的分析说明，无论是理论的分析还是实践的经验都证明，我国当前的财政农业支持规模小，且相对规模呈下降趋势，并没有发挥出其应有的规模效益。这不仅不符合我国加入世贸组织的要求，也不符合农业支持的要求和发展态势。尽管我国政府应该把确定合理的财政支农总量的增长速度和规模严格以法律的形式确定下来，为农业和农村经济的发展提供充分稳定的资金支持。那么，我国的财政农业支持的最优规模应为多大呢？

通常使用的最优规模确定理论如下：

定义 $MPQ = dY/dQ$，农业总产值或其增量用 dY 表示，政府财政农业投入或其增量用 dQ 表示，MPQ 表示边际产出，在本文即是政府每增加一单位的财政农业投入所带来的农业总产值的增量，即财政农业投入的边际产出。根据罗伯特·J. 巴罗的《经济增长》[①]，$MPQ = 1$，表示政府财政农业投入或投入规模达到最优时，边际财政农业支出等于边际农业产出。如果 $MPQ > 1$，表明边际农业产出大于边际财政农业投入；如果 $MPQ < 1$，表明边际农业产出小于边际财政农业投入，只有 $MPQ = 1$，财政农业投入规模达到最优，财政农业投入规模也是最有效率的。

下面通过构建经济增长模型来测定财政农业投入的最优规模，假设农业生产总值的决定模型符合 C – D 函数的基本形式，即：

$$AGDP = Mx_1^{a_1}x_2^{a_2}\cdots x_n^{a_n} \tag{5-1}$$

式中：$AGDP$ 表示我国历年农业生产总值，x_1、$x_2 \cdots x_n$ 分别表示农业生产中各种投入，包括财政支农资金，a_1、$a_2 \cdots a_n$ 表示各种投入对农业生产总值的弹性。对式（6 – 2 – 1）两边取对数有：

$$\ln AGDP = \ln M + a_1 \ln x_1 + a_2 \ln x_2 + \cdots + a_n \ln x_n \tag{5-2}$$

再在上式两边分别对 $\ln x_1$，$\ln x_2 \cdots$，$\ln x_n$ 求偏导有：

$$\partial \ln AGDP/\partial \ln x_1 = a_1, \partial \ln AGDP/\partial \ln x_2 = a_2, \cdots, \partial \ln AGDP/\partial \ln x_n = a_n$$

---

① 罗伯特·J. 巴罗，夏威尔·萨拉·伊·马丁：《经济增长（第二版）》，上海人民出版社，2010。

现在明显可以看出，a_1，a_2，…，a_n 的经济含义为第 i 个（$i=1$，2，…，n）农业生产投入要素每增长 1 个百分单位所引起的农业生产总值变动的百分数，也称为第 i 项（$i=1$，2，…，n）农业投入的弹性系数。

假如 x_{it} 代表的是财政农业投入，则有 $a_n = dAGDP/dx_n \times x_n/AGDP$，而根据巴罗的观点，边际产出 $dAGDP/dx_n = 1$ 时，财政农业支出规模最优，则 $a_n = x_n/AGDP$，也就是说财政农业投入的弹性就是财政农业支出与农业生产总值的比值。

（二）农业支持结构的优化标准

从财政农业支出结构的演变和发展来看，它是随着国家战略、经济环境的变动而发生改变，从广义的六项支农政策到如今的财政农业支出三项政策，这种结构上的变动是否合理，如何来确定农业支持结构的最优问题呢？

帕累托标准可以用来解决农业支持结构合理或最优问题。帕累托最优标准的理论原理为：任意两种生产要素在初始时，其边际技术替代率相等。如果设这两种生产要素分别为 S、L，两种生产要素的边际技术替代率记为 MRS，表示在生产的产品产量不变的前提下，降低使用要素 S 或 L 的一单位，所需增加使用要素 L 或 S 的数量。具体情况包括两种情形：

第一种情形：假设生产产品 A 和产品 B 的两种要素的边际替代率相同，即 $MRS^A(S, L) = MRS^B(S, L)$。如果二者的边际替代率不尽相同，在生产 A 产品中则会增加替代率较高的那种要素的投入量，另一种替代率较低的要素则投入生产 B 产品，增加产量。这被称为“要素在不同用途之间的最优配置”的边际条件，或“帕累托最优”。

第二种情形：假设生产同种产品的企业 a 和企业 b 所使用的两种要素的边际替代率相等，即 $MRS^a(S, L) = MRS^b(S, L)$。如果二者的边际替代率不等，减少企业 a 内的某种要素的投入量，而将省下来的该种要素投入企业 b，社会的总产出增加。被称为“产业内部要素最优配置”或“帕累托改进”。

考察农业支持结构的最优配置就是考量满足各种生产要素的边际替代率是否相等。我们已经在前文构造了一套指标体系来衡量农业支持结构，如何利用这套指标对农业支持结构的合理性进行确定呢？

对农业支持结构的最优分析有比较静态和比较动态两种方法。比较静态分析法也称为弹性分析方法，基本方法与上文财政农业支出最优规模测定类似，在此不再做介绍。下面，我们仍然假定农民收入这个福利指标符合构建 C－D 基本模型，使用比较动态分析法，来分析农业支持结构是否提高了农民社会福利水平，来判断农业支持结构是否最优，即：

$$Aincome = Mx_1^{a_1}x_2^{a_2}\cdots x_n^{a_n} \tag{5-3}$$

式中：$Aincome$ 表示农民收入，M 表示农业技术进步或不可知因素，x_1，x_2，…，x_n 分别表示财政农业投入的各元素，a_1，a_2，…，a_n 分别表示农业支持结构各部分的弹性系数。在上式两边对时间 t 求导数，则有：

$$dAincome/dt = x_1^{a_1}x_2^{a_2}\cdots x_n^{a_n}dM/dt + a_1Mx_1^{a_1-1}x_2^{a_2}\cdots x_n^{a_n}dx_1/dt + \cdots + a_nMx_1^{a_1}x_2^{a_2}\cdots x_n^{a_n-1}dx_n/dt \tag{5-4}$$

在上式两边同时除以 $Aincome$，则有：

$$\frac{1}{Aincome}\frac{dAincome}{dt} = \frac{1}{M}\frac{dM}{dt} + a_1\frac{1}{x_1}\frac{dx_1}{dt} + a_2\frac{1}{x_2}\frac{dx_2}{dt} + \cdots + a_n\frac{1}{x_n}\frac{dx_n}{dt} \tag{5-5}$$

令：

$$RI_{Aincome} = \frac{1}{Aincome}\frac{dAincome}{dt}, RI_M = \frac{1}{M}\frac{dM}{dt}, RI_{x_1} = \frac{1}{x_1}\frac{dx_1}{dt}, RI_{x_2} = \frac{1}{x_2}\frac{dx_2}{dt}, \cdots, RI_{x_n}\frac{1}{x_n}\frac{dx_n}{dt} \tag{5-6}$$

式中：$RI_{Aincome}$表示农民收入的增长率，RI_M 表示农业技术进步及其他不可知因素的增长率，RI_{x_1}，$RI_{x_2}\cdots RI_{x_n}$分别表示财政农业投入中变量 x_1，x_2，…，x_n 的增长率。上式可以简化为 $RI_{Aincome} = RI_M + RI_{x_1} + RI_{x_2} + \cdots + RI_{x_n}$，对该式两边同时除以 $RI_{Aincome}$，得：

$$1 = \frac{RI_M}{RI_{Aincome}} + a_1\frac{RI_{x_1}}{RI_{Aincome}} + a_2\frac{RI_{x_2}}{RI_{Aincome}} + \cdots + a_n\frac{RI_{x_n}}{RI_{Aincome}} \tag{5-7}$$

式中：$\frac{RI_M}{RI_{Aincome}}$表示农业技术进步及其他因素对农业生产总值的贡献率；$a_1\frac{RI_{x_1}}{RI_{Aincome}}$表示农业支持结构中变量 x_1 对农业生产总值增长的贡献率，依次类推，$a_n\frac{RI_{x_n}}{RI_{Aincome}}$则表示农业支持结构中变量 x_{it} 对农业生产总值增长的贡献率。除了通过计算贡献率来测定最优支出结构外，还可以根据贡献率大小，决定农业支持的优先序。

第二节　调整优化需要处理好的几对关系

农业支持和保护牵扯的范围很广，责任很大，各种利益关系复杂。通过实地调研及政策评估发现，在加强对农业进行支持的进程中，需要把握和处理好以下几对关系。

一、处理好政府与市场的关系

党的十八届三中全会提出一个重大理论观点，为正确认识政府和市场的关系确定了方向①。从改革开放的历程可以发现，我国改革的逻辑起点就是政府主导的计划经济体制，在社会主义经济体制内创造性地引入市场机制，刺激了经济的活力，使之得以快速增长。因而处理好政府和市场的关系就是如何从政府主导的计划经济向市场主导的市场经济转变。

政府和市场犹如有形之手和无形之手，主要涉及两大问题：一是哪方面能实现预期目的；二是哪一方面处于主要和引导的地位。尽管我国的经济体制自改革开放后就逐步转向了市场经济，但一直到如今，其市场机制仍不十分成熟，资源的配置作用不完备，在非排他性和竞争性领域的调节都存在失灵或失效现象，在这种情况下，政府的存在具有天然合理性，政府是对市场的有益补充。当前农业支持政策体系虽然已经构造完成，但政策出台的阶段性、过渡性痕迹比较强，甚至有时候不顾市场规律强行干预市场。一方面，没有从根本上形成系统的农业支持发展和保障思路。如近些年生猪市场的波动，与政府的补贴调节政策不无关系，政府强行干预了生猪市场，反而对养殖户造成更大的伤害。另一方面，针对这些政策的未来走向和预期目标，没有制定具体的实施和配套衔接的细则，导致政策执行偏离和政策目标移位。这属于政府失灵现象。

在市场体制下，政府的作用应该是高效而有限。政府是纠正市场缺陷的必

① 党的十八届三中全会提出“经济体制改革是全面深化改革的重点，核心问题是处理好政府和市场的关系，使市场在资源配置中起决定性作用和更好发挥政府作用。”把以往市场起“基础性”作用改为“决定性”作用，同时也强调“更好发挥政府作用”。这既是对我国过去几十年改革发展历史经验的高度概括，也为今后深化经济体制改革和行政体制改革，进一步处理好政府和市场的关系确定了方向。

要手段，可以保障市场充分发挥资源配置和利益分配中的基础性调节作用。但政府与市场的作用边界却是无法明确的，这样的话，在对农业支持政策体系进行调整和优化时，必须注意：①在需要政府负责的领域，如农业农村基础设施、农村生态环境、农业基础科技及推广、农民专业合作社、农村劳动力转移就业培训等公共服务事务，政府必须提供足够规模的财政投入和合理的支持方式；②在需要市场调节的事务领域，如生产和流通、供给和需求等资源配置，政府要尽量避免介入，以免扭曲市场的正常秩序。只有逐步形成两者的合力局面，才能决定我国社会和经济发展的定位和方向。

二、处理好责权利的关系

现代政府的行政权力原则，应该以民意为基础，以政策为依据，以法律为准绳。前文分析了农业支持政策体系框架的特点，大多数政策属于临时、过渡性质的，没有相应的配套细则，政策在执行时原则性差，而灵活性增多，这种弹性机制，和财政收入及其他客观因素的影响，使得基层政府会根据自己的偏好和利益来实施相关的政策，从而忽视了政府不仅仅是权利主体，也是责任主体，作为责任主体，其管理、投入和执行责任缺失也是农业支持政策不能贯彻实施的关键因素。

为什么会产生“上有政策、下有对策”这种现象呢？主要原因在于中央和地方的权责边界模糊。对于农业支持，中央和地方都有相关政策措施在实施，但两者都没有从法律上规定各级政府的权责范围，这使得政策执行的责任模糊，无法可依，有时也会目标相左。比如，一些地方政府一味追求发展速度，重商轻农，造成农业投入不足，在我国的中西部，一些地方政府不仅无力增加农业投入，反而变相挤挪中央安排的支农资金。这些问题的存在，都可以从政府的责任和权利上找到注脚。最好能引入世界银行投资项目的管理办法，权责明晰，过程控制、责任追溯，以反映政府供给资金的内在机制，建立合理的分工合作和协调关系。

三、处理好效益和风险的关系

政策效益，主要指政策在其运行过程中以及结束后的实际收益、效果和成果，也指政策执行活动实现政策目标的程度。政策效益是政策价值的外在表现方式。那么，政策风险来自哪里呢？可能来自政策制定阶段，也可能来自政策实施进程中，都存在可能最终导致政策无法完成的因素，这就是政策风险，这种风险可能来自政策系统内部，也可能来自于系统外部。一项政策制定出来后，除了考虑效益之外，还要考虑它可能带来什么样的不利影响。如果把风险意识提高的话，对政策的制定和实施会有更大益处。政策不能只追求眼前效益，要尽可能地放眼长远效益，并且讲究同期各种相关政策的综合配套，从而使政策具有综合性、前瞻性和无风险性。

农业支持政策的制定前提绝对是会考虑政策效益的，但如何规避风险、如何协调农业支持政策的效益和风险这两者之间关系呢？

首先，要用系统的眼光来设计农业支持政策体系的总体框架，再统筹制定相应的具体政策，争取使总体框架和各单项具体政策统分结合，形成一个有机整体。增加政策之间的耦合度，并将各单项农业政策的效益、目标和功能统一起来，设定相应的政策措施，使政策措施和政策目标之间具有一致性。

其次，要加强信息反馈机制，提高政府的应急反应能力。我国农业生产以家庭联产承包责任制为主要方式，土地少而分散、条块分割，一些农业政策的实施，基层执行部门反映实施信息的主动性较差、成本较高，而且决策部门也习惯于依靠实际部门反映实施信息。这样做有许多弊端：基层执行部门基于自身利益考虑，会有选择的向上反馈信息，而且信息在向上传递的过程中，也会造成信息衰减和失真，这就容易出现有效信息缺失现象。要避免这些问题，对于一项农业政策，需要建立实时有效的信息传递机制，对政策实施快速全程跟踪，及时发现问题反馈问题。

最后，引入风险预警和管理机制。政策从制定到实施，可以视为一个项目，项目在其生命周期中，风险管理的措施无处不在。从风险识别、风险度量到风险监控，始终存在项目管理的全过程，能够最大限度地提高项目的成功率。目前，我国的政策实施缺乏的就是风险管理机制，要保障农业支持政策的有效性，主要应从以下几个方面着手：其一，设置专门的政策风险管理机构，对每一项政策的风险信息进行分析、审核和度量，这需要大量的专业人才；其二，建立政策风险的预警机制，设计政策风险预警指标，在实施过程中评估政策风险的程度，以提前对风险的后果加以控制；其三，建立政策风险监控制度，它应该对政策的制定到实施情况进行全程监督，并根据实际需要进行立对策略的调整。

风险监控可以及早识别和度量政策风险，以避免其发生或可以提前消除发生后的不良后果。

四、处理好生态和生产的关系

生态和发展是否可以谋求“双赢”局面？目前，人们在享受发展的好处时，也吞下破坏生态所造成的恶果。近两年，我国大多数城市的天空都被雾霾所笼罩，另有大气污染、水源污染事件时常见诸新闻报道。

但这并不意味着发展无法兼顾生态，这只不过由我国资源短缺、人口众多，环境约束造成的暂时差异和矛盾。至少从表面上看，两者在目标和手段上是有矛盾的。生态保护，顾名思义就是保护自然和生活环境不被破坏或滥采滥伐，保持环境的良性循环。所以国家采取了退耕还林、退牧还草、天然林保护等措施实现生态的完整性。农民收入增加体现在数量上，不论是现金收入还是非现金收入，只要通过一定的途径可以获得物质和精神上的提升，就会不顾一切地去争取，而在我国当前的农业状况下，农民增收的途径不外是开荒造田（扩大种植面积增加作物产量，20 世纪末主要增产手段）、增加化肥使用数量，对土地、山林资源的充分利用，这些手段恰巧与生态保护的要求相悖。

即使在生态资源富裕的区域也常常面临生态保护和农民增收的困境。大多数地区的农业经营方式依然过度依赖于自然资源，“靠山吃饭”“靠水吃饭”是普遍的农业生产方式。笔者于 2014 年 7 月在恩施州调研时，就感受到了农户对于生态保护与增收之间的困惑。恩施州全境森林覆盖率超过 60%，因山闻名，世界硒都、鄂西林海、华中药库、烟草王国；也为山所困，老少边穷，交通不便，发展滞后，山里山外两重天。近年，为了保护生态环境，许多农户都成了生态移民户，大部分自有林权证的山地被强制划为生态公益林和自然保护区，老百姓却毫不知情，修房造屋也不能使用木材。要农民放弃传统的农业生产方式转换农业经营思路，不仅需要国家政策的扶持，也需要大量资金的投入，这对财政的要求压力增大，使这些地区的农业发展举步维艰。

在这个背景下，正确处理农村经济发展和生态保护的关系，如何处理好农民生产和生态保护两者之间的关系，是我国生态文明建设的重要内容。可以从以下几个方面做文章：

其一，创新农业发展的理念和农民增收的模式。农业发展是一个长期的过程，如果目光短浅，只盯着眼前利益，以牺牲环境为代价，其后果是严重的。要理解生态环境对于国家和人民及子孙后代的重要性。对于恩施来说，创新农业发展可以立足其丰富的自然资源和良好生态环境，大力发展山地特色种植业、生态农业和乡村生态旅游。特别是乡村生态旅游在恩施大有可为，可以充分利用当地丰裕的自然资源和少数民族人文特点来创建“美丽乡村”旅游市场。生态旅游是目前最具创新思维、同时又可带动周边产业发展的新型现代农业经营方式。生态旅游的兴起既带动了农业生产、观光旅游的发展，又充分提高了生态环境的附加值，同时还增加了农民收入，促进了农村经济的繁荣和发展，一举数得①。

其二，因地制宜促进生态保护和农民增收相互协调发展。首先，需调整当地传统的农业种养结构，构筑新型生态农业体系。调研地区恩施以高山地形为主，以丰富的林地资源为优势，以烟叶、茶叶、旅游业为主导产业，可以做大做强高山蔬菜、草药、土豆等传统优势农业项目。目前，部分乡镇已经在利用现有的农田和产业，采用立体布局方式，将名优新品水果、传承百年的优质茶叶文化及技术、乡村旅游、农民合作社结合在一起，开创生态循环农业新模式，减少资源消耗，提高农民收入。另外恩施发展的“猪沼茶”立体、农田果木间种、药林间作、种养联合等多种形式的生态农业也极其有效。

其三，培养和增强农户的生态保护意识。这些年，国家上下齐心为发展，对生态保护方面的宣传教育不够，农民的环境保护意识存在缺失、错位情况，主要表现为对资源有限性缺乏足够认识，农民祖辈靠山、水或地吃饭，大多认为其是无限资源，没有保护意识和行动。因此，需要从多个方面各种渠道在广大农村地区进行生态保护和环境保持的宣传教育工作，培养新型农民，为农业的可持续发展、农村的可持续经济奠定一定基础。

五、处理好整合与分割的关系

一直以来，党和政府都把解决“三农”问题作为解决我国经济发展问题的重中之重。仅进入新世纪以来，2004—2015 年中央就连续 12 年发布以“三农”

① 俞可平：《生态文明与马克思主义》，中央编译出版社，2008，第 115 页。

问题为主题的中央“一号文件”。梳理这 12 个政策文件，发现政策主题包涵范围广泛而具有连续性，从 2004 年的促进农民增收，2005 年的提高农业综合生产能力到后来的推进社会主义新农村建设、加强农业基础建设、促进农业稳定发展、加大统筹城乡发展力度、加快水利改革发展、推进农业科技创新、增强农村发展活力、全面深化农村改革，直到 2015 年再提加大改革创新力度、加快农业现代化建设。各年的政策侧重点不一样，政策目标逐渐从单一性趋向多元化，初步形成农业支持政策体系。

鉴于以上背景，在新的发展时期，中央及地方政府发布的关于“三农”支持的政策如何整合和分割将是一个新问题。哪些政策应该纳入农业支持政策体系的系统框架，进行整体的协调；又有哪些政策应该从系统当中分割出去。我们可以根据相关政策的关联性特点来甄别到底是该整合还是该分割。在实践中，重点关注农业支持政策之间的结合部分，考察其关联性，分析其是否存在矛盾和不协调之处，再依据实际情况，决定是整合抑或是分割。如粮食补贴政策、土地流转政策、农村保障政策，粮食补贴政策的实施将带来土地的增值，给土地流转造成不利影响，但粮食补贴政策和农村社会保障政策却能保障农民收入的增加，这两个政策可以在设计上更好地整合协调，提高财政支农资金的使用效率，而土地流转政策则需要从中分割出去。从深层次的分析来看，由于目前农村缺少社会保障，农民对土地流转持谨慎态度。所以在短期内，土地流转政策和其他两项政策也是可以整合在一起的，在磨合中逐步分割。

六、处理好规模与结构的关系

新世纪以来，农业支持的规模越来越大，但支持的结构却不甚合理，那么农业支持结构应该如何来调整，农业支持的规模多大最优。唯有在农业支持的规模不变或继续增大的情况下，随着国家政治经济环境的变化，适时合理调节农业支持的内部结构。在现代农业发展初期，认可一些农业支持项目的滞后性，资金多投入农业生产、农业基本建设中；在农业发展中期，农业生产基本稳定，农业基本建设的基础已经建立，农业支持资金适当地向农业科技三项费倾斜，用以研发农业科技，推广应用；国家经济社会发展到一定程度，政府不仅关注现代农业的其他基本要素，也要加强社会保障的力量，此时，可以适时地增加农村救济费的发放，切实保障农村贫困人群的生活。所以说，农业支持的力度和结构是不矛盾的，力度反映的是支持总量的规模问题，结构反映的是在一定总量下支持项目得到资金量的比例，可以根据具体情况进行调整。理解好这两者的含义，就能处理好两者之间的关系。

七、处理好国家和区域的关系

近些年，国家针对“三农”问题出台了诸多政策措施，许多政策从试点到全国推广经历的时间非常短，而且是针对全国普遍情况，以整体统一标准、统一方式实施的，典型的如农业“四补贴”等政策。我国地域辽阔，经济状况复杂，各地农业发展情况也不一样，国家以“一刀切”的方式出台的农业支持政策能有效达成政策目标吗？在2014年7月的农村社会调研时，听到最多的反映就是有些政策区域特色没有彰显，全国统一标准，无法调动农民的积极性。

建议在国家整体支农政策的引导下，在国家支农规模只增不减的总体统筹下，针对不同区域采用有所侧重的农业支持政策，以体现农业支持政策的地区差异性及更为有效地调动农民的生产积极性。制定农业支持政策的思路为：对于农业发达地区，农业补贴重点关注农业政策性保险、农业机械化，并向粮棉油糖等主要农作物集中；对于粮食生产的传统地区，重点关注粮食安全，加大农业补贴对粮食方面的投入，如种粮直补、良种补贴；对于农业相对落后的地区，一些自然资源也相对丰富，可以考虑发展特色农业，财政农业补贴的重点可投向生态补偿，加大现代农业的投入，加大农业金融的扶持力度。

由于产业分布和劳动力等要素流动在市场竞争前期和后期，都表现出明显的地理和区域特征，一般地，农业地区分布较偏远，自然条件较差，而竞争中又处于现代化分工边缘。因此，根据地区经济差距，协调国家整体经济利益，也是促使我国制定区域差别化农业支持政策的重要原因。

处理好国家和区域的关系，根据当地实际情况制定符合民意的农业支持政策，可以在促进落后地区的农村经济发展与增长、提高落后地区农民人均收入水平和创造就业等方面取得良好成效，特别是有利于缩小我国内部经济发展相对落后的地区与较富裕的地区之间的发展差距，促进我国内部的农村经济趋同，增强整个社会的经济和社会凝聚力。

第三节　调整优化的路径选择

本节从财政农业支持、农业金融支持、农业法律支持及农业科技和人才支持四个方面提出，调整优化农业支持政策体系的路径。

一、构建财政农业投入支持稳定增长的长效机制

政府农业支持政策体系中财政农业支持和农村金融支持都是指的资金的投入，毫无疑问也是解决“三农”问题的最大依仗。长期以来，农业产业以其生产周期长、投资见效慢、生产规模小、自然风险高等特点使其发展所需要的资金仍然落在各级政府财政上，社会资本和商业资本甚少涉足，需要考虑建立财政农业投入的长效机制。这可以从三方面着手：其一，持续加大财政农业投入力度。在已有的政策投入不变的情况下，继续增加投入总量，提高投入比例，充分发挥财政农业资金的引导作用。其二，改革创新农村金融服务。农村金融组织、农业保险都是财政支农的有益补充，光靠财政收入无疑是无法有效提升农业的综合生产力的，可以探索财政支持下的农村金融完善机制。其三，引导社会资本和商业资本进行农业。在推动城乡一体化前掉下，城乡要素可以进行平等交换，引导工商业和城市资源要素逐步进入农村，参与农村产业发展和基础设施建设，最终形成多元化投入格局。

（一）保持财政农业投入的规模要稳定快速的增长

根据前文分析，财政用于农业的投入增长幅度每年都在递增，每年的财政农业投入资金增量都高于上年，并且平均要高于财政总收入的增长幅度。要实现农业现代化，建设社会主义新农村，实现整个城乡社会经济一体化发展，仅仅依靠农业与农村的自身发展是不现实的。必须促使财政农业投入保持一个稳定、较快的增长速度和比例，甚至是最优规模水平，才有利于农业经济的持续快速发展。

（二）持续优化财政农业投入的结构

新中国以来，我国的财政农业投入结构也经过了几次调整，虽然从总体上

来看，适应了当时阶段的政治经济目标的要求，但存在财政农业投入结构短视化、不具备可持续性、规模偏小、投入结构不合理等问题。为此，应当以农业现代化为发展目标，根据我国农业发展的制约因素，按发展阶段制定合理的财政农业投入配置顺序和投入配置结构。比如当前处于农业新政发力阶段，在经历了新中国成立初期以工业为先的农业供血的过程后，农业迎来最好的发展时机，本阶段主要以农业农村基础设施建设为先，改善农业生产环境，夯实农业发展的基础。并需要增加农业科技的投入，提高农业抗御自然灾害的能力，促进农业增产、农民增收。

（三）各级财政都要增加财政农业支出

农业发展，单靠中央财政不行，中央财政投入一般从宏观方面进行资金投入引导，只有省级、市县财政体制完善，将事权细化，才能形成各级财政之间的合力。在加大投入的基础上，中央财政负责统一安排，各省级、市县级财政根据本地区的农业发展优势再强化特色发展，增加投入，并以农业可持续发展为宗旨，形成一个持续有效的体制保障。

二、重构农村金融支持体系

当前，除了财政对农业投入支持外，农村金融体系也是解决“三农”问题的重要平台。相对城市金融的多元化、社会化和市场化，我国农村金融体系的发展举步维艰，商业信贷的进入和退出便说明了一个问题。而且由前文我们的分析可以知道，我国农村金融的发展不是内需引起的，本质上是一个从外向内的过程，形成了以农村信用社、邮政储蓄为主的一个松散的金融体系。但随着整个社会进程的加快，特别是城镇化的发展，农民收入的增加、农村经济的发展对农村金融体系提出要求，迫切需要推进农村金融的改革和创新，重构农村金融支持体系。在原来农村信用社的基础上，调整商业银行的业务范围和服务功能，探索村镇银行、小额贷款组织等民间非正规金融的试点和发展，在农村形成政府和商业银行主导的正规金融组织和民间非正规金融共存的体系格局。

所以，在当前和今后相当长一个时期，对于农村金融体系的重构应当集中于两点：一是完善农村金融组织体系。一个系统的农村金融组织体系应该具备功能完善、分工合理、主体多元、服务高效的特点。目前，我国大多数农村的金融组织只剩下政策性金融组织在苦苦支撑，即使有商业金融，其网点提供的业务门槛之高使得农民望而却步。因而重构的农村金融组织体系必须包括政策性金融、商业性金融、合作性金融以及其他类型的金融组织。二是创新农村金融机构的服务和产品。农村的发展与城市的发展在趋向上相同，但内部进程却不一样，不管哪一种金融机构的服务和产品必须经常创新，才有利于保证和加强对农村的金融服务。如增强农村贷款利率的灵活性、推出针对外出务工人员的金融产品、发展农村信用担保、开展农业保险等等，加大对农村金融的政策支持。

三、加强农业法律支持体系的刚性化

依法治国、依法治农是2015年国家发展的主题，对于农业支持政策措施和目标来说，立法有利于保证政策的连续性和权威性，一旦以法的形式确立下来，便不再依靠行政命令。行政命令以强制的手段促使下级服从上级，长此以往，压抑了下级组织的积极性和主观能动性，最有可能形成下级组织对上级组织的依赖性。而从国际经验来讲，也是注重法律支持的。农业法律可以从政策的预期目标、预算安排出发，对各级政府执行机构的职责范围做出明确规定，在法规存续期间，各执行机构依此执行即可。在完善农业法律支持体系时，可以参考美国的农业立法方式，将立法形式分为两种，即“临时立法”和“永久立法”。临时立法的效力相当于行政命令，仅在执行期间生效；而永久立法却长期有效，有利于保证农业支持政策的刚性和权威性。

在具体操作上，以《农业法》为永久律法，规范国家、集体和个人之间的分配关系，维护农业支持工作秩序。因为当时制定《农业法》时的宏观经济环境、政治历史条件在当前都发生了一定变化，我们可以根据实际情况的变化对该《农业法》进行修订和完善，并辅以相关配套法规，这些临时修订的法规可以被看作临时立法，发达国家的农业法都是差不多每五年就会修订或制定新的农业法。对现行《农业法》的修订和完善，其目的就是弥补其在实际运行过程中的不足和缺陷，提高政策的执行效率。

除了对《农业法》本身的完善外，还要制定绩效考评制度，以增加法律的严肃性。特别是需要对履行《农业法》的各级机构制定严格的奖惩条例和绩效考核机制，加强对地方政府执行义务的监督和问责，并根据实际执行情况给予一定的奖励和处罚，保证地方政府对农业支持的及时、足额、到位。

四、加大投入实现科教兴农战略

诚然，政府的补贴和大力扶持，可以迅速增强农业的实力和竞争力，但具有决定性因素的却是农业科研和科技成果的应用和转化。科技的投入产出比例高的不可思议，美国20世纪80年代，农业科技投入与产出比例达到1∶40，某些领域甚至可以达到1∶50。这固然是因为有国家工业化和现代化的支撑，但侧面说明了科技的力量。我国农业科技起步晚、质量差、转化难，这种状况使我国的农业实力和竞争力每况愈下。到目前为止，农业科技进步的贡献率仅有49%左右，而农业发达国家多达70%以上。“十一五”期间，农业科研成果转化率不到40%，而农业发达国家在80%以上。如果能提高农业科技进步的贡献率、提高农业科研成果的转化率，把先进的农业技术应用到农业中去，绝对会推动农业的发展、增加农民收入及促进农村经济的繁荣。所以农业支持政策体系的首要任务应该把农业科学研究特别是农业科学技术作为一项公益事业，增加投入、加大扶持，逐步建立高效的农业科技应用体系。

舒尔茨的人力资本理论认为，“人力资本是体现在劳动者身上的一种资本类型，它以劳动者的知识程度、技术水平、工作能力以及健康状况来表示，是这些方面价值的总和”。农业支持政策的有效执行体现在是否有一支素质良好、结构合理的农业科技人才和劳动者上面。目前，我国农村剩余劳动力大量外流，从事非农生产的人员增多，留守的多数为妇孺老人和小孩，劳动力素质偏低。再加上政府对农村基础教育投入不足，农村后备人才培育困难重重，如何培养人才、吸引人才、留住人才是一项紧迫而重要的任务。建设社会主义新农村，关键要提高农民的整体素质，培养懂技术、能经营、会管理的农业人才，充分发挥农村主体作用，有利于我国农村经济由粗放、传统的生产经营方式向集约、创新的经营方式转变。

第四节　调整优化的保障机制建设

农业支持政策体系的完善及运行是一项长期性、系统化事业，不仅有赖于财政农业投入及相关的政策措施，还需要构建强有力的运行保障机制，保障农业支持政策体系正常运行，这比制定农业支持政策更重要。

一、建立政策主体激励机制

农业受到自身的弱质性与市场失灵的双重影响，与工业的发展相比其速度无比缓慢。但农业作为国民经济基础产业又具有经济效益低而社会效益高的特点，所以对农业只能进行大力扶持。如何促进现代农业发展，关键在于政策，农民利益的保障也在于政策。农业支持政策作为农业发展必备的增长要素，起着关键作用。怎样保障农业支持政策体系持续不断地发挥其有效的作用呢？发达国家的农业实践证明，政策主体激励机制是推动资源要素朝着农业流动的保障措施。随着经济发展水平提高与国家产业结构调整，农业增加值占 GDP 比重不断下降，且相当长时期在财政、金融、农户等支农主体的资源配置优先序列中落于下风。新时期，有效的主体激励机制将影响土地产权、制度结构、资源配置方式，关系到制度的可行性与政策的延续性。

（一）农业支持政策主体激励机理与目标

农业支持政策激励相容机制的作用机理表现为：将自利、互利和社会利益有机地结合起来，鼓励私人机构参与农村公共物品的提供。在提供公共物品过程中，中央政府和地方政府按照其不同层级的职责分工，组织和协调实施方案，通过政府与市场联合提供、激励私人部门参与促进农业发展共享性的活动。

农业支持政策将促进农业发展作为其目标，使政策意图能很容易地被从事农业生产的组织与个人所获知，而且可以使人们认为对自己有利从而自觉去执行。这样，依据政策的激励特性，政策意图由政策主体传递给政策客体，从而推进政策执行和实施。所以对政策主体激励机制的设计与规划，在很大程度上会影响激励机制效果。

（二）农业支持政策主体类型及作用探究

通常情况下，政策主体是相对政策客体而言的，政策客体指政策作用的对象，那么政策主体就是指在政策制定、实施与评价过程中参与的所有组织、团体与人员。在对农业支持政策主体分类时，考虑到政策的范畴，只将组织、团体纳入政策主体，其他参与人员根据其工作性质归入相应的组织和团体中，不再分开讨论。因此，通常可以分为政策制定者、政策执行者和利益相关团体。

第一，政策制定者及其作用。农业支持政策的制定者主要包括中央和地方的各级政府、立法机关、司法机构与行政部门。国家通过制定农业支持的方针和政策，掌握农业发展的总体现状和方向，从政府层面影响产权制度结构的变革和生产经营方式的转变。首先，促成了农村土地所有制的变迁。20 世纪 80 年代初，中央“一号文件”明确了我国农村采用家庭联产承包责任制，使农村的产权和分配制度发生了翻天覆地的变化，有效促进了农民进行生产的积极性与主动性，体现了政策制定者的号召力。其次，加速了城乡一体化的发展，流通领域也发生了重大变革，最为直接的变化是农村就业结构发生了巨大变化，使大量剩余劳动力外流，又给农业发展带来一定约束。最后，改变了农业经营方式，2014 年底，中共中央办公厅、国务院办公厅印发了《关于引导农村土地经营权有序流转发展农业适度规模经营的意见》，要求大力发展土地流转与适度规模经营，五年内完成承包经营权确权，解决现有土地的条块化、分散性的矛盾，满足现代农业对土地集约化、规模化的现实需求。这些措施彰显了政策主体的激励作用，有效促进了现代农业的发展。

第二，政策执行者及其作用。农业支持政策的执行者主要指参与政策宣传、政策实施准备、政策试点、政策协调以及政策监控等政策执行过程的各类组织、团体和人员，包括各级政府的基层组织、人员及农业协会、合作组织等。政策执行者的目标是从市场层面推动资源配置方式的切实转变与要素市场体系建设。农业支持政策的执行者通过调控各种利益关系，把政策内容贯彻到农业生产实践中，以产生应有的政策效力，推动资源配置到位。首先，政策执行者承担着检验反馈政策成败信息的任务，政策执行者在一线工作，可以进行细致观察，及时分析总结反馈实际信息以纠正政策的偏差和失误。其次，政策执行者直接面对政策对象工作，是政策制定者与政策对象之间的桥梁，需要平衡双方之间的利益关系，既要把政策贯彻下去，又要满足公众需求。政策能否顺利执行，最主要看政策执行者的能力及责任认识程度，做好政策执行者的工作，可以有效减少政策执行成本，增加政策实施效果，促进农业发展。

第三，利益相关团体及其作用。农业支持政策的利益相关团体包括一些半官方性质的政策研究机构、大众传媒机构、相关协会和个人等。利益相关团体通过自身的选择和能力，参与到农业支持政策的实施中来，影响政策的制定和实行，但最终的目的是使农业支持政策能够得到更好的实施和推进。如政策研究机构根据政策的预期目标，为政策制定者提供咨询和建议，实现决策的科学化；大众传媒机构既可以通过其宣传平台为政策的出台造势、宣传，又可以对政策的实施情况进行监督；而农业协会或生产者不仅是政策的直接对象，也是政策的直接参与者，他们一方面可以在政府的政策引导下发展农业，另一方面通过一定的途径了解与自己切身利益相关的政策并参与其中。

（三）完善政策主体激励机制的举措

农业支持政策的实施过程是每个政策主体相互博弈的过程。如何正确认识每一个主体的作用，理清主体之间的关系，对于政策的顺利执行有着相当重要的作用。其间，构建完善的农业支持政策主体激励机制，促进农业生产和环境可持续发展是必不可少的一步。

第一，明确政策制定者的职责并加强其主导作用。农业支持政策的制定者既是国家利益的代表，又是政策的设计者，它规制着涉农成员的行为，在扶持农业发展过程中占据主导地位。在这样的情况下，政策制定者对现代农业发展负有不可推卸的责任，从各方面提高政策的激励作用。在现代农业起步阶段，增加了“农业四补贴”，并逐年增加补贴的范围和种类；在现代农业加速阶段，增强了对农村公共品的财政支出，推动农业产业的快速发展。并以法律形式对农业发展进行调控，规范政府和农民的行为，减少政策制定的盲目性与随意性。

第二，培养高效的政策执行主体，提升政策执行效率。政策执行主体比政策制定者更具有多元化性质，其素质、水平、智慧决定着政策能否得到有效落实。因而需要从三个方面塑造政策执行主体，提高其执行效率。一是培养政策执行主体的政策认识能力，也就是对政策内容的领悟和把握能力，只有当政策执行者具备相当专业的农业知识结构，才知晓该政策的价值、目标、界限，并在政策执行中正确掌握方向。可以说，加强政策执行者的认知能力是提升政策执行效率的前掉条件。二是需要建立责任明确的奖惩措施，通过适当的奖励，可以激发政策执行者的潜力和激情，增强执行工作的创造性和效率，而进行必要的惩罚措施，也可以有效地消除政策执行中的不良行为和消极因素，也有利于提高政策的实施效率。

第三，鼓励利益相关团体广泛参与政策实施。现代农业发展是一个长期的、综合性的过程，其过程既不能缺少经济措施的参与，更不能缺少科学手段的介入。政策研究机构致力于决策科学化，在政策运行过程中承担着建议、咨询和评价的作用，应该重视农业支持政策研究机构的力量，加大政府财政对研究机构的支持力度。大众传媒机构拥有庞大的信息平台，引领社会舆论导向，在促进各个主体参与农业支持政策建设的过程中，可以发挥强大的影响和监督作用。农业生产者是政策对象，但也有参与权利，将农业生产者纳入农业支持政策主体中，可以参与政策评价、表达政策诉求，从而体现公众的政策参与权利。

二、完善农业支持政策协调机制

政策的协调目的是为了共同的目标，将不同部门的政策、不同政策建议，不同政策主体，使用一定策略来交换信息与协调利益，进而将不同的政策整合到一起。政策协调是一个动态机制，从政策制定开始、到政策执行、政策评价，最后到政策监督落实与反馈，全程协调参与。由多目标融合而成的农业支持政策体系，具有主体多元、对象层次差异大、管理格局复杂的特点。本部分基于博弈理论，研究构建农业支持政策体系的政策协调机制。

目前，我国的农业支持政策体系的协调机制还存在一些问题；其一，对政策协调机制的重要性认识不足。协调性是体系的本质特征，但是政策在制定和实施时就没有从整体协调上出发，政策的制定及实施在一些区域仍有较大的随意性与不连续性，相互之间无法关联，从而导致作为促进和保障区域的经济合作与协调的法律及法规缺失。其二，政策责任界定模糊，矛盾无法调和，政策与法律不同的一个鲜明的特征就是政策灵活有余但责权划分模糊，使政策主体缺乏明确的职能定位。而且由于片面追求政绩，一些地方政府会有短视行为，从而偏离中央政府的政策目标。另外，政策协调的工具较少，妨碍了政策的实施效果。

（一）政策博弈的根源及协调的内容

农业政策的博弈主要包括三点：

一是农业发展资金的博弈。农业和工业、商业等其他产业同属于国家的基础支柱性产业。由于财政收入的有限性和发展战略的要求，必然出现资金投入的此消彼长。如当国家向地方财政转移预算总额一定时，中央政府为了促进产粮区的农民积极性，将大量的资金投入该地方，则向其他地方的农业投入会减少。这种情况下，为争取到财政的转移支付地方政府间很容易出现较为激烈的竞争与博弈。

二是空间邻接生态关系的博弈。农业的空间溢出效应早已被证实，任一区域都无法独立于邻接区域而存在，经济发达的区域必然影响周边区域从而形成经济圈，产业落入的区域周边的经济也必然低迷难以突破。如果是经济问题倒还不会有太大的冲突发生。但如果涉及空气、水源、土地等自然环境及生态补偿问题时，冲突则会加大，因为这牵涉跨区域治理、生态补偿责任认定等问题，从而产生空间邻接行政区域的生态关系博弈。

三是地方政府间存在政治关系博弈。每个行政区划都有地方政府，不管是政府还是民众的潜意识中都有很强的领土意识及辖区特征。只要有这种意识和特征存在，地方政府都会为本地区争取最大化利益，而不是考虑整体利益，这使得与邻接区域的协调和沟通变得很困难，不可避免地与其产生政治冲突。处理这些问题也是一个地方政府政治博弈过程。

根据以上政策博弈，作者认为，政策协调应当包括如下方面：

首先，定位协调。主要指农业功能区域定位。结合国家区域划分策略与我国粮食主产区的发展战略，并在遵循区域发展的经济规律的前提下，为不同的农业功能分区选择合适的定位，不同的农业区域的发展目标和追求的利益不一致，这时采取差别化的政策措施，就解决了农业功能区域发展的政策协调问题。

其次，利益协调。“天下攘攘，皆为利往，天下熙熙，皆为利来”这句话用在此处不太贴切，但反映社会发展与利益的关系。政策协调就是要以利益协调作为核心，使用共同利益诉求将政府和市场整合起来，不管是短期和长远利益，还是整体利益和局部利益，在确保资源相对公平的前提下，使各种利益矛盾得到协高。我国目前处于经济与社会转型的新常态时期，对涉及“三农”的社会救助体系、社会保障体系以及其他协调农村经济的公共政策的设计与改革，都离不开政策的协调机制。

最后，政策法规协调。政策法规的协调要关注两个方面：第一，加强政策与法规之间的联系，做到政策出台实施时有相应的、及时、有效法规与规章制度与之配套或相对应，为政策协调打下基础。第二，保证政策执行部门具有权威性，使不同地区、不同城市与不同部门做到令行禁止。各地区不允许以其他理由再去对既定的政策法规和规章制度进行解释，更不允许任意发挥、歪曲有关政策法规①。

（二）构建农业支持政策体系协调机制的框架

从农业支持的角度出发，确保政策基础作用及有效纠正“政策抑制”，是政

① 陶希东：《跨界区域协调：内容、机制与政策研究—以三大跨省都市圈为例》，《上海经济研究》2010 年第 1 期。

策协调机制设计的基本原则，本部分将依据该原则构建农业支持政策体系的协调机制的框架（见图5－2）。

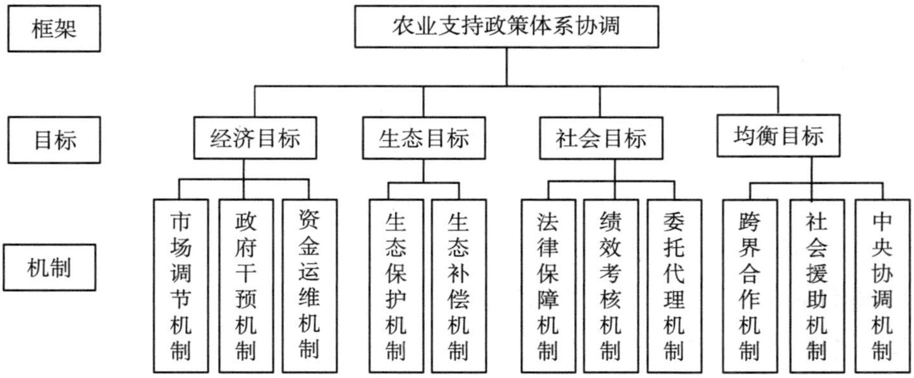

图5－2　农业支持政策体系协调机制的框架

从图5－2中可以看到，实现现代农业发展是作为整个农业支持政策体系的政策协调目标，达到经济、社会、生态与均衡等四个目标。其中经济目标的实现需要通过市场调节机制、政府干预机制和资金运作机制等来实现，市场调节机制通过促进经济分工、提高资源要素优化配置，提升农业产业的整体竞争力来实现其经济目标；政府干预机制，指的是我们的市场不可能是完全竞争的市场，市场调节的同时还需要政府间接干预，以解决“市场失灵”的问题；资金运作机制通过对财政资金、社会资金的供给和运行进行协调，来保障农业的稳定发展。生态目标通过生态保护和生态补偿机制来实现。社会目标通过法律保障、绩效考核和委托代理等三个机制来协调实现。跨界合作机制在解决各类跨界外部性问题时，可以加强不同行业之间的物资调配、人员合作、技术支持、资金互通及信息共享。以上协调机制共同为农业支持政策体系的顺利实施提供条件和保障。

（三）完善农业支持政策协调机制的建议

我国现代农业发展面临的担子很重，尽管资源丰富，但人口众多，不同地区其自然、经济、社会条件发展差异巨大，城乡社会发展的差距明显，农业的发展非常不易。政府为此制定了无数的政策措施，我国农业支持政策协调发展也经历了一个持续积累经验、持续修正、持续提高的过程。

但目前我国农业支持政策的协调机制依旧不完善，体现在以下这些方面：整体上未重视政策协调的重要性，缺失对于促进政策协调的法律与法规，某些区域制定与实施农业政策的带有较强的随意性与不连续性；分工合理、职能清晰的统一政策制定管理机构未能建立；农业区域特色支持力度跟不上，功能定位模糊；政绩考核的驱动致使某些地方过于追求短期的经济效益，以农村经济的长期协调发展为代价，甚至不惜消耗资源、牺牲生态；协调政策的工具十分有限。

为促使政策博弈到政策认同的转换，根据现有的实践及国外欧美等发达地区农业支持和保护的经验，笔者认为，应该从投入和管理两方面完善农业支持政策体系的协调机制。

一是实施多种形式的农业投入政策，对农业资金加强管理。采取如涵盖财政政策、金融政策的农业政策支持体系。在农业政策支持体系中，大力发挥财政政策、金融政策其引导于规划作用；针对不同投入主体进行政策设计以协调资金供给。在支持政策体系中，明确不同政策的特定作用。在保证不同政策发挥其作用的前提下，确保之间的协调，来形成协调体系的整体合力。例如财政支农政策和农村金融政策间协调，在资金总量约束条件下，保障资金供给。

二是完善支农政策协调的管理体系，突出依法治农。立法是政策协调的前提，以法律条文的形式明确界定中央和地方、区域之间、不同行业之间的利益，通过为政府执行协调政策提供法律依据与法律保障，增强农业支持政策的权威性与稳定性。并且明确规定有关法律的决策、执行、监督程序，以此为实现农业政策的协调发展提供制度保障。

三、构建政策执行监督机制

政策监督贯穿政策生命的全过程。其主要任务是在政策实施过程中收集、分析相关信息，并及时制定必要的措施纠偏，以免政策发生偏差和错误[①]。政策执行监督机制，将为政策按目标贯彻执行、达到预期效果提供重要保障。因此，构建农业支持政策执行监督机制、建立农业政策执行的监督理论体系是很有必要的。

（一）构建农业支持政策执行监督机制的必要性

农业支持政策从制定到实施，步骤多，过程复杂，再加上过程中各方利益的冲突、政策执行者的能力和素质等因素的影响，如果没有一个完善的政策监

① 宁骚：《公共政策》，高等教育出版社，2000，第348页。

督机制保障这些支农政策的实施，政策有很大可能性偏离预定目标，以致政策效果大打折扣。因此，必须要有一个有效的手段来保障农业支持政策的执行，加强对政策执行过程的全程监督，健全政策执行监督机制。

第一，利益集团的博弈对政策执行存在影响。前面已经分析过利益集团的政策博弈行为。政策博弈行为产生的主要原因是农业支持政策其实质是对公共资源的一种调整和分配，既然是公共资源调整，就必然有相关利益集团获利或受损，因此，政策执行过程中肯定会产生矛盾和冲突。再加上一项政策通常只能满足一部分或大部分利益集团的要求，而不太可能满足所有利益集团的要求。所以，政策实施效果如何，能否达到预期目标，在很大程度上取决于相关利益群体的目标有多大一致性。如果相关利益群体目标达成一致，政策执行的顺利程度高；反之，则政策风险性大。需要在政策执行过程严格监督，不管是中央政府与地方政府之间还是地方政府之间、部门之间的博弈，“三农”问题事关全局，发现问题要及时解决，发现有偏差的，要及时纠正，确实起到农业支持政策执行监督的作用。

第二，政策执行者的能力对政策执行存在影响。作为农业支持政策的执行者，其能力及素质对是否能有效执行政策有较大影响。这些能力、素质、专业水平等因素在现代公共政策理论里被称为“经济人的有限理性”。当前我国政策的基层执行者在能力、素质和专业水平上有较大欠缺，如果某项农业支持政策与政策执行者的预期目标不相一致，或者说执行该项政策对自己的利益没有好处，政策执行者有可能消极对待甚至抵制。如此，我们需要对政策执行者进行监督，以免执行错位、缺失或偏差。

第三，内外部的环境变化对政策执行存在影响。一项政策从制定到实施，中间经历的时间很长，常常会有环境条件的变化和不确定情况的发生。如农业支持政策实施时国际国内环境发生变化；或者触发政策的条件发生改变；或者法律对该条内容做了新的规定等，社会在发展，时局在变化，整个进程充满了不确定性。过去提倡开荒造田，如今鼓励退耕还林，政策的实施不可能以一个固定不变的方式进行，政策的执行也不可能一帆风顺。因此，要经常对政策的执行情况进行监督，强化对环境变化的敏感意识和不确定因素的分析能力，以提高政策执行的有效性。

（二）完善农业支持政策执行监督机制的对策

目前，我国的农业支持政策体系尚不完善，也给政策执行监督机制的构建带来一定问题。一是监督意识缺乏，由于政府经常既当守门员，又当裁判员，对于进行监督这一职能没有强烈的意识，放任政策自行实施，使得农业支持政策落不到实处，无法发挥实效；二是有针对性的法律法规不健全，进而影响农业支持政策执行监督的权威性；三是政策监督的体系不完备，由谁来监督、如何反映监督发现的问题、反映的问题由谁来解决等规定均不到位，造成监督实效弱化；可是还缺乏对政策监督进行衡量的评价体系，政策监督的过程复杂，受各种因素约束，最终得来的信息是否可靠，需要有一个合理的指标体系进行评估，以衡量政策监督机制的科学性和有效性。以上问题的存在使农业支持政策的执行监督机制存在缺憾，因而，我们需构建完备的政策监督机制，大力增强政策监督的民主化、科学化与法制化水平。

第一，加强政策执行监督主体建设。尽管农业在我国的地位很重要，但重商轻农思想一直存在，农业政策执行监督的主体地位不高是造成我国该类政策执行监督相对乏力的一个重要因素。所以，应从提升主体地位与加强政策监督的利益均衡等角度转变我国农业支持政策执行监督乏力的现状。

农业支持政策监督的主体必须是多元化的，既要有行政系统内的部门，也须有社会监督组织。这样，可以防止在农业支持政策执行监督的实际工作中，由于被监督者资源丰富而给监督主体带来压力和影响，使监督部门难以发挥其应有作用。也能加强政府行政系统机构与社会监督组织之间的合力，形成一个健全的农业支持政策执行监督体系。

第二，建立政策执行监督的评估指标与体系。一直以来，我国对政策效应的评估主要从实施后效果与预期目标对比分析的多，很少从政策执行监督视角设计评价的指标和方法。那么，作为农业支持政策体系执行的监督主体，我们要如何建立健全的评估体系呢。至少，要考察主体参与监督是否及时和主动；要衡量各监督主体之间是否合作、是否协调；要监督政府是否完善信息公平制度；最后要考核政策执行过程中违法查办的力度和数量。有了这几个维度指标，建立农业支持政策执行监督的评价信息网络系统能够最大程度保证决策的科学性和民主性。

第三，完善政策的社会监督机制。由于政府的农业支持政策实施大多发生在与广大农村居民的互动中，因而社会监督应该成为政策执行过程中最频繁使用且易于做到的民主监督形式。社会监督在西方发达国家比较成熟，其对于政策执行的评价相对客观和独立，是西方发达国家政策执行监督的重要环节之一。

我国的社会监督自改革开放以后发展较为迅速，但仍有许多不足，要进一步完善我国的社会监督机制，笔者认为，应从以下两方面入手促进社会监督与其他监督主体和客体的互动。一方面积极立法创造宽松的政策监督环境，另一方面想办法提升公众参与政策监督的意识，使公众为了切身的利益自愿参与政策监督。

第四，完善政策执行监督的主体责任制。首先，加强对农业支持政策的执行监督主体的问责力度，特别是对失职官员的问责力度。这需要明确政策执行监督主体的责任，分清造成政策执行偏颇的原因。既要关注政策执行主体的情况，又要考察监督主体的责任是否到位，还要对被监督者的行为了如指掌，才能使问责制度产生实效。其次，建立和完善社会公示制度。重大事项社会公示制度能够衡量政治文明程度，是社会主义民主政治的一项重要衡量指标。推行公示制，将有效扩大基层民主、深化社会监督、增强工作透明度。与已有工作方式、方法相比，公示制的优势是明显的。把之前将大多数群众拒之于门外的流程向群众公开，虚心接受群众评议，才能赢得群众的支持和拥护，满足群众的意愿，为工作奠定坚实的群众基础。

再次，健全社会通报制度，增强政府和社会公众之间的回应性①。对于关系到人民群众重大利益的事项与社会热点问题，都应通过不同的渠道，及时直接地向社会公众公开并通报。

最后，完善公开办事制度。特别是与基层工作、与经济发展不可分割的财政、税务、工商、土地、环保与外事审批等业务都应公开办事制度、公开办事程序、公开办事结果。没有责任追究就谈不上监督，而监督的缺位会导致决策的失控，决策违法、决策不当以及决策失误也伴随而来。强化各“三农”行政部门的责任意识，以服务“三农”为已任，以村为基本单位，政府农业主管部门可以定期动态性地公开政策规定、工作制度、工作程序、工作内容。并且建立农业支持政策体系责任追究制度，分政策制定者、政策执行者、政策受益者来考察责任归属，避免决策失误，并将正确的决策落实到位。

① 韦春艳、秦荣彬：《公共政策执行监督的困境及其解决对策》，《辽宁行政学院学报》2009 年第 7 期。

研究结论

本书根据对中国农业支持政策体系的演进逻辑的梳理，依托对政府农业支持政策实施现状及效应的基本判断，并借鉴了国外农业支持政策经验，以农业支持政策体系价值评价为核心，从激励相容、效率、效果、回应性、公平性等多个方面，构建了农业支持政策评价指标体系，并从政策制定者、政策实施者、政策受益者等角度，检视了农业支持政策的规模、结构、水平、效率，从农户认知视角评估了农业农村基础设施政策的回应性、立足于全国义务教育财政性支持政策的基点评价了农村义务教育财政性政策的公平性，对比了农业支持政策实施前后和有无的执行效果，提出了农业支持政策体系调整和优化、保障运行的基本思路。

全书的主要结论是：

一、农业支持政策体系趋于完善并取得显著效果

总体来说，我国的农业支持政策体系发展以加入 WTO 为界明显分为两个阶段。尽管在各个阶段农业支持政策的目标及具体措施并不一致，但从核心政策目标的设定、政策措施及相关配套体系的构成、发展规模来看，我国的农业支持政策体系正趋于完善并取得显著效果。

加入 WTO 之前，我国农业支持的水平不仅低，而且当时的农业政策的主要作用是为了获得更多的剩余以支持工业的发展，主要政策目标是稳定生产、保障农产品供给、保证粮食安全。换个说法，也就是当时的农业生产者不仅没有得到政策的支持，利益还受到农业政策的掠夺。当期的农业政策本质是，农业补贴工业，农村支援城镇。一方面，政策加快了工业化的进程，另一方面，政策时常波动使城乡差距持续扩大，相对贫困的社会问题日益凸显。

加入 WTO 以后，我国农业支持的水平大幅提升。在“工业反哺农业、城市

带动乡村”的政策性理念下，农业支持政策侧重对农民直接进行补贴，并从社会保障角度相继出台新型农村合作医疗政策、新型农村社会养老保险政策、农村居民最低生活补助政策等，初步建立了农村社会保障体系和完善的农业支持政策体系，解决了农民的后顾之忧，短期内对保障粮食供给、农民增收、现代农业可持续发展发挥了极为重要的作用。

客观地看，纵向比较农业支持政策这两个阶段，尽管前一阶段农业支持政策的发展与政策目标有过偏离，但后一阶段经过调整并取得极大成效。从最初的“增产”到如今的“增产、增收、增效”，农业支持政策的目标其实一直在随国家战略发展、时代特征变化调整。根据农业支持政策的核心目标，笔者采用了不同的政策评估方法，并结合农业发展的实践，得出的具体结论如下：

（一）粮食产量、农民收入和农业生产总值显著增长

国家统计局公布的数据显示，2018 年全国粮食总产量 65789 万吨，40 年的时间粮食产量翻了一番。改革开放初期粮食人均拥有量 300 多千克，现在已经达到 450 千克，高于世界平均水平。从宏观层面上看，本书使用灰色 GM（1，1）模型模拟了未实施农业补贴政策的正常粮食产量、农民收入和农业生产总值这三个序列的数据情况，经过与实际数据对比，发现农业补贴政策对粮食产量及农业生产总值的影响比较显著，对农民的收入也有促进作用。这一结论为我国政府实行农业补贴政策提供了实证依据。从微观角度来看，本书从农户认知的视角出发，用 probit 模型考察农户对政策的满意度，对政策的认同进而增强了农民的信心，政策有效激励了农户的种粮积极性，从而达到保障国家粮食安全的政策目标。

（二）农村社会保障体系实现了预期效果

目前，新型农村养老保险政策（2014 年合并到城乡居民养老保险）、新型农村合作医疗政策以及农民最低生活保障政策这三个方面构成了我国农村社会保障体系。尽管这三项政策的实施与保障水平因地区的经济发展水平不同而有所差异，但整体而言，已收到预期效果。本书不仅从实地走访调研中得到微观数据进行分析，认为新型农村合作医疗政策的实施有减贫和增收效果；而且应用双重差分模型考察了新型农村社会养老保险政策的政策效应，认定新农保政策对提高社会的边际消费水平、促进农民增收方面有显著影响，且方向为正。

二、农业支持的规模、结构和水平需要优化

在农业支持规模方面，本书通过时间序列数据分析，可知近年财政支农支出数量和力度虽不断提高，但相对于农业的需求来说尚有一定差距。今后应进一步积极采用多种方式来扩展农业支持资金来源，扩大农业支持规模。在农业支持结构方面，利用柯布—道格拉斯模型，通过农业支持结构对农业经济增长的实证分析可知，财政农业支出对农民纯收入影响从大到小的顺序为：农业生产支出、农业科技三项费、农业救济费、农业基本建设支出。其中农业救济费和农业基本建设支出对农民收入产生了阻碍作用。在农业支持水平方面，不管是运用 WTO 的测评方法还是 OECD 的政策评价方法，我国的农业支持水平与经济发达的国家相比，还有很大的差距，其支持力度对农民的增收效果也不明显。在农业支持政策的方向上，一方面，要充分考虑农业支持的区域差异性，东、中、西部地区应分别侧重于现代农业发展支持、增强农业综合生产能力支持及农业生态补偿支持；另一方面，在方向和地域识别上，要考虑非粮食主产区关于区域产业布局与资源配置的博弈问题，在强化粮食主产区的国家农业支持核心区地位的同时，明确非粮食主产区在国家粮食安全战略中的重要主体地位；此外，金融供给机制上，由于各地财力不一，配套机制有待完善，下一阶段要建立健全中央政府与地方政府纵向转移支付机制及地方政府间横向转移支付机制。

三、不同农业支持政策对政策目标的实现作用程度不一

基于目标瞄准的农业支持政策体系表明，保障国家粮食安全、促进农民增收、保证农业可持续发展是农业支持政策体系现阶段乃至未来很长一段时间的核心目标，尽管大多数政策对于目标的实现都具备促进作用，但从结构评价来看，不同的农业支持项目对目标的实现影响具有显著差别，有的甚至具有负面效应，由政策评价可以看出：

（一）农业补贴政策的普惠政策效应逐渐弱化

农业补贴政策是我国最早使用的“绿箱”政策之一，甫一实施，便得到农民的认可，调动了农民的生产积极性，这从使用灰色 GM（1，1）模型对农业补

贴政策模拟考察中得到充分证明。但是越往后期，农业补贴的边际效益逐年下降，从长远效应看，农业补贴政策仅具符号意义和政策导向作用，其普惠作用弱化。

（二）农村义务教育公平性无法彰显

使用变异系数、Mcloone 指数以及 Vesterge 指数进行评价，发现农村义务教育经费整体分配的公平状态并没有得到好转，不符合横向公平原则。今后，需要从资金投入、分担细则、保障机制等方面发力，改善农村义务教育财政经费分配的公平性。

（三）农业农村基础设施滞后效应明显，缺乏后期维护机制

由前文分析可知，农业基本建设投入效益的滞后期为 6 年，且主要用于中大型水利设施，针对农业生产发展的目的性不强。但从长远来看，农村基础设施建设是推动农村经济发展、促进农业和农村现代化的重要举措。建设农村基础设施不仅可以提高农业抵抗自然灾害的能力，而且会促进农业的专业化、市场化、社会化和一体化发展。农业支持应积极致力于构建多元供给机制，完善投入选择机制，健全后期维护机制。

（四）农业保险普及率低，需要关注需求结构、组织形式和成本问题

现阶段，人们普遍对农业保险认识不够明确、农民的保险意识淡薄、保险公司经营管理技术落后等现象暴露出农户需求结构性失衡、交易成本持续性高涨等问题，今后要加强农业保险立法的进程，进一步加大政策保险扶持力度，构建多层次的农业巨灾风险分散机制，强调市场经济体制下的农户自愿参保原则，侧重对生产基地与弱势地区的政策性倾斜，建立健全符合农业保险业务特点的运行机制。

参考文献

［1］埃贡·G. 古贝，伊冯娜·G. 林肯. 第四代评估［M］. 中国人民大学出版社，2008.

［2］曾福生，郭珍. 中国省际农业基础设施供给效率及影响因素研究——基于 DEA－Tobit 两步法的分析［J］. 求索，2013（4）.

［3］陈振明. 公共政策分析［M］. 北京：中国人民大学出版社，2003.

［4］樊丽明，骆永民. 农民对农村基础设施满意度的影响因素分析——基于670份调查问卷的结构方程模型分析［J］. 农业经济问题，2009（9）.

［5］樊胜根，等. 经济增长、地区差距与贫困：中国农村公共投资研究［M］. 北京：中国农业出版社，2002.

［6］范建刚. 我国财政支农规模优化问题研究［M］. 北京：中国社会科学出版社，2009.

［7］方丽霖，袁兆康，肖云昌，等. 新型农村合作医疗实施前后卫生服务利用公平性的比较研究［J］. 中国农村卫生事业管理，2006（5）.

［8］郭玉清. 中国财政农业投入最优规模实证分析［J］. 财经问题研究，2006（5）.

［9］何平均. 我国农业基础设施供给效率的实证分析——基于 SBM 和 Malmquist 的计量解释［J］. 软科学，2014（2）.

［10］何书元. 应用时间序列分析［M］. 北京：北京大学出版社，2004（6）.

［11］何振国. 财政支农规模与结构问题研究［M］. 北京：中国财政经济出版社，2005.

［12］赫维茨，瑞特. 经济机制设计［M］. 田国强，等，译. 上海：上海格致出版社，2009.

［13］侯石安. 中国财政农业投入的目标选择与政策优化［J］. 农业经济问题，2004（3）.

［14］胡锦涛．在中国共产党第十八届代表大会上的报告［N］．人民日报，2012－11－18。

［15］黄小舟，王红玲．从农民增收的角度看我国财政支农资金绩效［J］．中央财经大学学报，2005（1）．

［16］黄小舟．财政支农支出绩效研究［D］．［博士学位论文］．华中农业大学，2010．

［17］李秉龙、乔娟、王可山．WTO规则下中外农业政策比较研究［M］．北京：中国农业出版社，2006．

［18］李俊生．财政效率论［M］．大连：东北财经大学出版社，1994．

［19］李燕凌，曾福生．农村公共品供给农民满意度及其影响因素分析［J］．数量经济技术经济研究，2008（8）．

［20］李燕凌．农村公共品供给效率实证研究［J］．公共管理学报，2008（2）．

［21］林毅夫．90年代中国农村改革的主要问题与展望［J］．管理世界，1994（3）．

［22］刘思峰．灰色理论及其应用［M］．北京：科学出版社，2000．

［23］罗伯特·J．巴罗，夏威尔·萨拉·伊·马丁．经济增长［M］．2版．上海：上海人民出版社，2010．

［24］罗剑朝，等．中国政府财政对农业投资的增长方式与监督研究［M］．北京：中国农业出版社，2004．

［25］马树才，孙长清．经济增长与最优财政支出规模问题的研究［J］．统计研究，2005（1）．

［26］马拴友．财政政策与经济增长［M］．北京：经济科学出版社，2003．

［27］宁骚．公共政策［M］．北京：高等教育出版社，2000．

［28］牛若峰．中国农业的变革与发展［M］．北京：中国统计出版社，1997．

［29］彭代彦，赖谦进．农村基础设施建设的福利影响［J］．管理世界，2008（3）．

［30］平狄克，鲁宾费尔德．计量经济模型与经济预测［M］．钱小军，等，译．北京：机械工业出版社，1999．

［31］齐城．中国现代农业支持政策的目标体系建构［J］．中州学刊，2009

(5).

［32］［日］速水佑次郎．农业经济论［M］．沈金虎，译．北京：中国农业出版社，2003.

［33］沈坤荣，张璟．中国农村公共支出及其绩效分析——基于农民收入增长和城乡收入差距的经验研究［J］．管理世界，2007（1）.

［34］宋明山，潘迎冰，罗力，等．浙江省新型农村合作医疗改善农村居民收入分布公平能力的评价研究［J］．中国卫生经济，2006（2）.

［35］孙长清，李晖．基于经济增长的财政支出最优化［M］．北京：中国经济出版社，2006.

［36］王惠．农业政策与农业立法关系辩析［J］．南昌大学学报（人文社会科学版），2010（1）.

［37］王乐君．市场经济体制下的国外农业财政投资——美、日、法农业财政投资考察［J］．农业经济问题，1993（1）.

［38］王文娟．新形势下我国农业补贴政策的思考［J］．中国行政管理，2011（7）.

［39］王忠，叶良均．"金砖四国"农业支持水平比较研究［J］．安徽农业大学学报（社会科学版），2011（2）.

［40］韦春艳，秦荣彬．公共政策执行监督的困境及其解决对策［J］．辽宁行政学院学报，2009（7）.

［41］吴春霞，郑小平．我国教育财政公平的评价及实证研究［J］．统计与决策，2009（9）.

［42］吴方卫．我国农业资本存量的估计［J］．农业技术经济，1996（6）.

［43］西奥多·W. 舒尔茨．改造传统农业［M］．北京：商务印书馆，2003.

［44］徐长发．发展农村职教与扶贫［J］．职教论坛，2000（3）.

［45］俞可平．生态文明与马克思主义［M］．北京：中央编译出版社，2008.

［46］袁国敏．经济政策评价［M］．北京：中国经济出版社，2006.

［47］岳海龙．论新农村建设中的农业立法完善［J］．湖北经济学院学报（人文社会科学版），2007（9）.

［48］中国农业国内支持课题组，倪洪兴，田志宏，徐宏源．WTO 视角下的中国农业国内支持［J］．世界农业，2013（3）.

[49] 周慧. 广南县农村公共基础设施供给效率研究 [J]. 安徽农业科学, 2011 (24).

[50] 周万阜. 美国、日本、印度对农业财政投资之比较 [J]. 农村经济与社会, 1988 (5).

[51] 周晓艳, 汪德华, 李钧鹏. 新型农村合作医疗对中国农村居民储蓄行为影响的实证分析 [J]. 经济科学, 2011 (2).

[52] 朱四海. 我国农业政策演变的两条基本线索 [J]. 农业经济问题, 2005 (11).

[53] 朱玉春, 唐娟莉, 刘春梅. 基于DEA方法的中国农村公共服务效率评价 [J]. 软科学, 2010 (3).

[54] 朱玉春, 唐娟莉, 罗丹. 农村公共品供给效果评估: 来自农户收入差距的响应 [J]. 管理世界, 2011 (9).

[55] Barro, R. Govermment Spending in a Simple Model of Endogenous Growth, Journal of Political Economy, 1998 (5): 103 - 125.

[56] Berne R, Stiefel L. The measurement of equity in school finance: Conceptual, methodological, and empirical dimensions [M]. Baltimore: Johns Hopkins University Press, 1984.

[57] Daniell Stufflebeam, George F. Madaus, Thomas Kellaghan. 评估模型 [M]. 北京: 北京大学出版社, 2007.

[58] David Eastton. The Political System. New York: Krop, 1953: 129.

[59] Fuzhi Cheng. Agricultural Policy Reformsand WTO Commitments On Domestic Support in China, 2008.

[60] H. Wollmann. Policy Evaluation and Evaluation Research, in F. Fischer, G.. Miller and M. Sidney (eds.), Hand - book of Public Policy Analysis: Theory, Politics and Meth - ods. BocaRaton: CRC Press, 2007.